독일 공법의 역사

헌법/행정법/국제법의 과거·현재와 미래, 16세기부터 21세기까지

독일
공법의
역사

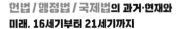

**헌법 / 행정법 / 국제법의 과거·현재와
미래. 16세기부터 21세기까지**

Öffentliches Recht in Deutschland
Eine Einführung in seine Geschichte
16.–21. Jahrhundert

미하엘 슈톨라이스 지음
이종수 옮김

푸른역사

일러두기

1. 이 책은 미하엘 슈톨라이스Michael Stolleis의 *Öffentliches Recht in Deutschland. Eine Einführung in seine Geschichte 16.–21. Jahrhundert*(C.H.Beck oHG, München 2014)를 옮긴 것이다.
2. 미주는 글쓴이, 각주는 옮긴이의 것이다.
3. 이 책은 연세대학교 학술연구비의 지원을 받아 간행되었다.

한국어판 서문

수년간의 연구 작업 끝에 2014년에 독일에서 출간된 이 책은 지금까지 여러 나라에서 영어, 프랑스어, 이탈리아어, 스페인어, 포르투갈어, 에스토니아어로 그리고 최근에는 일본어로도 번역 출간되었습니다. 이제 한국어로도 출간하게 되어 저에게는 무엇보다도 큰 기쁨입니다.

결코 쉽지 않은 작업인데도 이 책의 한국어 번역에 애쓰신 연세대 법학전문대학원 이종수 교수께 깊이 감사드립니다. 인류가 서로 나라와 언어를 달리하는 가운데 문화와 지식을 매개하고, 편견을 없애는 데 번역 작업 이상으로 도움을 줄 수 있는 게 없기 때문입니다.

독일과 한국은 지난 1945년 이래로 비슷한 운명에 처해졌습니다. 원래 하나였던 나라가 오랫동안 분단되어 서로 다른 정치시스템이 지배하는 가운데, 독일과 한국은 그동안 의회민주주의와 법치국가를 확립하고자 노력해 왔습니다. 그래서 두 나라의 상황이 결코 같지는 않지만, 또한 유사하기도 합니다.

잘 알려져 있듯이 독일에서는 통일이 이뤄진 "운명의 해"인 지난 1990년에 다행스럽게도 분단 상황의 평화로운 해결이 가능했습니다. 그간 있었던 숱한 어려움에도 불구하고 1990년은 앞으로도 '기적의 해annus mirabilis' 로 내내 기억될 것입니다.

그렇지만 대한민국과 오랜 분단 속에서 고통을 겪고 있는 한국의 시민들에게는 유감스럽게도 통일을 이룬 독일과 비견되는 세계 정치적인 우연한 기회가 아직 주어지지 않고 있습니다. 그렇기 때문에 이 책을 통해 분단을 겪고, 민족의 재통일을 이루는 과정에서 벌어졌던 독일의 최근 헌법 상황과 법학, 특히 공법학을 위시해서 학문의 역사를 살펴보는 일이 한국의 독자들에게도 꽤나 흥미롭고 유익하리라고 기대합니다.

학문적 동료로서 이 책의 번역에 애쓰신 이종수 교수의 노고에 다시 한번 감사드리면서 짧은 인사의 글을 마칩니다.

2021년 봄, 독일 프랑크푸르트에서
미하엘 슈톨라이스

옮긴이의 글

몹시도 무덥던 2016년 여름의 짧은 독일여행 중 잠시 짬을 내서 들린 서점에서 이 책을 처음 접했다. 저자가 따로 밝히지는 않지만, 이 책은 슈톨라이스 교수의 대표적인 역작으로 상찬되는 《독일 공법의 역사 *Geschichte des öffentlichen Rechts in Deutschland*》 시리즈 도합 네 권의 방대한 책을 일반 대중을 위해 한 권으로 새로이 엮은 것이다. 책의 부제에서 밝히듯이 16세기부터 현재까지 독일의 공법公法, 즉 헌법, 행정법 및 국제법의 과거와 현재 그리고 미래가 통시적인 관점에서 서술되고 있다. 저자는 당시의 시대와 정치 상황 그리고 학계, 대학, 연구기관 및 출판시장과 법률 잡지의 동향을 중심으로 공법의 역사를 매우 입체적으로 그리고 흥미롭게 다루고 있다.

　게으른 탓에 그간 연구실 책장의 한쪽 구석에 꽂혀 있던 이 책을 수년이 지난 후 다시 손에 잡았다. 읽는 내내 무척이나 흥미로웠다. 젊은 시절에 이런 책을 접했더라면 독일 공법(학)에 대한 기초지식을 갖추고 좀 더 심화된 연구를 해오지 않았을까 싶은 아쉬움이 컸다. 그래서 이 책을 번역해서 국내 독자들에게도 소개하자고 마음먹었다.

그간 학계 일각에서 우리 법학을 '수입 법학' 그리고 '번역 법학'이라며 비판해왔다. 일본에 이어 특히 독일의 법학으로부터 크게 영향을 받아온 법학계의 현실을 비꼬는 표현이었다. 그 단초는 잘 알려져 있듯 일본이 메이지유신 이후 새로운 통치 모델을 구상하던 중 서구의 여러 나라를 비교해보고 그네들과 마찬가지로 군주정이면서 군국주의적이고 외견적 입헌주의에 입각해 있던 당시 프로이센을 전범典範으로 따른 데 있다. 이후 식민지 강점 하에서 일본이 먼저 계수繼受했던 독일법은 우리에게도 적용되었다. 카를 마르크스Karl Marx의 분석에 따르면 독일은 국가가 국민을 창조해온 이른바 "독일적인 특수한 길Sonderweg"을 걸어왔고 근대 일본도 이와 크게 다르지 않았다.

그런데 해방 이후부터 지금까지도 여전히 우리 법학이 독일 법학으로부터 많은 영향을 받아온 것이 단순한 경로의존성 때문만은 아니다. 독일 법학 자체가 학문적 체계성과 논리성에 있어서 나름 수월성을 지닌 까닭이기도 하다. 그 증좌는 여러 대목들에서 확인된다. 지난 1990년대 초반에 동유럽의 사회주의 국가들이 민주화되던 과정에서 대다수 국가들이 독일의 법체계를 적극 수용하면서 당시 독일에서는 자동차와 더불어서 최고의 수출 품목이 법(학)이라는 말이 떠돌기도 했다. 그리고 본래의 경제동맹체로부터 번듯한 국가연합체로 새로이 거듭난 유럽연합EU의 법체계에도 독일의 공법학이 크게 영향을 미쳐왔다.

옮긴이가 오래전 독일 유학 중에 그리고 지금껏 법학을 공부해오면서도 머릿속에 내내 맴돌았던 것이 번듯한 시민혁명이 없었던 후발산업국가인 독일에서 공법과 사법을 막론하고 법학이 이렇듯 발전한 이유가 대체 무얼까 하는 의문이었다. 마그나 카르타로부터 시작해서 명예혁명을 거치면서 의회주의의 모국으로 일컬어지는 영국이나 시민혁명을 통해 국민주권주의를 확립하고 인권선언문과 근대 최초의 성문민법전을 제정한 프랑스에 비하면 한참이나 후발국가인 독일이 이후 법학에서 괄목할 만한 발전을 보여왔기 때문이다.

이와 관련해서는 대체로 사비니Savigny 이래로 로마법에 대한 체계적인 연구에서 추출한 원리에 기초하여 법전을 편찬하고 나름 체계를 갖춘 교과서를 집필하면서 법을 과학legal Science의 수준으로 고양시켜온 독일 사법학私法學의 성과에서 비롯한다고 이해된다. 독일 공법학의 발전 역시 이 같은 사법학의 성과에 힘 입은 바가 크다는 사실을 부인하기는 어렵다. 이와 더불어 옮긴이가 애써 찾은 답은 일종의 '사항강제Sachzwang'에 있다. 즉 독일 역사 특유의 여러 복잡한 정치적 상황이 특히 공법학자들에게 그것을 법적으로 정당화하고 해명해야 할 많은 과제들을 떠넘겨왔던 까닭으로 짐작된다. 이는 마치 중국에서 혼란스런 춘추전국시대에 제자백가의 온갖 사상이 꽃피웠던 것과도 흡사하다. 즉 혼란스런 시대가 한편 영웅을 낳기도 하지만, 새로운 사상을 잉태하기도 한다. 이 물음과 관련하여 저자는 프랑스와 영국에서는 대도시에 자리했던 여러 살롱, 클럽 또는 학술원이 지성계를 주도했던 반면 독일에서는 대학과 학계의 역할이 압도적이었다고 지적한다.

여느 나라들과는 달리 독일은 근현대사에서 실로 드라마틱하게 여러 차례의 '체제전환System Change'을 겪어왔고 유감스럽게도 양차 세계대전의 한가운데에 위치해 있었다. 1871년에 독일민족의 최초 통일을 이룬 독일제국에 이어 최초의 민주공화국인 바이마르 공화국, 나치 불법국가의 등장, 제2차 세계대전의 패전과 함께 주어진 동서독 분단

체제 그리고 이후의 재통일을 보라. 극적인 체제 전환의 연속이었다.

독일 공법의 역사는 바로 이웃한 프랑스와 달리 예나 지금이나 단 한 번도 단일국가였던 적이 없는 독일에서 신성로마제국이라는 느슨한 동맹체*와 이를 구성하는 여러 군소 영방국가들의 지위를 법적으로 해명하는 데에서 본격적으로 시작한다. 그리고 19세기에 프랑스에 비견할 만한 성공한 시민혁명이 부재했던 가운데 국가권력을 법에 기속시키려는 나름의 노력에 따라 독일적인 법치국가Rechtsstaat의 원형을 완성시켰다. '국민주권'을 애써 외면하면서도 전통적인 '군주주권'을 더 이상 고수하기 어려웠던 정치적 상황에서 '국가주권' 내지는 '법주권' 그리고 '국가법인설'을 통해 입헌주의적 국가를 설명하려는 변형적인 시도도 함께 행해졌다. 오늘날에도 여전히 통용되고 있는 '주관적 공권론' 또한 이 무렵에 등장했다.

제국주의적 식민지 확보에서 뒤쳐졌던 후발산업국가인 독일이 다다른 불행한 선택지가 제1차 세계대전이었고, 패전은 1919년 독일 땅에 최초의 민주공화국을 가져왔다. 그러나 굴욕적인 베르사유 조약의 부산물처럼 여겨졌던 이 바이마르 공화국은 유감스럽게도 다수의 시민들에게 환영받지 못했다. 감당하기 어려운 전쟁배상금과 하이퍼인플레이션을 수반했던 경제 위기는 독일 시민들에게 공화국에 대한 실망과 반감을 더욱 부추겼다. 경쟁하는 정치세력들은 바이마르 헌정을 주도했던 사회민주주의자들을 제국의 등 뒤에서 비수를 찌른 패륜적인 세력으로 몰아갔다. 히틀러와 나치당은 이렇듯 공화국에 대한 회

---

* 이에 대한 보다 자세한 내용은 《코젤렉의 개념사 사전 18—동맹》(푸른역사, 2021)을 참고하기 바람.

의적이고 적대적인 분위기 속에서 비교적 손쉽게 합법적으로 권력을 장악했다. 크리스토프 구지Christoph Gusy 교수는 불운했던 바이마르 헌법 제정 100주년을 맞아 펴낸 책에서 바이마르헌법을 "그릇된 시대의 좋은 헌법"이라고 평가한다. 즉 시대와 헌법 간에도 서로 궁합이 맞아야 한다는 말이다.

히틀러와 나치당의 권력 장악과 함께 불과 13년 만에 사실상 수명을 다한 바이마르 공화국에서 불거진 헌정상의 여러 문제들을 두고 당대의 걸출한 공법학자들 사이에서 치열한 논쟁이 벌어졌다. 이 책에서도 소개되는 카를 슈미트Carl Schmitt, 한스 켈젠Hans Kelsen, 루돌프 스멘트Rudolf Smend 그리고 헤르만 헬러Hermann Heller 등이 대표적인 학자들이다. 슈미트는 주권자의 결단적 의지의 부재에서, 켈젠은 규범력의 부재에서, 스멘트는 국민통합의 부재에서 제각기 그 원인과 나름의 해법을 모색했다. 하지만 결과적으로는 이들 모두가 나치의 권력 장악과 불법 체제를 정당화하는 데 직·간접적으로 기여한 측면이 있다. 즉 독일민족의 생존공간이 필요하다며 바로 이웃한 폴란드와 체코 등을 침공하는 식으로 주권적 결단을 내린 히틀러를 중심으로 전체주의적인 통합을 이뤄냈고 수권법 및 인종차별법 등 여러 악법惡法들 앞에서 오로지 실정법의 규범성을 강조하는 법실증주의는 무력하기만 했던 것이다. 이후에 정치학자 쿠르트 존트하이머Kurt Sontheimer는 이들 모두가 반反민주적인 사고에 입각해 있었다고 결론짓는다.

이 논쟁은, 비록 시공간을 달리하지만, 정치공동체와 법질서 그리고 국가권력이 존재하는 오늘날에도 모든 국가들에서 여전히 현재적인 의미를 갖는다고 본다. 결국 혹자의 표현처럼 독재로부터 성장한 민주주의가 어느 시점에서 어떠한 과정으로 팽배해진 국가주의와 결별하는지가 관건인 셈이다.

제2차 세계대전은 전쟁에 패한 독일 시민들뿐만 아니라 인류 전체에게도 깊은 상흔을 남겼다. 특히 그 와중에 벌어진 이루 형언할 수 없을 정도로 참혹했던 홀로코스트는 인류가 그간 가다듬어온 이성에 대한 깊은 의구심과 회의를 불러왔으며, 철저한 반성과 성찰을 촉구하는 계기가 되었다. 책에서 저자가 "정신적 참수斬首"로 표현하면서 1930년대에 나치 정권의 박해를 피해 독일 땅을 떠나간 한스 켈젠, 에리히 카우프만, 헤르만 헬러 등 다수의 유대인 법학자들의 이름을 일일이 거론하는 대목에서는 먹먹함이 밀려들었다.

이후 독일 시민들에게는 영토 일부의 상실과 분단이 패전의 혹독한 대가로 주어졌다. 분단 상황에서 서독은 반쪽짜리 민족국가에서 향후의 통일 시점까지 잠정적으로 적용되는 헌법인 기본법Grundgesetz을 중심으로 "사회적 법치국가"와 "사회적 시장경제질서"에 입각해서 정치적 안정과 경제적 번영을 누렸고 마침내 1990년 독일의 재통일을 이뤄냈다. 책에서 저자가 강조하듯이 여기에는 특히 기본권 보장과 법치주의의 확립 및 권력 통제를 위해 전후에 처음으로 설치된 연방헌법재판소가 크게 기여했다.

이 책에서 옮긴이에게 개인적으로 특히 흥미로운 대목은 나치 체제하에서 권력에 영합했던 여러 공법 교수들의 면면이다. 저자가 밝히듯이 단지 두 명의 공법 교수만이 나치 정권에 결연히 저항했다. 나머지 대다수 교수들은 소극적으로 동조하거나 입을 닫았으며, 심지어 일부는 서로 경쟁하다시피 나치의 불법 체제를 법리적으로 정당화하는 작업을 기꺼이 떠맡았다. 예컨대 카를 슈미트와 더불어 나치 정권을 옹호했던 대표적인 법률가로 손꼽히는 에른스트 루돌프 후버Ernst

Rudolf Huber는 다음과 같이 역설했다. "개인의 자유권이라는 것이 민족의 법원칙과는 합치하지 않는다. 국가로부터 존중되어야 한다는 의미에서 개인적이고 前前국가적이며 국가 외부의 자유라는 것이 개인에게는 전혀 존재하지 않는다. 민족의 살아 있는 법은 총통(지도자)을 통해 구현되고, 재판을 담당하는 새로운 제국의 법관들은 최상의 법이 표현되어 있는 총통의 의지에 반드시 기속된다."

전후에 진행된 탈脫나치화 작업Entnatifizierung에도 불구하고 과거 나치 체제에 복무했던 대다수 공무원과 법관들이 다시 공직에 자리 잡았고, 법학 교수들의 대다수도 무탈하게 대학의 강단으로 되돌아왔다. 공법 교수들 가운데 과거의 나치 전력으로 인해 대학으로 돌아오지 못한 이가 카를 슈미트 한 사람뿐이라는 사실은 과거 청산의 미흡함을 여실히 보여준다. 이와 관련하여 저자는, 행간을 통해 아쉬움이 느껴지긴 하지만, 그저 담담하게 일부 사실만을 서술하고 있을 따름이다. 나치에 협력한 과거의 전력으로부터 결코 자유롭지 못한 스승들의 후학들이 여전히 독일의 공법학계를 압도하고 있는 까닭으로 짐작된다. 그리고 유감스럽게도 '지도자원리' 등 나치 체제를 옹호했던 일부 법리들이 지난 1970년대에 우리의 '유신 체제'를 정당화하는 데 동원되기도 했다.

제2차 세계대전이 막을 내린 후 독일과 함께 줄곧 같은 분단 상황을 공유해온 우리에게 이 책이 특히나 유익한 대목은 동·서독 간의 분단과 독일의 재통일 과정을 공법학의 관점에서 다루는 부분이다. 한 나라의 분단은 법적인 여러 후속 문제들도 함께 야기한다. 이 책에서 설명하듯이 구舊독일제국과의 관계에 있어서 크게는 사멸 테제와 존속 테제 그리고 보다 세부적으로 사멸 테제에서는 패전과 점령으로 인한 소멸 이론Debellationstheorie과 분할 이론Dismembrationstheorie, 그리고 존속 테제에서는 구舊독일제국이라는 한 지붕 아래에 놓여 있는 두 나라로 설명되는 지붕 이론Dachtheorie, 핵심국가 이론Kernstaatstheorie, 동일성 이론Identitätstheorie 등이 주창되어왔다. 같은 분단 상황인데도 제헌헌법 이래로 줄곧 "대한민국의 영토는 한반도와 그 부속도서로 한다"는 영토 조항을 통해 이른바 '완전헌법'을 표방하고 있는 우리와는 사뭇 다르다.

1990년 전후로 벌어졌던 독일의 재통일 상황은 더욱 극적이었다. 1989년 11월 9일에 분단과 냉전의 상징과도 같았던 베를린 장벽이 붕괴된 후 서독은 통일과 관련해서 2+4조약의 체결을 통해 국제정치적인 여러 현안 문제를 해결하고, 동·서독 간에는 통일 조약을 체결하여 향후의 사회통합 및 법통합 문제를 마무리지었다. 당시 통일과 관련된 많은 법적 쟁점들을 세세하게 다룬 통일 조약집을 접하고서 불과 수개월의 짧은 시간에 이토록 방대한 작업을 해낸 독일 법학계의 역량에 경외감이 들기도 했다. 이 책에서는 서독 기본법 제23조에 따른 영토 편입, 즉 흡수통일로 통일이 마무리되기까지 긴박했던 당시의 법적 상황과 법학계의 동향을 상세하게 소개하고 있다.

저자는 다른 책에서 본래 기본법 제23조가 1957년에 있었던 자르란트Saarland의 편입을 염두에 두고 마련되었다가 그 후로는 잊힌 법조항이었으며, 기본법 제146조가 예정해온 대로 새로운 헌법의 제정을 통한 통일이 보다 더 바람직했다고 회고한다. 그러나 독일 통일을 둘러싼 당시의 국제정세가 결코 우호적이지 않았으며, 국내외의 긴박했던 분위기 속에서 통일의 대업을 빨리 매듭짓기 위해서는 기본법 제23조를 동원하는 것이 불가피했다는 점 또한 수긍한다.

이 번역서가 나오기까지 여러분들에게 신세를 졌다. 먼저 이 번역서의 출간 제안을 흔쾌히 수락하신 푸른역사의 박혜숙 대표와 좋은 책으로 엮어주신 정호영 편집자께 깊이 감사드린다. 그리고 책에서 언급되는 라틴어 문장의 번역에 도움을 주신 《라틴어 수업》의 저자 한동일 작가 그리고 학문적 동료로서 책의 내용과 관련한 잦은 대화에 늘 기껍게 응해준 연세대 법학전문대학원 손인혁 교수와 꼼꼼하게 원고 교정 작업을 함께해준 광운대 법학부 손상식 교수에게도 고마운 마음을 전한다. 그리고 독일어 전문번역가인 아내(엄현아)의 도움이 특히 컸다. 모두에게 감사드린다. 빼어난 문장가로 알려진 저자의 글을 우리말로 제대로 옮겼는지 염려스럽지만, 옮긴이로서는 나름 최선을 다했다고 고백한다. 그럼에도 불구하고 혹시 있을지 모를 오역은 전적으로 옮긴이의 불찰이니 미리 혜량을 구한다.

번역 작업이 대강 마무리되던 2021년 2월 말에 미리 약속한대로 슈톨라이스 교수께 한국 독자들을 위한 서문을 부탁드리는 메일을 보냈다. 여느 때와는 달리 답이 늦어져서 이상하다고 여겼는데, 며칠 후에 지금 병원에 입원해 있다는 근황과 함께 병상에서 급하게 작성한 듯싶은 짧은 서문을 건네받았다. 그 후 3월 중순께 급환으로 세상을 달리하셨다는 안타깝고도 황망한 소식을 접했다. 이 책에 담긴 한국 독자들을 위한 짧은 서문이 저자가 세상에 남긴 마지막 글일지도 모르겠다는 생각이 든다.

한평생을 역사와 법이라는 두 주제의 연구에 천착해온 저자는 생전에 "역사 앞에 눈감은 법률가는 위험하다"는 경고의 글을 남겼다. 역사에 무지몽매하고 역사를 애써 외면하는 법률가들이 단지 법전에서만 실정법을 끄집어낼 때 그렇다는 말이다. 저자는 법률가들이 실정법을 잘 알고 있는 것만으로는 결코 충분하지 않고, 역사에 대한 깊은 이해가 없이는 현재 벌어지고 있는 일들을 비판적으로 판단하는 것이 거의 불가능하다고 지적한다.

해방 이후 말 그대로 질곡의 헌정사를 거듭해온 우리에게도 저자의 경고는 결코 예외가 아닐 듯싶다. 4·19의거, 1980년 광주민주화항쟁 및 1987년 6월항쟁 등을 통해 오랜 독재와 군사 정권을 극복해오면서도 권위주의 정권에 협력했던 숱한 법률가들과 법학의 역할에 대해서는 지금까지 제대로 된 비판과 성찰이 없었다. 옮긴이가 기억하기로는 지난 2008년에 당시 이용훈 대법원장이 사법 60돌 기념사에서 과거 권위주의 정권 시절에 행해졌던 법원의 그릇된 판결에 대해 사과하고 반성을 밝힌 것이 고작이다. 사법에 대한 신뢰도가 OECD 국가들 중에서 가장 낮고, 최근에 불거진 사법농단사태 등을 통해 '법비法匪' 또는 '법꾸라지'라는 말이 세간에서 횡행하는 현실이 결코 우연이 아니다. 이러한 까닭에 독일 법학의 영욕榮辱의 역사를 다루는 이 책이 우리 법학과 현대사를 되돌아보면서 진지하게 성찰하고 미래를 새롭게 준비하는 데 작은 디딤돌이 되기를 소망한다.

2022년 가을에
옮긴이 씀

"역사 앞에 눈감은 법률가는 위험하다"

Der geschichtsblinde Jurist ist gefährlich

– 미하엘 슈톨라이스 –

I.
소개, 대상 및
방법론

1. 역사적 대상으로서의 법

법을 역사적으로 바라본다는 것은 관찰자의 시선으로 법을 바깥에서 바라보는 것을 뜻한다. 그 동기는 과거에 법이 어떻게 작동했고, 여러 사회관계를 어떻게 규율했으며, 어떠한 "경기규칙"이 적용되고, 규칙을 위반했을 때 어떠한 제재가 가해졌는지를 알고 싶어 하는 역사학자의 호기심에 있다.

이런 것들을 관찰하려면 법이 변화한다는 사실을 이해하고, 그것을 직접 경험하거나 과거에 여러 기록을 작성했던 이들이 법에 대해 어떤 생각을 갖고 있었으며, 이들이 법을 통해 어떻게 소통했는지를 질문할 수 있어야 한다. 이러한 물음들은 사회가 스스로를 역사적인 것으로 파악하고, 사회의 존재와 법질서가 과거에서 미래로 향해가는 시간의 화살표 위에서 어떻게 이동해가는지를 성찰해볼 때 비로소 제기될 수 있다. 이는 결코 당연한 일이 아니다. 인류의 다양한 문화들이 되풀이되고 주기적으로 새로워지는 순환 모델 속에서 형성되어왔고, 지금도 여전히 그렇기 때문이다.

그 어떤 문화권도 스스로를 "세상의 종말" 또는 "최후의 심판"으로 향해가는 변화의 일부라고 생각한 적이 없었고, 지금도 그러하다. 반복적인 사고가 만연해 있는 문화권에서는 순환 또는 단계적인 완성과 같이 "비역사적으로" 생각하는 경향이 있기 마련이다. 개인이나 개인의 권리가 갖는 역할도 제각각 달라서 가족이나 혈족의 관련성과 분리해서 생각하지 않는다. 이러한 관점으로 세상을 바라볼 때 근대의 서구적 사고에서 당연하다고 여겨져왔던 것처럼, 개인은 유무형의 재화들이 귀속되는 주관적인 권리를 보유한 하나의 단자單子가 아니다. 유럽을 중심으로 생각하는 전통적인 시각을 극복해야만 비로소 왜 문화들 상호간에 긴장이 존재하는지 그 근본적 이유를 찾아낼 수 있다.

그럼에도 불구하고 자신의 고유한 법질서를 이해하려면, 먼저 유럽과 유럽적 기질에 관한 일반적인 역사부터 살펴봐야 한다. 기독교가 전파된 이후로 유럽인들은 멀리 있는 목표를 향해 전진하는 것이 역사의 과정이라고 여겨왔다. 시대마다 역사는 구원에 대한 기대를 담은 그리스도의 수난사이기도 했고, '후퇴'하면서도 세속의 강제로부터 벗어나려는 진보의 역사이기도 했으며, 단순하게 가능성은 무한하지만 결말은 불확실한 하나의 과정이기도 했다. 각각 다른 시각에서 관찰되어왔던 것이다. 유럽에서 역사를 어떻게 지켜봐왔는지를 해석할 수 있는 설득력 있는 표본은 없다. 하지만 이들 모두에게서 공통되는 점은, 자신들이 '유럽'이라는 지리적 공간과 고대 후기부터 현재에까지 이르는 시간의 연속선상에서 하나로 묶여 있다고 여기고 있다는 사실이다.[1]

유럽에서 '근대'가 시작하는 시점이 언제인지에 대해서는 의견이 다양할 수 있다. 장기간의 진행 과정이나 사회적인 기반의 변화를 알아채려면 되도록 이른 시점으로 봐야 한다는 주장이 보다 더 설득력이 있다.[2] 여기서 "이르다"라는 것은 12세기와 13세기를 말한다. 이 무렵에 법제화된 세계교회가 탄생하고, 의사교환과 정치와 법에 대한 기록들이 증가했으며, 도시가 생겨나고 인구가 밀집되었고, 시계·풍차·수차 등의 기술이 개발되고, 선박 제조 및 건축 기술이 향상되었다. 비슷한 시기에 신학과 철학은 서로 다른 길로 접어들었다.[3]

법의 역사에 있어서 근대는 전통적으로 이탈리아 북부에서 《학설휘찬學說彙纂(Digesten)》*을 재발견하면서, 즉 533년에 동로마(비잔티움)에서 법전으로 편찬된 '로마법'을 발견하면서부터 시작한다. 고대 후기의 인용문 모음집으로는 유일하게 보존된 이 필사본을 기초로 12세기 중반부터 볼로냐를 필두로 파두아와 파비아에서 그리고 이후로는 전 유럽에서 '법률가들'의 활동이 이어졌다. 이들은 로마 시대의 법 조문들을 가르치면서 해석·논평하고, 실제의 필요에 맞게 고쳐서 마침내 중세의 '로마-이탈리아 법'을 창조해냈다. 이와 비슷한 시기에 1,000여 년에 걸쳐서 탄생된 후 흩어져 있던 교회법 규정들을 1140년에 하나의 모음집으로 정리한 것도 매우 큰 의미를 지녔고, 즉시 공적인 성격을 획득했다. 그 창시자가 바로 볼로냐에서 강의하던 수도사

---

* 동로마의 황제 유스티니아누스 1세의 명령으로 만들어진 《시민법 대전Copus Iuris Civilis》의 일부로, 로마법 학자들의 학설을 모아서 요약한Digesten 책을 뜻한다. 이 《학설휘찬》은 전체의 5분의 2가 울피아누스Ulpianus의 저서에서, 6분의 1이 파울루스Paulus의 저서에서 인용된 내용들인데, 이 《학설휘찬》에 포함되지 않은 법학자의 학설은 당시의 재판에서는 인용될 수 없었다고 한다.

그라티아누스Gratian였다.[4] 이때부터 두 종류의 '강학상의 법gelehrtes Recht'*이 존재하게 되는데, 세속적인 '로마-이탈리아 법'이 그 하나이고 다른 하나는 로마의 '세계교회법'이었다.

주로 《학설휘찬》에 기초했던 세속의 '로마법'은 이탈리아, 프랑스, 네덜란드 및 독일을 거쳐 남부 유럽과 서부 유럽에서 '보통법gemeines Recht'으로 발전해갔다. 반면 영국, 북유럽 및 동유럽은 간접적으로만 영향을 받거나 거의 영향을 받지 않았다. 중세 시대에 비잔티움의 지배를 받았던 남동부 유럽은 15세기까지 그곳의 정통적인 신앙생활에서 형성된 특수한 형태의 '로마법' 전통 속에서 살아가고 있었다. 결국 이 문서들을 합쳐서 《시민법 대전Corpus Iuris Civilis》으로 불렀고, 이로부터 민법의 일반 규정들을 발전시켜왔다. 이들 규정은 18~19세기가 되어서야 전 유럽에서 각국의 법전들로 대체되었다. 1870년부터 국가적 차원에서 법전 편찬 사업에 착수할 수 있었던 독일에서는 심지어 1900년 1월 1일 보통법이 '민법전BGB'으로 대체될 때까지도 적용되었다.

가톨릭교회에서 '기준'이 되는 '카논법kanonisches Recht'은 비슷한 방식으로 중세 후기에 여러 대학에서 관리되고 보완되다가 16세기 후반에서야 비로소 공적인 형태를 지닐 수 있게 되었다. 이 카논법은 1917년까지 로마-가톨릭교회에서 《교회법 대전Corpus Iuris Canonici》으로 간주되었다. 16세기의 종교개혁(루터, 츠빙글리, 칼뱅) 이래로 개혁적인 교회들이 자체의 법질서를 확립했지만, 전승되어온 기존의 교회법도 신교의 교리에 반하지 않는 한 보충적으로 계속해서 적용된다

* 당시의 대학에서 강의를 통해 전승되면서 보다 체계화되고 전문화된 법을 뜻한다.

고 보았다.[5]

16세기부터는 그간 서서히 생성되어온 민족 감정에 발맞춰서 토착
민들의 법에 대한 관심도 함께 증가했다. 대부분 칼뱅주의자이거나
루터교파인 16세기와 17세기의 인본주의–법학자들은 민족 대이동[*]
의 시대로부터 기원한 과거의 '씨족법leges barbarorum'을 나름 편집하
기 시작했고, 특히 중세에 황제와 교황 간의 권력투쟁에도 특별한 관
심을 보이면서 이를 종파 간의 대립에서 필요한 논거로 제시하기도
했다.[6] '촌락법'과 '도시법'도 박식한 법학자들의 시선에 포착되기 시
작했는데, 법정에서 활용하려는 실용적인 이유와 애국적 또는 학문적
호기심 때문이었다.

달리 말하자면, 현재 독일에서 다뤄지고 있는 법 역사는 세 개의 주
요 영역을 갖는다. 첫 번째 영역은 고대의 '로마법'과 이로부터 발전
한 '보통법'이 차지하고 있다. 여기서는 주로 현재의 민사법 관련 소
재들, 즉 인법人法, 채권법, 물권법 및 상속법을 다루고 있다. 두 번째
영역은 로마법과 보통법 이전 또는 그 법들과 같은 시기에 있었던 토
착적인 법질서를 포함하고 있는데, 출처를 파악하기 힘든 '게르만
법', 중세 초기의 '씨족법', 도시와 시골의 법전 및 법정에서의 기록
들과 함께 중세 및 근대 초기의 법, 그리고 여러 부분적인 특수법들로
구성된 독일법이 어떻게 발전했는지를 연구해왔다. 세 번째 주요 영
역은 '교회법'인데 처음에는 '라틴어권'의 유럽에서 동일했지만, 16
세기 종교개혁 이래로 각각 분리되어 발전해왔다.

* 4~6세기에 있었던 게르만 민족의 이동을 말한다.

2. 공법Ius publicum

그동안의 법 역사에서 '공법公法'의 탄생과 그 작동 방식은 그다지 주목받지 못했다. 고대 로마의 '국가법'은 민족 대이동의 과정에서 제국이 멸망하면서 함께 사라져버렸다. 동로마(비잔티움)에서 그나마 근근이 명맥을 유지해오던 로마의 국가법은 그곳의 정통 '교회법'과 특이한 공생관계를 유지했었다. 그러나 1453년에 오스만 제국과의 전쟁에서 비잔티움이 함락되고서 이 전통도 그만 끝나버렸다.[7]

중세의 서유럽에서 국가법과 관련하여 새롭게 형성된 것들을 꼽는다면, 관습법, 정치적으로 중요한 몇몇 증서들, 중세의 법학자들이 만든 몇몇 기본 원칙들을 거론할 수 있다.[8] 프랑스와 독일에서는 이 기본 원칙들로부터 '기본법률들Grundgesetze(Leges fundamentales)'이 탄생했다. 1356년의 〈금인칙서Goldene Bulle〉, '영구평화 유지명령Ewige Landfriede' 및 1495년의 '제국궁정법원법', 1519~1654년 '황제선출공약', 1555년의 '아우크스부르크 종교평화조약', 1648년의 '베스트팔렌 평화조약' 및 '제국의회 최종결의' 등을 독일의 '기본법률들'로 거론할 수 있다. 이것들 전체가 하나의 규범 꾸러미를 이루는데, 이는 곧 '제국헌법Reichsverfassung'으로 불렸다.

그러나 18세기 사람들에게 이 헌법은 점점 더 "구시대의 낡은 유물" 정도로 여겨졌는데, 공식적으로는 나폴레옹전쟁 때까지 유지되었다. 1803년 마지막 제국법에 해당하는 '제국대표자회의 핵심결의Reichsdeputationshauptschluß'가 공포된 후에는 많은 교구들과 소규모의 여러 영방領邦*들이 비로소 사라지게 되었다. 1806년에는 나폴레옹의 압력으로 "라인동맹에 속하는 여러 영방들Rheinbundstaaten"이 제국에서 탈퇴했고, 며칠 뒤인 1806년 8월 6일에 프란츠 2세가 신성로마제국의 황제직을 내려놓았다.

'제국헌법'이라는 소재를 처음으로 다룬 것은 17세기에 독일민족의 신성로마제국 헌법을 역사적 과정의 산물로 설명하기 시작한 '제국사'에서부터였다. 이는 곧 하나의 교과목으로 발전해서 할레Halle 등에서 주목받다가 이후 괴팅겐Göttingen에서 집중적으로 연구되었다.[9] 제국이 쇠퇴하고 정치적 에너지가 개별 영방들에서의 헌법운동으로 집중되기 시작하자, 이 교과목은 '국가사'로 명칭이 바뀌었다. 19세기의 헌법운동을 거치면서 19세기 중반 무렵부터는 '헌법사'로 달리 불렸다.[10]

이 교과목은 "외부의" 법 역사를 다뤘고, "게르만적인" 법 역사학자나 국가법학자들에게 맡겨졌다. 1935년에 나치 정부가 내놓은 강의 요강에서는 '근대 사법사私法史'와 '근대 헌법사'가 나란히 전공 교과목으로 기재되었다.

'근대 헌법사'와 관련해서 다수의 총서, 교과서 및 요약서가 있지만,[11] 현재는 이 교과목이 다시 강의 요강에서 사라진 것으로 보인다. 대학별로 또는 해당 전공 분야의 수용 능력에 따라 다르기는 하지만,

---

* 중세 때부터 근대 초반까지 독일에서 영주가 지배권을 행사해온 소규모의 지방 국가를 흔히 '영방領邦'으로 표현하는데, 13세기 이후에 무려 300여 개의 크고 작은 영방들이 존재했다고 한다. 편의상 이 책에서는 1871년 비스마르크 재상에 의한 최초의 독일 통일을 선후해서 그 이전 시기까지는 '영방'으로 그 이후부터는 현재의 용례처럼 '란트Land'로 칭하기로 한다.

법 역사 관련 교과목은 대학 초년생들을 위한 입문 강의나 심화 강의로 개설되고 있다. '교회법사' 교과목은 거의 사라졌다. 한때 '로마법'으로 전체 사법私法의 토대를 형성했던 '고대법사'는 교양과목으로 부분적으로나마 명맥을 유지하고 있다. 특히 근대에서 현재까지의 사법私法의 학술사 및 교리사를 연결해주는 부분에서는 지금까지도 계속해서 민법의 이상적인 입문서로 이해되고 있다.

희미하나마 게르만 민족에서 기원한 흔적에서부터 출발하여 고대 후기의 민족법인 '씨족법'을 거쳐 중세와 근대 및 현재에까지 이어지고 있는 '독일법사'는 개별적인 여러 연구 분야들로 다시 분류된다. 그 가운데 하나가 중세부터 1806년까지의 제국헌법을 연구하는 분야이고, '헌법사'는 그 이상의 내용까지 다루고 있다. 그러나 현재로서는 대체로 모든 기초 교과목들이 교육기관들에서 확고한 입지를 다지지 못하고 있으며, 교육 과정에도 너무 많은 실증법적인 소재들이 포함되어 있는 것으로 확인된다. 이러한 사실은 법 역사, 법 철학과 법 이론 및 법 사회학을 곤경에 빠트리고 있으며, 유럽화 및 세계화를 통해 내적 의미와 외적인 가치평가가 상승하고 있는 비교법 분야에도 적지 않은 영향을 미치고 있다.

법 역사가 처한 작금의 상황에 대한 최근 논의에서 모두들 이 점에 동의하고 있다.[12] 그래서 "법학의 향후 전망"이라는 명칭이 붙은 관련 학술위원회는 2012년 11월 9일에 국제적인 소통과 대학 교육의 학문적 성격의 유지에 관한 우려가 반영되는 가운데 기초 교과목을 보다 강화하자는 권고안을 내놓았다. 대학들이나 법률가 양성 교육을 책임지고 있는 각 란트Land들의 사법행정 당국이 이 권고안에 따라 행동할지 여부가 아직은 불확실하다.[*] 이 권고안은 사실상 기초 교과목을 대표하는 이들에게 해당 교과목의 틀을 개선하고 해당 지식을 습득하고 그것을 검증할 수 있는 형태로 제공해 달라는 요구도 함께 담고 있다.

3. 학문의 역사

이 입문서는 법 역사 분야에서 지금껏 등한시되어온 좁은 영역, 즉 근대 초기부터 현재까지의 공법公法이라는 학문의 역사를 다루고 있다. 그간 공법이 등한시될 수밖에 없었던 이유는 흔히들 헌법사의 주된 관심이 '헌법(들)' 자체를 지향하는 것으로 기대하는 데 있다. '헌법사'에서는 "공동체와 그것의 정치적 질서를 결정짓는 여러 규칙과 구조"를[13] 서술하고, 따라서 전前근대의 시기에도 적용할 수 있는 개방적인 헌법 개념을 사용한다.

이 과정에서 당대 법학자들—20세기부터는 여성 법학자들도 포함해서—의 노력이 그 언저리에서 희석되곤 한다. 이들의 노력이 아예 간과되는 것은 아니지만, 전체 헌법의 관점에서는 그저 부수적인 지적 요소에 불과하기 때문이다. 마찬가지로 행정과 행정법의 역사가 크게 발전하지 못한 상황에서 행정에 관여하는 이론가들도 그저 주변적인 목소리쯤으로만 여겨졌다. 이들은 한스 마이어Hans Maier의 방

---

[*] 독일은 현재 16개의 란트(연방주)들로 구성되는 연방국가다. 연방과 각 란트Land들이 관할하는 사항들이 헌법적 차원에서 나눠져 있는데, 예컨대 교육과 문화 영역은 각 란트들의 관할 사항이어서 연방정부가 직접 개입하지 못한다.

대한 저술과 같이 예외적인 경우에만 역사를 구성하는 세력으로 인정받았다.[14]

따라서 여기서 가장 중요한 것은 근대의 역사가 진행되는 동안에 있었던, 헌법 및 행정에 관한 여러 규칙과 구조에 대한 사고, 논의 및 문건들을 파악하고 규명해내는 작업이다. 이는 1600년부터 현재 시점까지의 공법을 학문적으로 파악하고, 공법에서 도그마틱의 침투와 체계화에 관한 문헌의 역사를 다루는 작업이기도 하다. 이렇듯 학문적이면서 또한 실무와 연관되는 역사 연구가 독일에서는 1806년에 구舊제국이 끝날 때까지 거의 대다수 대학에서 진행되었다. 이들 대학은 교육에서뿐만 아니라 정신생활에서도 구심점이었다. 그 과정에서 생겨난 많은 저작은 이른바 '대학문헌Universitätsliteratur'을 이루는데, 즉 강의안, 교과서, 주석서, 사례집 및 대량으로 출간된 박사학위 논문들과 토론집 등이 그러했다. 특히 박사학위 논문과 토론집은 유럽 전체에서 당대에 유행했던 여러 논제와 혁신을 위한 노력, 심지어 학생들의 이주 동향까지 담고 있어서 오늘날 한 시대와 특정한 대학 및 학파의 정신적인 프로필을 재구성하는 데 소중한 원천이기도 하다.[15] 여기서 대학과 학계의 역할이 압도적이었다고 확인되는데, 이는 독일만의 특수한 상황이었다. 반면 프랑스나 영국에서는 대도시에 자리했던 여러 살롱, 클럽 또는 학술원이 지성계를 주도하는 역할을 맡고 있었다.

이러한 역사는 권력관계, 전쟁, 평화협정, 실제로 존재하는 구조, 여러 기구 그리고 행위하는 인간들이 어쨌든 발전해왔다는 사실을 전제하고 있다. 즉 헌법사를 폭넓게 이해해야 비로소 정치적·법적 사고의 토대와 배경을 알 수 있다. 행위와 사고가 구별이 불가능할 정도로 역사적으로는 서로 맞물려 있기 때문이다. 따라서 이를 서술할 때에도 이 같은 긴밀한 결합이 계속해서 유지되어야 한다. 비록 16~18세기에는 현대적 의미의 학문이 아니라 대체로 법학*iuris prudentia*을 다루었지만 그럼에도 불구하고 공법이라는 '학문'의 역사를 전면에 부각시켜야 마땅하다.

그저 이론서들을 읽는 것에 그치지 않고, 뜻을 함께하는 이들과 만나고 공개토론장에 참여해서 함께 결정하며 이런 자세가 자신이 지닌 본성의 일부를 이루는 사람은 동시에 행동하는 사람이기도 하다. 이론가들은 종종 "앞서서" 사고하고, 자신의 생각을 정치적으로 실행시킬 수 있는 지점까지 논의를 이끌어간다. 이들은 흔히 벌어진 사건들을 두고서 나름 명확하게 분석하기도 하는데, 다시 말해서 여태껏 파악되지 못한 것들을 "파악된 것", 즉 '개념들Begriffe'로 정리하고 이러한 방법으로 다시 새로운 사고의 출발점을 제시한다. 인간의 사고는 시대에 종속적이며, 때로 독선과 상대적 자율성도 있기 마련이다. 순수한 수준에만 머무르는 법도 없고, 그저 '사실'의 부속물로 축소될 수도 없다. 이런 의미에서 근대에는 사회사상사histoire sociale des idées, 지성사intellectual history뿐만 아니라 정치사, 사회사 및 전래의 '이념사' 사이에서 요동치는 '지성사'를 서술하기 위해 가능한 방법을 찾아 나섰다.

이때 최정상에서 활약하는 "사상의 대가들"뿐만 아니라, 때로는 이들보다 영향력이 훨씬 큰 여러 군소 저자들 그리고 이들의 생활세계, 이들에게 주어진 여러 의존성과 정치적 환경도 함께 파악된다. 이는 전체적으로 다음과 같이 간주된다. 즉 '국가'는 공공서비스, 공공건물과 물자, 예산 및 법규들의 실질적 토대일 뿐만 아니라, 우리 모두의 상념이자 행위 그 자체이기도 하다. 국가는 우리가 그러하다고 생각하고 있고 그러한 생각 속에서 우리가 활동하고 있는 바로 "그 상태"이다.

따라서 국가에 관한 사상의 연구는 국가 그 자체를 연구하는 것이다. 우리네 선조들이 국가에 대해 대체 어떤 생각을 지녔는지, 그들이 국가를 어떻게 형성했는지에 대해 적어도 대강은 알고 있어야만 우리 스스로도 국가 속에서 그리고 국가와 함께 무엇을 하고자 할지를 비로소 결정할 수 있다. 국가에 대해 그다지 더 알고 싶지도 않고 참여하지도 않기로 결심했다면, 적어도 다음과 같은 질문, 즉 우리를 폭력으로부터 보호하는 이가 누구인지, 생활에 필수적인 여러 급부들과 당연하다고 여기고 있는 안락함이 누구 덕분인지, 누가 교통 및 통신 체계를 관리하는지, 누가 대학, 도서관, 박물관 등의 재정을 책임지고 있는지 등을 질문해 봐야 한다. 이 질문과 관련해서는 세대마다 다른 강조점을 갖기 마련인 까닭에, 우리가 원하든지 또는 원치 않든지 간에 다가올 미래로 들어서는 일은 어쨌든 또한 과거와의 대화인 셈이다.

4. 방법론적 권고 및 이해를 위한 보조수단

도서관이나 서고 안에 있는 많은 사료에 다가설 때에는 가급적 선입견을 버려야 한다. 우리 모두가 현재라고 하는 그물망 안에 갇혀서 사고하고 행위한다는 사실, 즉 원칙적으로 선입견으로부터 결코 자유로울 수 없다는 사실과는 별개로 다음과 같은 방법론상의 원칙들을 권유하고자 한다.

즉 자신의 사고 습속이나 자신이 이해하는 개념을 아무런 검토 없이 당연히 적용하는 게 아니라, 비판적으로 질문하고 역사적으로 "다른 것"을 이해하는 데 도움이 되게끔 이용해야 한다. 역사적 사료들은, 설령 그 안에 담긴 언어가 오늘날의 우리에게도 여전히 알아듣게끔 들리더라도, 결국은 "다른 것"이다. 시대착오적인 위험성을 인식하면서 현대의 언어 용법을 충분히 성찰하고 적용한다면, 현대의 개념들을 사용하는 것이 크게 문제가 되지는 않는다. 소격 효과*를 생각하면 솔직히 현대의 개념들이 꽤나 도움이 될 수도 있겠다 싶다. 그러나 주된 목표는 과거에 사용된 단어를 탐구해서 해당 단어가 당시에 어떤 "의미였는지"를 밝혀내는 데 있다.

그리고 역사의 흐름 속에서 너무 빨리 상승하거나 하강하는 진보와 퇴락의 곡선을 인식하는 것도 마찬가지로 경계해야 한다. 누군가에게는 들판 한가운데에 자리한 높은 언덕으로 여겨지는 것이 아마도 두더지가 파헤쳐둔 작은 흙더미에 불과할 수도 있다. 특히 피상적으로 현재의 헌법 및 행정법과는 무관한 것이라 보고서 쉽사리 무시해서는 안 된다. 그렇게 역사적 사료들을 "죽은" 것과 "살아 있는" 것으로 분리시킨다면, 역사라는 것이 그저 "현재에 앞선 전사前史"쯤으로나 격하될 뿐만 아니라 중요한 인식 가능성을 미리부터 섣부르게 잘라버릴

---

* '소격 효과Verfremdungseffekt'는 주로 서사적인 연극에서 극중 인물과 관객들 간의 비판적 거리두기를 뜻한다. 연극 도중에 뜻밖의 소리, 동작, 몸짓 및 장치들을 활용하여 관객들로 하여금 지나치게 몰입해서 환영에 빠지지 않은 채 현실감을 유지하게끔 한다.

수도 있다. 설령 주류主流가 되지 못하거나 실패한 일이라 하더라도 매우 흥미로운 관심사가 될 수 있기 때문이다.

이 책에서는 기본적인 개요를 설명하고자 나름 노력했으며, 따라서 매우 압축적으로 서술하고 있다. 본문에서 인용되고 있는 여러 저자에 대한 자세한 설명은 현재 시중에 나와 있는 다른 책들을 보조수단으로 참고하기 바란다.[16] 인용 문헌들에 대한 각주는 최소한으로만 표시했다. 이는 복잡한 전체 분야에 대한 보다 포괄적인 서술이 이미 완료되었음을 전제하고 있으며, 이제 그것을 보다 깊이 연구하는 데 활용함으로써 가능한 일이다.[17] 만프레드 프리드리히Manfred Friedrich가 저술한 신간《독일 국가법학의 역사Geschichte der deutschen Staatsrechts-wissenschaft》도 이와 비슷한 의도로 집필되었다.[18] 얼마 전에는 안드레아스 클레이Andreas Kley가 쓴《스위스 공법의 역사Geschichte des öffentlichen Rechts der Schweiz》도 출간되었다.[19] 헌법사와 관련한 최근 문헌들은 디트마르 빌로바이트Dietmar Willoweit가 저술한 교과서에서 가장 잘 소개되고 있다.[20] 근대 초기의 '치안Policey' 및 근대 행정법을 위시해서 행정사와 관련한 풍부한 사료들은 모두 합쳐서 다섯 권으로 엮인《독일 행정사Deutsche Verwaltungsgeschichte》에서 찾아볼 수 있다.[21]

II.
로마법으로부터의 해방 및
헌법에 관한 법원론 法源論 *의
재구성

* 법의 원천을 찾는 논의를 뜻하는데, 이후로 신의 뜻, 이성 또는 의지, 자연법, 관습법, 실정법 등 다양한 법의 원천이 논의되어왔다.

1. 로마법적인 출발점

13세기 이후 실용화되고 중세 이탈리아에서 법규화된 로마법은 이탈리아의 볼로냐에서 시작해서 중부 및 서부 유럽의 대학들에까지 학설뿐만 아니라 법 실무에도 적용되면서 널리 확산되었다. 박식한 법학자들은 법적인 문제가 불거질 때마다 도움을 요청받았고, 고문이나 전문 감정인, 협상 책임자, 외교관 등의 중요 직책을 맡았으며, 법관직을 맡는 일도 점차 증가했다. 당시 법학 분야는 공법과 사법의 두 유형으로 구분하는 것이 일반적이었다. 로마 후기시대의 법학자인 울피아누스Ulpian(?~A.D. 223)는 이렇게 표현했다. '공법'은 "로마 국가에 관여하고ad statum rei Romanae spectat", '사법私法'은 "개인의 이익에 관여한다ad utilitatem singulorum."[22]

　당시에는 국가적 의례, 종교 및 성직자 관련 법, 공직 외에도 사법상의 모든 강제적인 규범(예컨대 혼인법, 입양, 유언장 및 기한규정, 소송법 등)이 공적 관심의 대상이었다. 그러나 공법과 사법은 함께 '법'이라는 하나의 관념적인 단위를 구성했다. 이 단위는 속세와 종교적인 법을 아우를 뿐만 아니라 도시와 시골의 지역법과 개별 집단마다의 특수한 특별법도 함께 포괄했다.

이렇듯 '사법'과 '공법'이라는 카테고리를 통해 이분법적으로 구별하는 것이 당시에는 학설상으로도 그리고 실무적으로도 낯선 일이었다. 보다 특수한 규칙들이 보다 일반적인 규칙에 비해 우선시되었다. 특수한 규칙이 없을 때에는 '보통법gemeines Recht'이나 '황제법Kaiserecht'을 적용했는데, 처음에는 그저 보완하는 정도였지만 대학에서 학업을 마친 법학자들이 점점 더 많이 무대의 전면에 등장하면서 보통법의 지위가 더욱 상승하는 경우가 잦아졌다. 15세기와 16세기에 전문 감정인들이 황제 선출, 황제의 직무대행, 제국의회와 관련된 문제나 지배권 또는 세금 분쟁과 관련해서 자문 의뢰를 받으면 이들은 '봉건법Lehnrecht' 등의 로마-이탈리아 법뿐만 아니라 《작센법서法書(Sachsenspiegel)》* '제국선거기본법Wahlgrundgesetz', 1356년에 공포된 〈금인칙서〉 그리고 관습법으로 구성된 '제국 구습Reichsherkommen' 등 자신들이 찾을 수 있는 모든 자료를 전부 모아서 참조했다. 신·구약의 성서에서 유래하는 논거들도 당연히 여기서 빠지지 않았다.

중세의 전성기 이래로 공공-정치적 영역이거나 군주의 영역에 해당하여 그 법규범이 '공법ius publicum'으로 분류되는 '공적' 영역과[23]

---

* 1120~1230년에 독일의 작센지방에서 아이케 폰 레프고프Eike von Repgow가 펴낸 독일 중세의 가장 오래된 법서法書를 말한다. 독일어로 '거울'을 뜻하는 'Spiegel'이라는 단어는 당시의 "거울문학Spiegel-Literatur"에서 유래되었다고 한다.

모두에게 적용되는 법규를 준수해야 하는 사적 영역 간의 구별이 나름 분명하게 행해졌다. 그렇지만 그 경계가 매우 모호했다. 토지와 통치권은 가족법과 상속법에 따라 이양되었고, 때로는 매매법이나 저당법도 적용되었다. 중범죄의 경우 형법이 공법의 영역으로 간주되는 반면, 사소한 범죄는 사적 영역으로 보고서 '보속補贖'을 통해 상쇄하려 했다. 이후 뒤늦게 근대 초기의 국가가 "공적인 형벌청구권"을 강조하면서 사적인 소추Privatklage와 "공적 소송 절차Offizialverfahren"를 구별하기 시작했다.[24]

하지만 오늘날과 비교하면 그 판단은 완전히 정반대였다. 사적인 것과 공적인 것이 아예 구분되지 않거나 다르게 구분된다고 보았던 당시의 사고방식으로는 저주나 서약, 악마의 소환, 마술이나 주술, 간통 및 기타 죄악들이 지역사회에 신의 분노를 초래해서 모두를 위험에 빠뜨린다고 여겼기 때문에 이를 공공규범의 문제로 보았다. 마찬가지로 영토가 왕가의 소유인지, 즉 상속, 분배, 매매, 담보 설정의 대상이 될 수 있는지 여부에 관한 핵심적인 문제와 관련해서도 '불가분'이라는 원칙이 서서히 관철되기 시작했고, 이는 근대 초기에 비로소 "국가가 형성될" 수 있는 중요한 전제조건이 되었다. 이렇듯 영토는 사적인 영역에서 벗어나 초개인적인 형태를 획득했다. 이에 걸맞게 통치자의 모습 또한 점차 "국가의 최고 봉사자"*로 변모해갔고, 군

---

* 예컨대 계몽군주로 일컬어지는 프리드리히 2세(1744~1797) 황제가 스스로를 "국가 제1의 공복公僕"으로 칭했는데, 이것이 국가이성을 위해 철저히 계산된 절대적 관리 국가에서 스스로 만든 합리화의 소신이라고 지적된다. 프리드리히 마이네케, 이광주 옮김, 《국가권력의 이념사》, 한길사, 2010, 20쪽 참조.

주는 신의 은총과 함께 왕조의 정점에 서 있지만 '국가'라고 하는 추상체에 의무를 진 존재로 여겨졌다.

2. 새로운 여건들

중세의 법질서는 세속의 '황제법'과 '교회법'에 억눌려 있으면서도, 우선적으로는 촌락·영방·도시의 법, 봉건법, 특수한 직업법과 신분법, 그리고 수많은 특권 및 특별법을 나름의 기준으로 삼고 있었다. 그러나 관습법과 성문법, 강학상의 법Gelehrtes Recht과 비강학상의 법 Ungelehrtes Recht이 뒤섞여 있어서 15세기 말과 16세기에 생활여건과 정서가 급격하게 변화하자 특히 어려움을 겪었다.

이때부터 눈에 띄는 변화들이 차곡차곡 쌓이기 시작한다. 새로이 생겨난 용병부대가 기사단의 자리를 대신하자 기사騎士들은 경제적으로나 사회적으로 추락했다. 반면 부를 축적한 도시의 부르주아들이 부상했으며, 무역을 행하던 대상인 가문들은 정치에 개입하고 재력을 동원하여 귀족의 지위를 얻었다. 또한 종교개혁으로 제국의 구조가 불안해지자 개신교도인 황제가 이론적으로 가능하겠는가와 같은 전혀 새로운 헌법적 문제들이 제기되었다.

독일의 여러 도시가 16세기 후반 무렵의 경제 위기로 인해 힘든 상황인 데다가 대상인 가문들이 지중해의 동쪽을 터키인들에게 내주자 정치적 영향력에서도 큰 변화가 생겨났다.[25] 이제는 귀족들도 더 이상 폐쇄적인 구조를 유지할 수 없게 되었다. 교회의 통일성도 트리엔트 종교회의(1545~1563)와 함께 마침내 붕괴되었다. 로마-가톨릭,

루터교 그리고 칼뱅주의를 통일된 하나의 교회로 합치는 일이 이제는 더 이상 불가능해졌다. 그리스정교회도 이미 오래전에 독립했었다. 이렇듯 교회가 속세에 대한 영향력을 상실함에 따라 교회의 영향력이 각 영방의 군주들에게 넘어갔다. 이때부터 영방군주들은 스스로를 더 이상 심판관으로 여기지 않고, 입법자가 주된 임무라고 보았다. 그들은 '주권자'로서 자신의 영토를 통치하고, 자신들이 만든 법률과 명령이 적용되는 국경을 설정하려고 시도했다.

이들 영방군주들이 제정한 법률과 명령이 기존의 법질서를 차츰 갈음하게 되었다. 이제부터는 새로운 명령이 낡은 명령을 대체한다는 원칙이 적용되었다. 예전에는 옛것이 더 가치 있는 것으로 간주되었다는 점을("오래된 법이 좋은 법") 생각하면, 이제 법이라고 하는 건축물이 거꾸로 놓이게 된 셈이다. 이때부터는 중앙집권적인 최고입법자가 결정적이었다. 개별적인 법들이 축출되고 여러 신분적 특권이 제거되었고, 새로운 법을 통해 많은 특권이 새로이 부여되었다. 이제 새로운 입법자들은, 적어도 이론적으로는, '황제법'으로서의 명성을 상실해버린 로마법을 무효화시키고 새로운 성문법으로 대체할 수 있게 되었다.

16세기 초반에는 법률을 제정하는 일과 군주의 직책을 중심에 놓으려는 고대 후기 때부터의 노력을 지속하면서도 로마법의 위태로운 권위에 힘을 실어줄 수 있는 아이디어가 필요했다. 그래서 생각해낸 것이 다음과 같다.

즉 그간 로마법이 적용되어온 것은 그것이 지닌 권위나 탁월함 또는 관습 때문이 아니라, 주플린부르크Supplinburg 출신의 황제 로타르 3세Lotar Ⅲ(1075~1127)가 로마법 전부를 법적으로 기속적인 것으로 만들었기 때문이라고 선언하는 것이다. 이른바 "로타르 전설Lotharische Legende"*로 불리는 이 사건은 이미 1643년에 결국 거짓으로 판명되었다.[26] 하지만 이 같은 전설이 생겨날 수 있었다는 사실 자체가 당시에 '법률 제정Gesetzgebung'이라는 단어가 함유하고 있는 설득력이 상당했음을 잘 보여준다.

이렇듯 로마법은 법을 제정하는 새로운 '국가권력'에 의해 위축되어가는 중대한 변화 과정을 겪게 된다. 그 자체로 일관되고 그래서 전통적으로 감히 손댈 수 없다고 여겨져온 로마법에 인본주의 문헌학과 새로운 역사적 시각이 균열을 만들어내기 시작하면서 그러한 변화는 더욱 힘을 받는다. 16세기 인본주의-법학의 대가들—안드레아스 알치아티Andreas Alciatus, 기욤 뷔데Guillaume Budé, 자크 쿠자스Jacques Cujas, 위그 드노Hugo Donellus—은 법률 문장을 보다 자세히 관찰하여 법의 내적 통일성에 대한 기대를 파괴해버렸다. 이는 조화롭게 해석한다면 또한 보존될 수 있었고, 심지어 재창조될 수도 있는 것들이었다. 이제는 많은 법률 문서 속에도 여러 다양한 층위가 있다는 판단하에 고대 시기의 저자들 개개인을 구별해내고, 불완전한 내용이나 명백한 모순들을 발견해냈다. 이에 따라 로마법은 유럽 내에서 더 이상 성스러운 단일한 법이 아니라 그저 역사적으로 전승되어온 법조문

---

* 로타르 3세 황제가 1135년에 이탈리아의 작은 섬인 아말피Amalfi를 정복한 후 신성로마제국에 본격적으로 로마법을 도입하는 법을 공포했는데, 이와 동시에 로마법에 어긋나는 모든 법을 폐지하면서 향후의 법 개정을 일체 금지시킨 사건을 뜻한다. 과연 실제로 그랬는지를 두고 이후 의문이 제기되다가, 1643년에 헤르만 콘링Hermann Conring이 《게르만법의 기원》이라는 책에서 이것이 그저 전설에 불과하다는 사실을 밝혀냈다. 여기서 콘링은 로마법이 여러 대학들에서 학문적 계수를 통해 연구되다가 실무에서의 적용을 통해 점차 관습법상의 효력을 갖게 되었다고 주장한다.

들의 꾸러미에 불과해졌으며 입증된 결함은 물론이고 허다한 해석 논쟁을 불러일으키고 있다고 여겨졌다.

당시 급부상하고 있던 절대주의가 입법자로 확고하게 자리를 잡고서 법 제도를 새로이 정비하려 하자, 이 입법자에게는 원칙적으로 로마법을 새로운 소재로 사용하지 못할 이유가 없으며 오히려 규율하고 있는 법문의 섬세함, 개념적 차별화 및 그 안에 담겨 있는 삶의 경험을 낭비할 이유가 전혀 없다고도 주장되었다. 이렇듯 로마법을 광범위한 법전 편찬 작업의 기초로 사용하고, 기존의 영방법領邦法을 통해 보완하고, 수학과 자연과학에서 생겨난 새로운 정신에 부합하는 합리적인 형상을 법 전체에 부여해야 한다는 사고가 이미 16세기에 등장했다.

물론 로마의 국가법을 16세기의 상황에 직접 적용하는 일은 도저히 상상할 수 없었을 법하다. 게다가 로마법에서 이와 관련해서는 쓸 만한 것들이 매우 한정적이었다. 중앙집권적인 권력을 지지하는 데 도움을 줄 수 있는 것으로는 12세기부터 황제 측에서 출간한 문서들에서 사용된 고대 후기의 칭호, 상징 및 법 형식들이었다. 예를 들면 "제후의 의지는 법률로서의 효력을 갖는다quod principi placuit legis habet vigorem"거나 "제후는 법률 위에 있지만princeps legibus solutus" 불변의 자연법과 하느님의 법에는 기속되고, 군주는 속세의 주인dominus mundi이자 아버지/국부國父(pater omnium)로 간주되어야 하고, 법을 창조할 뿐만 아니라 개정하고 해석하며 또한 다시 무효화할 수도 있다는 내용 등이 그러했다. 이 모든 내용을 이제 새롭게 매우 감사한 마음으로 파악하게 되었다.

이와 더불어 해석에 관한 모든 기법이 동원되면서 로마법상의 구성요건들을 활용하려고 했다. 제후가 '국부'로서 가부장의 권력patria potestas을 행사할 수 있다면 상속법을 제후의 유언에도 적용할 수 있고, 영토와 국민도 상속 가능한 것으로 볼 수 있을 뿐만 아니라, 이로부터 유추해서 그 상속 유산을 가급적 한 곳에 모아두어야 한다고 주장할 수도 있었다. 가부장의 권력에 관한 조항은 백성들을 "나라의 자식들" 또는 신민臣民으로 만들었다. 한 나라의 범위는 '영토Territorium'라는 단어의 로마식 개념 정의에 따라서 결정되었다. 소득은 제후인 가부장의 자기소유물과 로마법으로 계산된 봉건법Lehnrecht으로부터 산출되었다(수익권Regalien*). 경제적으로 어려움에 처한 귀족들을 보호하려고 로마의 신탁유증 제도Fideikommissrecht**를 본떠 특별법을 만들어냈는데, 이로써 귀족의 해당 세습지는 양도 혹은 저당 잡힐 수 없게 되었다.[27]

요컨대 로마법을 유연하게 해석하면 변화된 헌법적 상황에 적용할 수 있는 보다 많은 연결점을 찾을 수 있었음에도, 16~17세기의 헌법 현실에 활용할 수 있게끔 하나의 시스템과 더 이상 연결 짓지 못했다. 황제국임을 내세워서 로마제국을 계승했다고 주장하는 독일에서조차도 고대의 제국이 현재의 그것과 더 이상 비교될 수 없다는 사실이 매우 분명해졌다. 즉 헌법적 상황이 완전히 바뀐 것이다.

게다가 로마의 '공법'에서 가장 중요한 요소 중 하나인 신성법神聖法(Sakralrecht)이 이제는 교회법Kirchenrecht이 되었다. 교회법은 종교개

---

* 수익권Regalien은 중세 때에 국가권력의 담지자에게 국가의 통치 및 행정과 관련하여 헌법상 또는 특수한 법적인 명분에 따라 그 행사 권한을 인정해주는 고권을 뜻한다.
** 상속재산 중 일부를 따로 특정 상속인에게 지정하여 양도 또는 분할할 수 없도록 하는 제도로서 독일에서는 1938년부터 폐지되었다.

혁의 와중에 와해되어 특별법이 된 후로는 더 이상 제국헌법을 단단하게 묶어줄 수 없게 되었다. 교회의 재산, 주교의 공권력, 혼인법, 이혼, 수도자들의 재산권 및 상속권 등에 대한 기존의 모든 규칙과 다른 많은 소여가 새로이 규정되어야만 했다.

3. 새로운 헌법

종교개혁에 위력을 발휘한 "반反로마 정서"는 황제와 제국이 자신들의 고유한 뿌리를 찾아서 정당화하는 경향을 더욱 부추겼고, 800년에 교황 측이 고대 후기의 제국을 카를 대제에게 이양하려고 계획하자 이를 자신들이 의도하는 세속적인 구도로 갈음하게끔 했다. 그럼에도 불구하고 이 제국은 끝까지 '신성'과 '로마'라는 이름으로 불리면서 그 명성이 어느 정도 계속해서 유지되었다.

그러나 왕조가 여전히 강대국 정책으로 일관하는 상황에서, 특히 30년전쟁*이 끝나고(1648) 제국 자체가 멸망한 이후로는(1806) 이 명칭이 거의 무의미해졌다.

로마법은 옛날과 다름없이 이 무렵에도 일반채권법, 특수계약법, 담보법과 저당법 및 상속법에서 강조되었다. 로마법의 의의는 무엇보다 법학적 논증 방식을 교육하고, 당시 점점 더 중요한 지위를 차지해가던 "법률가 신분들"을 지적으로 뭉치게 만들고, 이들이 재판과 관

---

* 1618~1648년에 신성로마제국과 유럽의 주도권을 다투면서 벌어진 이 전쟁은 처음에는 종교전쟁으로 시작했다가 결국에는 영토전쟁으로 불거졌다.

련해서 결정을 내리거나 감정서를 작성할 때 합리적이고 문헌에 기초하여 논증할 수 있는 수단을 손에 쥐어준다는 데 있었다.[28] 이러한 사실은 토착적인 전통에서부터 형성되었으나 어느새 로마–교회법적인 소송법으로 덧칠이 된 형법에도 마찬가지로 적용된다. 구舊로마의 형법은 그 잔재 정도만이 남아 있다가 제국이 1532년 이후 독자적인 형법전을 마련하는 데 성공한 이후로는 소멸되었다. 《카롤리나 형법전 CCC(*Constitutio Criminalis Carolina*)》으로 불린 이 형법전은 18세기/19세기에 다른 법전으로 대체될 때까지, 마지막으로는 1871년의 《제국형법전*Reichsstrafgesetzbuch*》에 의해 대체될 때까지 제국법률로서 적용되었다.

1495년에 개최된 보름스 제국회의Wormser Reichstag와 일련의 개혁 법률들이 전반적으로 변화된 헌법 상황으로 이끌어갔다. 즉 모든 생활 영역에 영향을 미친 교회 개혁, 이에 따른 교단의 분열 및 종교전쟁으로 인해 빌로바이트Willoweit의 표현에 따르면 "공동체와 정치 규범에 영향을 미치는 규칙들과 구조"가 완전히 새로운 여건 속에 놓여졌다. 중세 후기 때부터 독일민족의 신성로마제국으로 불려왔던 이 제국은 이제 더 이상 로마법과 '보통법'으로는 통치될 수 없었다. 제국의 정당성이 허약해지자 스스로를 입법국가라고 선언하면서 등장한 근대국가가 지금까지 적용되어온 낡은 법들을 치워버릴 수 있는 권한을 요구하기 시작했다.

III.

형성 중에 있는 공법의
여러 구성 요소들

1. '정치'

로마법과 마찬가지로 '정치에 관한 학설Politica'도 고대 유산들 중 하나였다. 기원전 4세기에 출간된 아리스토텔레스의 《정치학Politik》은 중세 시대 내내 대학들에서 사용된 문건이었다. 1260년에 빌헬름 폰 뫼르베케Wilhelm von Moerbecke가 그리스어로 쓰인 이 책을 라틴어로 번역했고, 그때부터 국가의 성립, 그 속에서 살아가는 사람들의 지위, 왕정, 귀족정, 공화정Politie* 등과 같은 국가의 형태 및 이로부터 변화된 형태인 폭정, 과두정, 민주정 등에 관한 여러 물음을 다루는 기본서가 되었다. 사람들은 이 책을 읽고서 왕정의 장점, "올바른 통치", 헌법의 변천, "국가가 지닌 고질병"의 치유 및 시민 교육에 대해 토론

---

* 아리스토텔레스는 공동체의 구성원들 가운데서 이성적인 사람 또는 사려 깊은 이들이 주도해서 이끌어 가는 사회를 Politie라고 불렀다.

했다.

그러나 중세 후기의 법학 교육에서 '헌법학'의 역할은 거의 보잘것 없었다. 당시 헌법학 강의는 인문예술학부(훗날의 철학과)*에서 행해졌다. 윤리(개인)와 경제(가정) 외에 인간들의 사회화의 세 번째 단계(국가)로 이뤄졌다. 그런데 당시에 개설된 많은 로마법과 교회법 수업만으로도 벅찼을 법한 법률가들이 이 예비수업에 많이 참가했을지는 지극히 의문스럽다.

이후 종교개혁을 거치면서 '이교도'인 아리스토텔레스에 기초한 이 강좌는 십수 년 가까이 중단되었다. 그러다가 1530~1531년 필립 멜란히톤Philipp Melanchthon이 권위를 인정받으면서 신新아리스토텔레스주의가 개신교 대학들에서 새로이 전성기를 구가하기 시작한다. 이 상황은 17세기 중·후반부까지 이어졌다. 이 시기에 다양한 정신적 전통, 종파 및 정치적 여건이 반영된 《정치학》 도서가 무수히 출간되었는데, 어느 책에서도 아리스토텔레스가 묘사한 원형을 엿볼 수 있었다. 이들은 루터파(헤닝 아르니세우스Henning Arnisaeus, 게오르크 쇤보르너Georg Schönborner, 헤르만 콘링Hermann Conring), 구舊교도(프란시스코 드 수아레스Francisco de Suárez, 페드로 데 리바데네이라Pedro de Ribadeneira, 그레고리우스 톨로사누스Gregorius Tolosanus, 아담 콘첸Adam Contzen) 그리고 개혁파(람베르트 다네우스Lambertus Danaeus, 요하네스 알투지우스Johannes Althusius, 바르톨로메오 케커만Bartholomaeus Keckermann) 출신이었다. 특히 루터파 대학들에서 정치 관련 토론회, 논문, 소책자, 학

---

* 문법·수사·논리·산술·기하·음악 및 천문과 같은 일곱 분야를 다루었기에 '칠예학부七藝學部'로도 불렸다.

설 및 특수 논문들이 "공법이 정착하기 시작한 때와 같은 시기에" 쏟아져 나왔다.[29]

이《정치학》도서 대다수는 종교와 결부되어 있었는데, 그 정도는 제각기 달랐다. 그중 일부는 종파를 초월하는 입장을 모색했다. 네덜란드의 천재 어문학자 유스투스 립시우스Justus Lipsius가 주로 타키투스Publius C. Tacitus(대략 58~120)의 문구를 인용하면서 1589년에 발간한《정치학》이 대표적이다. 립시우스의 책이 크게 성공을 거둔 까닭은 유려한 문체뿐만 아니라 여러 종파가 통일되고 강력하고 잘 정돈된 국가를 설교하면서, 피렌체 출신의 정치가 니콜로 마키아벨리Niccolò Machiavelli(1469~1527)의 거부감을 불러일으키는 논제를 나름 유연하게 표현하고 재치 있게 소개했기 때문이다. 핵심적인 물음은 정치와 종교가 서로 다른 영역에 속하는지, 정치를 행하는 이에게 속임수와 폭력을 동원하는 것이 허용되는지 여부였다. 잘 알려진 바와 같이 마키아벨리는 교회의 요구에 맞서서 정치가 자율권을 갖는다는 입장이었고, 특정한 조건 하에서 정치가에게 속임수와 폭력을 행사할 권한이 있음을 인정하는 데 조금도 주저하지 않았다.

마키아벨리의 주변에서 그리고 아마도 그의 생전에 피렌체에서 '국가이성ragione di stato'이라는 문구가 등장했다. 그때부터 국가이성에 따라 행동한다는 말은 정치투쟁에서 종교와 도덕을 전략적인 것 이상으로는 고려하지 않은 채 자신과 타인의 힘을 냉정하게 계산해서 ragione 공동체가 바라는 목표를 추구하는 것을 뜻했다. 당시로서는 매우 대담했던 이 논제는 교회에서 마키아벨리의 저서를 금지하게 했을 뿐만 아니라, 이후로 비도덕적인 정치를 "마키아벨리적"이라고 낙인찍는 결과를 낳았다.

마키아벨리라는 이름을 언급하지 않고 속임수의 허용이나 전쟁에서의 책략과 같은 질문을 논하려면 고대의 작가인 타키투스의 글을 인용할 수 있었다. 타키투스는 15세기에 재발견된 이후로 특히 독일에서 사랑받았다. 그가 자신의 저서 《게르마니아Germania》에서 옛 게르만민족의 선한 풍습을 잘 묘사했기 때문이다. 그러나 유럽에서는 그의 연대기와 역사가 보다 더 중요시되었고, 그가 행한 여러 논평이 응용윤리학과 정치학에서 논쟁을 불러왔다. '타키투스주의Tacitismus'로도 불렸던 이 논쟁은 다시 공화주의와 절대주의라는 두 흐름으로 나뉘었다.[30]

2. 국내의 여러 법원法源들

16세기 말 무렵 법학자들은 시 당국과 영방군주 또는 빈의 황제에게 조언을 해야 하는 입장이었다. 그다지 많지 않은 로마법의 국가법 관련 내용들이나 아리스토텔레스에 대한 새로운 논평 또는 키케로Cicero의 저서 《공화국론De re publica》을 인용하는 것만으로는 턱없이 부족했다. 성서를 참고할 경우 너무나 많은 해석이 필요했다. 흔히들 인본주의자들이 재발견한 중세의 공문서들 중에서 교황의 지배권에 반대하는 문서를 선호해서 인용했지만 별 도움이 되지는 못했다.

법률가답게 나름 내실 있게 설명하려면 제국헌법Reichsverfassung을 직접 살펴봐야 했다. 루터의 종교개혁과 1525년에 발발한 농민전쟁, 종교전쟁 그리고 16세기 말 제국에 닥친 위기들로 인해 구체적으로 제국과 제국의 '헌법'에 기준이 되는 규범을 해석하는 일이 시급해졌다. 어떤 규범이 기준이 되었는가? 앞에서 언급한 '제국기본법률들 Reichsgrundgesetze'이 바로 그것이었다.

그중에서도 1356년에 공포되어 황제 선출 절차 등을 명시한 〈금인칙서〉가 당시에 규범 서열상으로 가장 최고의 법률이었다는 사실에는 의심의 여지가 없다. 〈금인칙서〉는 차기에 적용되는 황제 선출인 〈선제후選帝侯〉의 수를 7명으로 정하고, 선출 절차를 명시해두었다.[31] 1495년에는 몇몇 중요한 제국법률들이 추가되었다. "영원한 지역평화"를 선포했고, 결투Fehde, 즉 개인들 간에 허용되는 전쟁을 막으려 했으며, 궁정법원Reichskammergericht에 이어 빈에 궁중참사원Reichs-hofrat을 설치했다. 카를 5세가 황제로 선출된 이후로는 황제 선출이 있을 때마다 선거공약을 의결했는데, 후보자와 제국의회 의원들 사이에 합의한 사항들을 몇 개의 '장章(Kapitel)'으로 나눠 명시했다.[32]

1555년의 아우크스부르크 종교평화협약에서는 제국헌법의 기본 틀을 마련하여 그 안에서 가톨릭교도와 루터교도들 간의 공존을 보장해주었다.[33] 1648년에는 이 '기본법률들'에 베스트팔렌 평화조약이 추가된다. 베스트팔렌 평화조약은 종파, 제국의 내부 질서 및 국제질서에 관한 핵심적인 내용을 담고 있는 증서였다. 이때부터는 이것들도 기초법률 혹은 기본법률로 간주되었다. 제국의회Reichstag가 제정해서 매번 회의 직후에 인쇄하여 발행하는 중요한 법률이었던 '제국결의Reichsabschieden'[34]들도 동일한 효력을 인정받았다. 이 중에서도 '제국치안법Reichspoliceyordnung'(1530)과 제국형법전인 《카롤리나 형법전》(1532)이 특히 중요시되었다.

지금까지의 내용을 정리해보자. 16세기 중반 무렵에는 법률가들이 나름 작업할 수 있게끔 "신성로마제국의 공법Ius Publicum Sacri Imperii

Romano – Germanici"에 관한 자료들이 모두 준비되어 있었다.[35] 즉 국가 형태를 갖춰가고 있던 1,000여 개의 하위 정치단위들, 개개의 영방들, 교회의 영토, 한자동맹Hansa – Bund에 속하는 자유도시들, 제국의 도시들, 촌락들 및 교구 등을 갖춘 이 제국은 사실상 하나의 '헌법 Verfassung'을 갖고 있었다.[36] 비록 황제를 선출하는 제정帝政이지만 황제 자리는 합스부르크 왕가에게 상속되었고, 거기에 추가로 선거권을 가진 선제후회의, 제후회의, 여러 신분의 총회인 제국의회, 두 개의 최고 법원(궁정법원, 궁중참사원), 넓은 지역을 하나로 묶어놓은 '관구 管區' 그리고 필요할 때마다 소집되는 '제국군대'가 있었다. 제국이 아직 갖추지 못한 것은 효율적인 행정 제도 및 조세 제도 그리고 집행부를 갖춘 포괄적인 사법행정이었다. 군주가 거주할 만한, 파리·런던·마드리드에 비견될 정도의 수도 또한 아직 확보하지 못했다. 빈은 제국의 주변부에 있었기 때문에 '독일'제국의 수도라기보다는 합스부르크제국의 수도에 불과했다.

이렇듯 복잡하게 얽힌 정치 구도를 이제 법적으로 정리해야만 했다. 여기에 동기를 부여한 것이 황제와 제국 및 교단들 간에 벌어진 위험한 정치적 힘겨루기였다. 아우크스부르크 종교평화협약이 체결되었음에도 불구하고 1570년 이후로 분쟁이 계속해서 이어지자 먼저 개신교 측에서 위기감을 느꼈다. 이들은 특히 제국헌법의 문제를 분명히 하기 위해 22개 대학들에서 법학 교육을 장려했다. 반면 예수회가 이끄는 28개의 가톨릭계 대학들에서는 잘츠부르크를 제외하고는 오랫동안 법학 교육을 등한시해왔다. 그래서 '신성로마제국의 공법'에 새로이 관심을 갖고서 관련 강의와 토론회를 개최하면서 논문을 작성한 거의 대다수는 개신교계의 저술가들이었다.

얼마 지나지 않아 이와 관련된 총서와 교재들이 잇따라 출간되었다. 알트도르프, 예나, 슈트라스부르크와 기센의 루터파 대학들 그리고 마르부르크, 하이델베르크, 바젤 등 종교개혁의 영향을 받은 도시들이 출간에 앞장섰다. 더 넓게 보면 튀빙겐Tübingen, 오데르 강변의 프랑크푸르트, 헬름슈테트, 헤어보른, 단치히도 여기에 포함된다. 지금까지는 홀대받았지만 새롭고 중요한 분야라는 인식이 빠르게 확산되었다. 로마법은 현행의 제국법이나 종교법, 전쟁법, 동맹법 또는 행정 전문지식과 관련해서 쓸 만한 내용이 거의 없으며, 제국의회나 대표자회의, 관구회의, 국가재정 또는 군제軍制와 관련해서는 아무런 규정이 없어 부적절하다는 이유 때문이었다. 《정치학》 책들도 구체성이 부족하다고 여겨졌다.

새로운 교과목이 1600~1620년 사이에 꽃을 피웠다. 얼마 지나지 않아 소규모 대학들에서도 '공법'을 대표하는 교수를 적어도 한 사람은 두는 일이 일반화되었다. 아르카나Arcana, 즉 국가나 행정상의 기밀 내용을 공개수업에서 다루기를 주저하던 관행은 이내 사라졌다. 해당 분야에 전문가를 둠으로써 가져오는 이익이 너무도 분명했기 때문이었다. 곧이어 귀족들에게만 개방되어 미래의 공직자, 군인 또는 외교관을 양성하는 학교 역할을 맡아온 기사 아카데미Ritterakademie 들에서도 공법을 교과 과정에 포함시켰다.[37]

새 교과목이 이렇듯 빠르게 수용된 것은 다음과 같이 설명될 수 있다. 우선 개신교 측에서는 30년전쟁 발발 직전의 헌법 논쟁에서 촉발된 정치적 압력을 감지하고 있었다. 이들은 유럽의 후기 인본주의를 통해 많은 문헌을 갖추고 있었고, 지역의 토착 문건들도 잘 알고 있었다. 이들은 훗날 '저술가Publizisten'라는 명칭을 얻게 되는데, 로마법을 통해 방법론적으로 잘 훈련되어 있고, 그 밖에 이성적인 문장 쓰기, 전문용어 및 특수한 논증 방법에도 능통했다. 가톨릭 측에서도 지역의 문건들에 대한 지식이 적은 것은 아니었는데, 이들은 그것을 해석하는 데 학문적 열정을 쏟아붓지 않았다. 오히려 이들은 로마법이 '황제법'으로서 정당성의 원천일 뿐만 아니라 논증의 보고寶庫라는 기존의 입장을 계속해서 고수하고 있었다.

한 가지 사례로 당시의 정황을 설명해보면 이렇다. 바이에른의 막시밀리안Maximilian 대공이 사소한 일로 황제의 승인을 받아서 개신교계 도시인 도나우뵈르트에 세금을 부과했다. 그러자 바이에른 참사원은 1610년 그러한 행정 집행이 로마의 원수제Prinzipat 법에 따르면 빈에 소재하는 궁중참사원의 소관사항이라고 주장했다. 개신교 측은 1611년에 "라틴어를 쓰던 옛 시절과 지금의 독일 황제가 지배하는 사이에는 현저한 격차가 존재하고, 따라서 그 자체로 전체 독일 공화국의 형식ipsa totius reipublicae Germanicae forma이 라틴어로 된 법이나 바르톨로Bartolo와 발도Baldo*에게서 유래한 것이 아니라, 재판당사자들이 …… 매우 허술하게도 슬쩍 넘어가려고 하지만, 제국의 통상적인

---

* 1334년에 볼로냐대학에서 법학 공부를 마친 바르톨로Bartolo는 작은 도시에서 법관으로 일하다가 피사와 페루자에서 법학을 강의했는데, 그의 시민법 연구는 순수 학문보다는 당대에 현안이 되는 법률 문제의 해결을 지향하는 실용법학의 입장을 취했다. 그에게서 영향을 받아 이후에 "실용법학 추종자"를 뜻하는 바르톨리스트 Bartolist, 바르톨리스모Bartolismo가 나타났다. 또한 바르톨로의 제자인 발도Baldo는 저명한 교회법·시민법 학자인데, 《시민법대전》에 대한 주해서를 썼는가 하면, 그가 쓴 《시장에 관한 논고》는 상법의 기초문헌으로 간주된다. 한동일, 《법으로 읽는 유럽사》, 글항아리, 2018, 368쪽 이하 참조.

관습과 이로부터 유래한 낡은 헌법들, 〈금인칙서〉, 황제와 왕의 항복 문서, 제국의 결의문이나 여러 칙령들constitutionibus로부터 증가하는 것이 이제는 바라건대 충분해 보인다"고 답변했다.[38] 이때부터 이 문장은 보편적인 확신이 되었다.

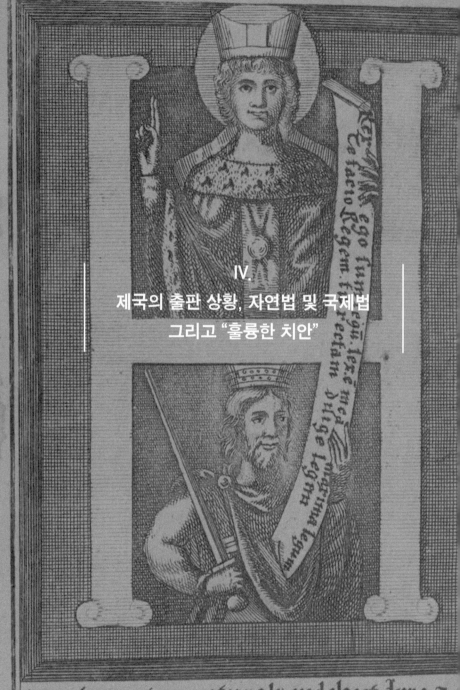

IV.
제국의 출판 상황, 자연법 및 국제법
그리고 "훌륭한 치안"

Duob; regitur naturalr uidelicet Jure z

Talis est prima litera Codicis Decretorum Gratian
membrana, manu elegante, cum Glossis Barth
Brixiensis. Ipse codex est seculi XIII

1. 제국의 출판 상황

1600년부터 구舊제국이 끝나가던 1806년까지 '출판업'이 번창했다. 오늘날의 출판 상황과는 비교할 수 없겠지만, 앞서 설명한 제국헌법의 법적 근원을 학문적으로 탐구하고 그것을 다음 세대의 법률가들에게 전해주는 역할을 떠맡았다. 모든 대학이 각 영방領邦에서 설립한 것이었고 영방군주나 제국 내의 자유도시—슈트라스부르크, 뉘른베르크—에 속해 있었기 때문에 여기서 얻은 많은 전문지식을 정치적으로 이용하는 것 또한 당연한 일이었다.

공법 교수들은 동시에 법관으로도 활동했다. 법원이 통상적으로 대학의 법학부에 "서류를 발송"하면 이들이 해당 사건을 맡아서 처리했다. 게다가 공법 교수들은 영방의 주권이나 제국의 직할령과 관계되는 모든 문제의 전문 감정인으로도 적임자였다. 이 과정에서 그들은 자신을 고용한 측의 이익을 지켜줄 수밖에 없었다. '객관성'과 같은 허상을 기대하는 것은 무리였고, 18세기 말에 유포되어 19세기에는 약간의 진전을 보인 근대적 학문의 자유 또한 마찬가지로 기대할 수 없었다.[39]

새로운 전공과목을 구성할 때는 흔히들 관련 자료들을 모으는 것부터 시작해서 탐색의 목적으로 최초의 공개 논쟁을 개최하여 연습하거나 최종 점검을 하고 체계적인 '논문'이 작성되었다. 논문은 교수들이 직접 작성했고 지원자들이 공개 변론에서 사용하도록 전달되는 경우도 종종 있었다. 그 후로 대학의 인쇄소에서 주제별로 분류하고 논문 모음집이 발간되면 대부분 짧은 시간 내에 정식 교재로 사용되었다. 헤어보른에서는 요하네스 알투지우스Johannes Althusius, 예나Jena에서는 도미니쿠스 아루마에우스Dominicus Arumaeus, 기센에서는 고트프리드 안토니우스Gottfried Antonius, 마르부르크에서는 헤르만 불테유스Hermann Vultejus의 논문이 이 같은 절차를 거쳐서 나왔다.

이 논문들에서 다뤄진 중점적인 주제로는 과연 누구에게 공적인 지배권jurisdictio, maiestas이 있는지, 군주가 어떤 법적 구속을 받는지, 군주가 신분계급—제국의회 의원들—의 동의 없이도 지역에 세금을 부과할 수 있는지, 궁정법원과 궁정참사원 중에서 어느 관할에 속하는지, 특정 수익권Regalien—화폐주조권, 관세, 지하자원, 수렵 및 어획, 시장 보호, 유대인 보호 등—이 누구에게 귀속되는지 등이 있었다. 교단들의 소유권과 관련된 모든 분쟁, 즉 교회와 수도원의 토지, 수입 및 교회의 재산도 중요한 문제였다. 제국의 입장에서는 황제와 여러 신분계급들 간의 영역을 구별하는 일, 즉 '주권'의 소재가 어디에 있는지를 구별하는 것이 중요했는데, 이미 보댕Bodin이 자신의 획기적인 저작《국가에 관한 6권의 책Les six livres de la République》(1576)

에서 주권을 "국가의 절대적이고 영원한 권력*puissance absolue & perpétuelle d'une République*"으로 정의한 바 있었다.

이것이 절대주의의 이론적 공식이었다. 그러나 제국에는 이를 적용할 수 없었다. 황제가 절대적인 권력을 가진 것도 아니었고, 고위 신분계급들이 "절대적으로" 지배하지도 않았기 때문이다. 보댕이 당시독일의 정부 형태를 귀족정치라고 부르자 원성이 크게 터져 나왔다. 사실 이 문제는 해결이 불가능한 것이었고, 그래서 찾아낸 방법이 황제*maiestas*라고 하는 법적인 칭호와 제국*imperium*으로 나타나는 실제의 지배를 분리시키는 것이었다. 국가공동체의 주권*maiestas realis*과 군주의 주권*maiestas personalis*도 마찬가지로 구별되었다.[*] 정부 형태도 아리스토텔레스의 고전적인 국가 형태론을 그대로 적용시킬 수 없어서 '혼합형'이라고 불렀다. 여기에는 전제군주, 귀족정치, 민주주의의 요소가 함께 포함되어 있었고, 그래서 더욱 안정적이라고 간주되던 과거 로마의 그것과도 흡사했다.[40]

17세기와 18세기에 이 문제를 다루는 서적들이 엄청나게 늘어났다. 이 서적들은 경탄과 함께 우려를 불러일으키기도 한 이른바 "바로크적인 책의 산더미*Barocker Bücherberg*"가 탄생하는 데에도 크게 기여했다. 1619년에 기센대학의 교수 디트리히 라인킹크*Dietrich Reinkingk*(1590~1664)가 저술한 《세속 및 교회의 정부 행위*Tractatus de Regimine Seculari et Ecclesiastico*》가 최초로 대규모로 출판되는데, 그는 신실한 루터파이고 황제에 충성하면서 군주제를 옹호하는 입장을 대

---

[*] 17세기에, 당시의 신성로마제국을 헌법 이론적으로 설명하려고 이렇듯 두 개의 주권으로 나뉘었기에 이른바 "이중二重주권"으로 표현되었다.

변했다.[41] 요하네스 림나에우스Johannes Limnaeus(1592~1663)는 제국 의회 의원들의 신분 문제를 본격적으로 다룬 편람(1629~1634)을 저술하는데, 모두 9권으로 잘 정리된 이 책은 다루고 있는 소재 또한 매우 풍부했다.[42] 그는 제국, 보다 정확하게는 제국의 신분귀족들에게는 실제의 지배 권력을 그리고 황제에게는 인격적인 그러나 보다 상위의 권한과 결부되는 통치 권력을 인정하면서 주권 문제를 해결하려 했다. 이는 "황제와 제국"이라는 형식을 이론적으로나마 동등하게 만들려는 의도이기도 했다.

1618년에 "큰 전쟁"(30년전쟁)이 발발하면서 온 나라가 수차례 황폐해졌지만, 대학에서의 수업은 일부 지역에서 일시적으로 중단되었을 뿐이었다. 전쟁이 진행되던 상황에 따라 다소 다르긴 했으나, 공법과 관련하여 추가로 공개 토론문이나 논문이 발표되고, 소책자와 소논문들도 다양한 형식으로 활발하게 출간되었다. 올바른 또는 그릇된 국가이성이 무엇인지에 관한 논쟁이 끊임없이 지속되었다. 특히 보기슬라브 필립 폰 켐니츠Bogislaw Philipp von Chemnitz는 1640년(또는 1647년)에 힙폴리투스 아 라피데Hippolithus à Lapide라는 필명으로 〈우리 로마-게르만제국의 국가이성Dissertatio de ratione status in Imperio nostro Romano-Germanico〉이라는 논문을 발표하면서 합스부르크 왕가에 맞섰다.[43] 이는 합스부르크 왕가를 몰아내고 제국의 권력을 제국의회로 옮기려는 나름의 시도로, 영국에서 절대주의를 정착시키려는 왕실의 시도를 종결짓고 마침내 왕과 의회 간에 균형을 가져온 명예혁명에 상응하는 흥미로운 사건이었다("의회 안의 왕King in Parliament"*).

---

* 이로써 영국의 국왕은 "의회 안의 왕", 즉 의회가 임명한 국왕이 되고, 이후로 '의회

1648년에 뮌스터와 오스나브뤼크에서 평화조약이 체결되면서 제국헌법에 변화가 생기고 새로운 '종교법'이 탄생했다. 이는 유럽에 새로운 '국제법' 규범이 마련되는 시발점이 되었다. 프랑스, 스웨덴, 합스부르크 왕가 간에는 이미 허약해진 '제국'의 구도가 그대로 유지되었다. 하지만 개개 신분계급은 "영토권과 우월한 특권*ius territorii et superioritatis*"을 획득한다. 즉 말로써 황제와 제국을 배려하기로 약속한 것 외에 완전한 주권을 챙겼다. 추가된 기본법률을 통해 황제의 주권적 권한을 제국의회의 승인 아래에 기속시켰다(1654년의 마지막 제국의회 결의). 종교 문제에 있어서는 1624년을 '기준년Normaljahr'*으로 삼아 환원시키는 데 합의했으며, 칼뱅주의 종교개혁자들을 보호가치가 있는 제3의 종파로 보고 평화적으로 수용하여 절차를 보장해줌으로써 더 이상 신앙의 문제가 제국헌법을 파괴할 수 없게끔 했다. 처리하지 못한 문제들은 다음으로 미뤄졌지만, 결국 제국이 끝날 때까지(1806) 해결되지 못했다. 다시 가동하기 시작한 궁정법원은 1689년 슈파이어가 파괴되자 베츨라르로 옮겨갔다. 제국의회는 "영원한 제국의회Immerwährender Reichstag"로 레겐스부르크에 정착했는데, 영구적인 대표자회의로서 제도적으로는 나름 공고해졌지만 정치적 영향력은 여전히 제한적이었다.

당시 "제국 – 시스템Reichs – System"이라고도 일컬어지던 제국 체제가 이때부터는 답답한 구식 체제로 간주된 반면, 이탈리아와 폴란드

주권'이라는 표현이 통용되기 시작했다.
* 1648년에 체결된 베스트팔렌 평화조약에서 1624년 1월 1일이 해당 지역과 영토에서 점유관계와 신앙이 확정되는 기산일起算日로 정해졌다.

외에 주변 유럽에서는 강력한 민족국가들이 생겨나고 있었다. 특히 루이 16세의 프랑스가 모범적인 절대주의 국가로 등장했다. 제국 내에서는 그동안 세력을 키워오던 브란덴부르크−프로이센*과 여러 다민족을 거느린 합스부르크 왕가가 핵심 권력을 차지했고, 그 가운데 제3의 세력인 도이치란트Deutschland가 중소 규모의 여러 영방들이 합쳐지는 형태로 태동하고 있었다. 결국 뮌스터와 오스나브뤼크에서 서명된 평화협정이 유럽에서 안정을 담보할 수 있는 여러 세력을 개입시키는 가운데 체결되었고, 그 후 대륙에서 세력균형의 보장에 기여했다는 점에서 국제법 규범의 토대를 마련했다("베스트팔렌적 질서 Westphalian Order").

대학들에게도 마찬가지로 전쟁의 상흔이 컸지만, 출판 분야에서는 1648년 이후로 바뀐 새롭고 공고해진 체제적 상황에 대해 엄청난 양의 출판으로 화답했다. 소도시의 개신교계 대학들—알트도르프, 비텐베르크, 린텔른, 헤어보른, 헬름슈테트, 뒤스부르크, 쾨니히스베르크—은 여전히 주변부에 머물러 있었지만, 예나, 마르부르크, 기센, 슈트라스부르크, 튀빙겐의 대학들은 이 같은 분위기에 재빨리 편승했다. 하이델베르크대학은 소속 교단이 수차례 교체되다가 두 차례나 파괴되었고(1689, 1693), 1700년부터 예수회 소속의 대학이 된 후에는 다시 공법과 멀어졌다. 1665년에 설립된 킬대학은 북유럽 전쟁의 피해를 크게 입었고, 그라이프스발트는 1637년부터 스웨덴에 합병되었지만 대학에서는 계속해서 독일어를 사용했다.[44]

---

* 호엔촐레른 가문이 1618년에 프로이센 공국을 획득하고 1701년부터 프로이센 왕으로 승격된 시기에 다스리던 전체 브란덴부르크 선제후령을 말한다.

전반적으로 지식인 사회에서도 변화가 목도되었다. 헬름슈테트에서는 의학 및 정치학 교수인 헤르만 콘링Hermann Conring(1606~1681)이, 하이델베르크에서는 사무엘 폰 푸펜도르프Samuel von Pufendorf(1632~1694)가 젊은 시절에 잠시 강의한 것이 확실한데, 프랜시스 베이컨Francis Bacon, 바루흐 스피노자Baruch Spinoza, 르네 데카르트 René Descartes, 블레즈 파스칼Blaise Pascal 또는 고트프리드 빌헬름 라이프니츠Gottfried Wilhelm Leibniz와 같이 유럽의 자연과학 및 정신과학을 선도하던 학자들은 여전히 대학의 바깥에서 활동했다. 재능 있는 인사들이 학회, 새로운 아카데미, 살롱, 독서모임에 더욱 많이 몰려들었다. 이들은 여기서 솔직하고 격의 없이 토론하고 실험하고 서로 돌려가면서 책을 읽었다. 또한 편지를 교환하면서 새로운 지식을 전달했다. 반면 대학에서는 명망 있는 학자 집안들 내부에서 교수직을 마치 세습처럼 넘겨줬을 뿐만 아니라, 대학 교육과 출판이 전형화되었고, 파벌 근성과 외부에 대해 담을 쌓는 경향이 목도되었다. 가톨릭 지역에 있는 대학들—잉골슈타트, 트리어, 뷔르츠부르크, 마인츠, 쾰른, 잘츠부르크—은 종교적으로 감시를 받았을 뿐만 아니라 법학에도 그다지 가치를 두지 않았고, 18세기 중반까지는 계몽주의 정신을 받아들이는 데에도 매우 소극적이었다. 이들 대학에서 공법은 관련 강의에서 기껏해야 주요 쟁점들만 부분적으로 다뤄졌다. 반면 1700년 무렵 루터파 소속의 개혁 대학들과 기사 아카데미들에서는 질적 수준에서 다소 차이가 있기는 하지만 제국헌법에 관한 거의 완전한 강의가 행해졌다.

2. 자연법과 국제법

17세기가 전개되면서 제국 내에서 협의의 '공법'인 '헌법'과 더불어 광의의 공법으로 분류되는 두 개의 새로운 교과목이 자리 잡는데, '자연법'과 '유럽국제법'이 그것이다. 이 둘은 동일하지는 않지만 서로 밀접한 관계를 맺고 있었다.

절대왕정이 힘의 정치를 관철해가면서, 개개 영방들의 내부 구조 역시 새로이 재편성되어가는 만큼 외부와의 관계에 있어서도 새로운 법적인 소통 체계를 모색하는 일이 시급해졌다. 황제가 "세상의 주인 *dominus mundi*"으로서 지배한다는 중세적인 사고는 이미 14세기와 15세기에 시들해졌다. 오랫동안 국제법과 유사한 기능에 충실해온 '봉건법Lehnrecht'도 본래의 군사적 의미를 상실했다. 그러던 사이에 주권Souveränität이라는 도그마가 유행하면서 외부로부터의 모든 개입에 맞서서 저항하는 수단으로 이용되기 시작했다. 통치권과 그 영향력이 미치는 지역의 경계를 정하는 일이 근대의 특수한 현상은 아니지만, 유럽 국가들의 주권이 대내외적으로 점점 더 인식되면서 서로 간의 관계를 공식화하고 '국가들 간의 법*ius gentium*[萬國法]'을 새로운 단계로 격상시키는 일이 가능해졌고 또한 시급한 과제가 되었다. 1795년에 임마누엘 칸트Immanuel Kant는 "국제법적 사고로는 독립된 여러 이웃 나라들을 서로 구분하는 일이 먼저 전제되어야 한다"[45]고 밝혔다. 이렇게 '구분'한 연후에야 조약에 따라 영토를 경계 짓고, 이들을 법적인 단위로 그리고 무엇보다도 조약의 상대방으로 대우하는 일이 가능하다. 그런 다음에 이와 관련되는 국가적인 의례가 차례로 마련되었다.[46]

우선 16세기에 인본주의적 성향을 지닌 저자들의 전쟁, 군비, 전술 및 진지 구축에 관한 저작들이 크게 증가한 것이 눈에 띈다. 고대 저자인 베게티우스Vegetius, 프론티누스Frontinus 및 아엘리아누스Aelianus 를 논평하는 일이 중세 때부터 시작해서 점점 더 집중적으로 행해졌고, 실제로 "네덜란드 왕가의 군대 개혁"에도 영향을 미치면서 고대의 본보기에서 영감을 받은 군사적 쇄신으로 이어져 크게 주목받았다. 유럽 전역에 상당한 분량의 전쟁 관련 논문이 유포되었다(마키아벨리Machiavelli, 피에리노 벨리Pierino Belli, 발타자르 데 아얄라Balthazar de Ayala, 알베리코 젠틸리Alberico Gentili, 유스투스 립시우스Justus Lipsius, 하인리히 폰 란차우Heinrich von Rantzau, 라자루스 폰 슈벤디Lazarus von Schwendi, 베르나르디노 데 멘도사Bernardino de Mendoça, 요한 야코비 폰 발하우젠Johann Jacobi von Wallhausen, 엘리아스 로이스너Elias Reusner 등). 이 논문들은 기술적인 물음들과 함께 주로 전쟁법ius ad bellum을 다뤘고, 이 밖에도 전시戰時의 교전 규칙ius in bello에 대해서도 질문했다. 즉 전시에, 아니 어쩌면 평화로운 시기에도, 국가이성이라고 해서 거짓을 말하거나 속임수를 쓰는 것이 허용되는가? 전쟁 포로를 어떻게 다뤄야 하며, 정복된 국가와 그곳의 백성들 및 그들의 재산을 어떻게 처리해야 하는가? 전쟁 논문은 이렇듯 '전시국제법' 논문으로 변화해 갔고, 보복 행위, 호송 권한, 전리품 권한과 나포 권한, 전쟁포로 및 해적의 처우까지 다뤘다.

이와 함께 동맹권, 외교사절 및 사절단의 권리, 외교 및 그것의 상징적 형식들을 다루는 논문들이 다수 등장했는데 여기서 유럽이라는 국제무대의 복잡한 서열이 드러났다. 특히 조약이 주로 다뤄졌다. 군주를 통해 대표되는 국가가 조약을 체결하는 경우 즉각 이 조약의 구속력에 관한 문제가 제기되었다. 이 조약이 "영구히", 즉 그다음 세대의 군주들에게까지도 적용된다면, 정치적 상황이 바뀌는 경우 일방적으로 해지할 수 있는가? 즉 '상황'이 변하지 않는다는 조건 하에서 조약이 체결된 것인지("사정 변경의 원칙clausula rebus sic stantibus"), 아니면 조약은 사정 변경과는 무관하게 문구 그대로 지켜져야 한다는 요청이 어김없이 적용되어야 하는지("약속은 지켜져야 한다pacta sunt servanda")와 같은 물음이 그러했다.

이 물음들은 모두 16세기에 스페인과 포르투갈이 중남미 대륙을 발견하고 정복하는 배경 속에서 불거졌다. 특히 프란시스코 드 비토리아Francisco de Vitoria(1483/93~1546), 도밍고 드 소토Domingo de Soto(1494~1560), 페르난도 바스케즈Fernando Vasquez(1512~1569), 프란시스코 드 수아레스Francisco de Suárez(1548~1617)가 속하는 "살라망카 학파Salamanca Schule"*에서 논의되었다. 당시 크게 논란이 됐던 전쟁의 정당성, 전쟁의 한계, 토착민족의 법적 지위**그리고 신학적·국제법적인 해양의 자유 등이 이들을 논의에 뛰어들게끔 자극했다.

유럽에서 국제법이 탄생하는 과정을 여기서 더 자세히 설명하지는 않겠지만,[47] 대부분 지리적으로 살라망카 서부에서 스페인령의 네덜

---

* "살라망카 학파"는 후기 스콜라주의적인 자연법에 입각한 법학적 해석방법론을 전개했다. 스페인의 살라망카대학을 중심으로 관련 연구와 논쟁이 이뤄졌기 때문에 이 같은 명칭이 붙여졌다. 당시 살라망카대학에서는 신학뿐만 아니라 자연법과 인권, 주권, 국제법, 정의로운 전쟁 및 중남미 대륙의 정복 등을 주제로 활발한 논쟁이 벌어졌다.

** 이와 관련해서는 특히 1550/1551년에 아메리카 신대륙 원주민들의 지위를 두고서 벌어진 이른바 "바야돌리드 논쟁"이 유명하다.

란드를 거쳐 개신교계인 네덜란드 지역과 영국에까지 걸쳐서 진행되었다. 이 같은 작업은 특히 네덜란드 출신으로 모든 분야에 박식했던 후고 그로티우스Hugo Grotius(1583~1645)가 1625년에 파리에서 출간한 법철학적이면서 동시에 국제법적인 저작인《자연법과 국제법에서의 전쟁과 평화에 대하여De Jure belli ac pacis libri tres in quibus ius naturae et Gentium》에서 절정을 구가했다.[48]

부제에서 '공법ius publicum'의 중요한 쟁점들도 함께 논구한다고 밝히고 있는 이 책은 17세기와 18세기에 독일 대학들에서 자연법과 국제법에 관한 이론을 좌지우지하는 획기적인 저작이 되었다. 전쟁으로 다소 지체되기는 했지만, 그 후로 그로티우스에 관한 연구 문헌들이 폭넓게 발표되었고, 교수들은 서로 밀접한 관계에 있는 "그로티우스적인 방식의" 자연법과 국제법 관련 서적들을 탐독했다. 이로써 17세기 말에 이미 엄청난 분량으로 모인 자료들을 파악하기 위해 별도의 해당 도서 목록이 필요하게 되었다.[49]

3. 자연법과 만민법ius naturae et gentium

앞서 설명한 바와 같이 자연법은 국제법과 서로 얽혀 있는 가운데 16세기 이후 비슷한 방식으로 번창한다. '자연법'은 법률가 양성 교육과 관련되는 이론적이고 철학적인 교과목으로서, 한 인간이 개인으로서뿐만 아니라 가족과 사회 및 공동체 속에서 자신과 타인 및 신에 대한 권리와 의무를 지니고 있다는 주장을 내세우는 보편적인 법 이론을 제시했다. 특히 자연법은 헌법적인 문제뿐만 아니라 공동체에 관한 권리

와 의무도 함께 다룸에 따라 그 범위가 확장되어 '만민법ius gentium'과
도 겹쳤다. 이 같은 상황은 특히 그로티우스에게서 목도된다.

17세기와 18세기에 자연법이 빠른 속도로 성장한 이유는 국제법이
성장한 이유와도 흡사하다. 하지만 특히 자연법이 엄정한 체계를 형
성하게 된 데 대해서는 별도의 설명이 필요해 보인다. 자연법에 대한
숙고는 철학사에서도 가장 오래된 문헌들에까지 거슬러 올라간다. 이
같은 숙고가 이후 그리스를 거쳐 고대 후기에 《학설휘찬》을 편찬하고
여러 제도를 마련하는 명분이 되었으며, 더 나아가 중세 신학을 통해
십계명과 교부들의 신학적 해석 속에 녹아들어 '계시법啓示法', '자연
법', 실증적인 '인정법人定法'이라는 세 가지의 법 형식이 생겨났다.
아리스토텔레스의 《정치학》도 마찬가지로 노예 제도, 혼인 규범 또는
시민들의 올바른 행동과 같은 문제를 다루면서 자연법의 출발점을 제
시했다. 이로써 유럽에서 15세기와 16세기에 자연법을 논할 수 있는
나름의 풍부한 기반이 마련되었다.[50] 하지만 법학 교육에 있어서는
엄격한 의미에서의 '체계'도 없었고 자연법을 다루는 제대로 된 전공
교과목도 없었다.

16세기의 격랑을 헤쳐 나가면서 당시의 유럽은 근본적으로 변화한
다. 교단이 분리되면서 자연법 문제에 관한 견해들이 다양해졌다. 예
컨대 루터파에서는 자연법상의 저항권을 거부하는가 하면, 츠빙글리
파는 '황금률Goldene Regel'*과 예수의 '산상수훈山上垂訓'에 주목했으
며, 칼뱅주의자들은 신의 창조를 점차 인간이성과 결부시키면서 이성

---

* 여기서 '황금률'은 수많은 종교와 도덕, 철학에서 볼 수 있는 원칙들의 하나로, "다
른 사람이 해주었으면 하는 행위를 하라"는 윤리 원칙을 말한다.

적인 기독교 정치*Politia Christiana*를 구상했다. 네덜란드와 스페인에서는 둘 사이가 긴밀해지면서 살라망카 학파의 도덕신학적인 자연법을 널리 수용했다. 이렇듯 여러 논증 자료들이 마련되면서, 자연법은 이제 새로운 세상에서 불거지는 법적인 문제들에 활용하거나 신앙의 자유, 인간의 의무 목록과 같은 기초적인 문제들뿐만 아니라 부당하고 결함 있는 실정법에 맞서 자연법의 효력을 관철시키려는 일반적인 물음들에도 이용할 수 있었다.

비록 앞에서 언급한 자료들이 준비되기는 했으나, 아직까지는 17세기의 "자연과학 혁명"과 더불어서 보다 엄격해진 학문적 요구에 부응할 정도로 충분히 정돈된 자연법 체계를 갖추지는 못했다. 아메리카 대륙을 발견하고 아프리카 대륙을 한 바퀴 돌고 난 후 이제 필요한 것은 이른바 "자연 상태의 민족들", 즉 야만인들까지도 포함하는 '전체' 세계에 적용될 수 있는 자연법이었다. 코페르니쿠스의 발견은 우주의 중심이었던 이 세상을 태양의 궤도로 밀어냈다.[51] 지구가 공 모양의 행성에 불과해진 것이다. 하지만 그래도 인류가 온전하게 점령할 수 있게 되었다.[52] 이로써 자연법이 전 세계에서 통용되는 단일한 법이라는 사고에 더욱 근접해갔다.

이와 함께 당시 부상하고 있던 절대주의는 중세 후기의 사회적 상황을 극복하고 중앙에서 조종하는 통일적인 통치 모델로 옮겨갈 수 있는 나름의 동기가 필요했다. 자연법은 이성적이고 기하학적인 질서 그리고 모든 신분적 차이에도 불구하고 이를 통합하는 질서를 약속하면서 이 같은 동기를 제공해줬다. 사람들은 이 질서에 걸맞은 최상의 원칙들을 수립하고, 이 원칙들로부터 점차 논리적 추론을 전개해갔다. 1600년 무렵에 많은 새로운 자연과학적 발견들이 꼬리를 물고 이어지면서 이 논리적 추론은 새로운 자연과학으로부터 큰 영감을 얻었다. 코페르니쿠스Kopernikus, 브라헤Brahe, 케플러Kepler, 갈릴레이Galilei, 베이컨Bacon이 발견한 것은 "자연의 법칙들Naturgesetze"이었다. 이러한 과정들을 '자연법Naturrecht'에 적용하려는 것은 어찌 보면 지극히 당연한 일이었다. 신의 전지전능함을 경외하면서 연구해온 "자연이라는 경전經典" 곁에 신이 인간들의 가슴 속에 깊이 새겨둔 자연법이 놓여 있다고 보았다.

그러나 반면에 이러한 "신의 가정假定"으로부터 벗어나려는 최초의 시도 또한 행해졌다. 르네 데카르트René Descartes는 1637년에 저술한 《자신의 이성을 올바르게 행하고, 과학의 진실을 찾는 방법에 관한 담론Discours de la méthode pour bien conduire sa raison, et chercher la vérité dans les sciences》에서 낡은 스콜라적인 방법론에 갈음해서 방법론적으로 발전된 새로운 학문이 자연과학적으로 보다 확실한 결론으로 이끌어줄 뿐만 아니라, 도덕과 법에 관한 규범적인 명제들을 합리적으로 근거 짓고자 함이 이 책이 의도하는 바라고 분명하게 밝혔다. 토머스 홉스Thomas Hobbes 역시 국가 이론에서 "열정이나 격정이 전혀 작용할 수 없는 방법론이 필요하다. 그것은 바로 수학적 방법론이다"[53]라며 위 주장에 힘을 더했다.

이로써 이제는 국가를 일종의 "기계"로 바라보는 관점 또한 등장했다. 국가가 '자연법칙'에 따라 정확하게 작동하는 시계처럼 구성되어야 마땅하다는 주장이다.[54] 다시 말하면 자연법칙의 확실성이 사회에서도 그대로 발현되기를 기대하는 고유한 특성으로 나타났다. 신이 시계공*으로서 전 세계를 자신의 법칙에 따라 정돈하고, 심지어 자신이 만든 자연법칙조차도 그 법칙에서 벗어날 수 없도록 한 것처럼(이른바 "기적의 문제"!),[55] 이승의 신인 주권자도 입법자로서 사회를 자신의 의지대로 규율할 수 있는 권력을 가져야 하는데, 다만 스스로 만든 법에는 구속되어야 한다고 주장되었다. 이 기계가 하나의 유일한 힘, 즉 주권자의 힘에 의해 작동된다면, 이와 동시에 위에서부터 아래에까지 "온전하게 통치하는" 단일한 절대주의를 이상적으로 강화해줄 것이라 여겼다.

만약 수학적-자연법적 원리들에 따라 이렇듯 통일하고 정리하는 일이 가능하다면, 이는 역사에 대한 승리이자 사람들이 모여서 살아가는 공동체가 안고 있는 모든 문제에 대한 해결책이 될 수도 있을 거라고 여겨졌다. 사회세계에서 전개되는 자연법칙을 발견하고 진실은 단지 하나밖에 없으리라고 믿는다면 말이다. 물론 이 같은 수학적 낙관주의에 대해서는 인간의 원죄原罪, "인간의 악"을 둘러싼 부정적인 인류학 그리고 인간의 취약함에 대한 통찰이 분명히 맞서고 있었다. 그러나 수학화된 법에 관한 고트프리트 빌헬름 라이프니츠Gottfried Wilhelm Leibniz의 상념과 사무엘 푸펜도르프Samuel Pufendorf, 크리스티안 토마지우스Christian Thomasius, 크리스티안 볼프Christian Wolff[56]가 쓴 위대한 자연법 교과서들이 이러한 낙관주의를 견지하고 있었다. 그들은 모든 경우에 원칙적으로 해명될 수 있다고 보았다. 이 모

---

* 이와 관련해서 리처드 도킨스Richard Dawkins는 자신의 저서 《눈먼 시계공》에서 무신론無神論을 주장하면서, "진화 과정에 만일 설계자가 존재한다면, 그는 확실히 눈이 먼 시계공일 것"이라고 지적한다.

든 것이 임마누엘 칸트가 여러 비판적인 저작들을 통해 인간이 지닌 인식능력의 확실성을 뒤흔들고 제한시키기 이전의 시기에 벌어진 일들이었다.[57]

독일 대학들에서 자연법 관련 서적들이 인기를 누리게 된 게 17세기 후반부터였고, 18세기에 정점으로 치닫는다. 이처럼 호황기를 구가했던 이유는 정치의 중점이 바뀌었기 때문이다. 먼저 절대주의와 그것의 이론적인 등가물, 즉 최상의 원칙들로부터 규범적인 명제들을 이끌어내는 방법론이 서로 손을 맞잡았다. 통치자가 공동체라는 피라미드의 맨 꼭대기에 올라서서 아래를 향해 자신의 명령을 관철시키려는 것과 같이 기하학적으로 정돈된 자연법도 사회의 최소단위인 혼인에 이르기까지 공동체를 규율해야 한다고 보았다. 이때 시민들은 경제적으로나 정치적으로 더 많이 독립된 상태일수록 자율성과 행동의 자유를 더욱 강하게 요구하고, 국가를 부분적으로라도 밀어내려고 한다. 여기에는 당시 점점 더 강력하게 주장되던 자유권도 한몫 거들었다.[58] 결국 절대주의에 대항하는 혁명적인 반대자들이 결성되고, 이들은 왕조의 정당성을 박탈하기 위한 수단으로 자연법을 이용했다. 통치자들은 이제 척결되어야 할 폭군으로 바뀐다. 그들이 (가상의) 사회계약을 위반했기 때문이라는 주장이었다. 이 마지막 국면에서 자연법은 피억압자들의 분노를 감싸주는 법적 망토로 기능하면서 국가 형태를 상당부분 파괴시켰다.

혁명의 열기가 잦아들면서 그것이 "제어되고", 1814년에 프랑스에서 제정된 《헌법전Charte constitutionnelle》에서 시작하는 "입헌군주제"가 19세기를 중재하는 기본 모델로 정착되자 자연법의 정치적 기능도 종료되었다. 이때까지는 자유주의를 요구하는 이들도 자연법에 기댈 수 있었다. 예컨대 1818년 이후의 "남독일 헌법논쟁"에서 실정법의 저편에 무언가 더 요구할 것이 있다고 보았다. 로마교회의 확고한 내부전통과는 전혀 무관하게, 이로부터 뻗어 나간 몇몇 분파들이 여전히 19세기에도 광범위하게 존재했다. 그러나 절대주의를 통해 법 통일이 이루어지면서 자연법은 전체적으로 거의 무용지물이 되고 만다. 그럼에도 불구하고 자연법은 대규모의 법전 편찬을 위한 발판을 제공했으며, 계몽정신의 합리주의 속에서 성장해갔고, 마지막에는 혁명 정신에 담긴 인권을 향한 열정에 날개를 달아줬다. 그리고 나폴레옹전쟁과 낭만주의, 역사주의를 거쳐오면서 이상적인 사회에 관한 이론적 구상으로서는 여전히 잠재되어 있었다. 임마누엘 칸트와 그의 비판적 인식론이 등장하고, 그가 고대 그리스적인 '행복론*Eudämonismus*'[*]에 반대한 이후로 어느 한 지점에서부터 사회를 건설하고, 이러한 방법으로 "만인의 행복"을 직접 손을 뻗어 이룰 수 있다고 여겨온 17세기와 18세기 중반까지의 확신은 이제 더 이상 설 자리가 없게 되었다.

4. 훌륭한 치안

지금까지 제국과 영방들의 '공법', '만민법', '자연법' 및 '만국공법*ius publicum universale*'을 살펴봤는데, 제국의 행정과 행정에 관한 '법'에

---

[*] 고대 그리스에서 좋은 일이나 덕 있는 일을 행함으로써 얻게 되는 정신적 만족감을 뜻하는 말이 '에우다이모니아*Eudaimonia*'인데, 아리스토텔레스는 개인적 만족감보다도 공동체 전체에 유익한 일을 했을 때 주어지는 것이 행복이라고 보았다.

대해서는 아직 다루지 않았다.

중세 후기로 되돌아가보면, 당시의 행정에 대해서는 단지 제한적으로만 언급할 수 있고, 행정법에 대해서는 말할 수 있는 게 아무것도 없다. 통치자가 확고한 거처를 두고서 중앙집권을 실시하고, 공적인 기구들과 관청이 확대되고, 조세 및 재정이 확보되는 일이 단계적으로만 진행되어가는데, 지역적으로 편차가 매우 컸다. 제후들과 이들의 자문기구 그리고 '정치'와 관련한 학설들이 꿈꿔온 이상형은 "훌륭한 치안Gute Policey"*이었다. 즉 잘 정돈된 통치구조, 충분한 식량과 복지, 위험의 예방과 퇴치, 억압과 배려가 서로 맞물려 있는 사회 정책, 교육 제도 및 의료 서비스의 확충뿐만 아니라 '부도덕'의 퇴치 및 교회의 보호 등이 그러했다. 훌륭한 '가장家長'이 자신의 집에서 행하는 바와 마찬가지로 국부國父가 이 모든 것들을 감독하는 것이 이상적인 전형이었다.

이처럼 여러 생활 영역이 시 당국에 의해 통제되기 시작한 것은 이미 중세 때부터였다. 도시의 공간적 협소함으로 인해 "훌륭한 치안"을 명분으로 앞세워서 제기되는 수많은 요청과 금지가 어쩔 수 없이 강제되었다. 도시 방어를 위한 군대 제도, 화재 예방, 상하수도 및 건강과 보건위생, 풍속, 근검절약,** "신분계급들" 간의 거리 두기 등 그

---

* 이는 고대의 '폴리티아politia'에서 유래된 용어로, 토마스 아퀴나스를 통해 13세기 이후에 유럽에서 수용된 아리스토텔레스의 덕성론과도 연관되는 개념이다. 이 개념은 16세기 이후로는 "훌륭한 질서gute Ordnung"와도 같은 의미로 통용되었다. 그래서 근대 초기에 유럽의 여러 나라에서 "훌륭한 치안gute Policey"을 명분으로 삼아서 공동체의 질서를 형성하는 많은 법률들이 제정되었다.

** 당시 여러 도시에는 이른바 '복식규정Kleideordnung'이 존재했는데, 이는 "사치금지

밖의 다른 많은 사항을 도시의 여러 "규율"에서 정하고, 새로운 요구에 발맞춰 계속해서 가다듬으면서 보완하고 통제했다. 영방군주들도 마찬가지로 이 방식을 따랐다. 권력의 독점 현상과 함께 16세기부터 18세기까지 규율의 밀도와 규율이 관철되는 강도 또한 높아져갔다. 제국도 마찬가지로 1530년에 '제국치안법Reichspolicey-Ordnung'을 제정하고 이후 단계적으로 개정해갔다.[59] 그러나 제국에는 따로 집행기관이 없었기 때문에 이 제국치안법은 일종의 '청사진'과 같은 역할에 그쳤다. 오히려 영방들이 이를 '영방법Landesordnungen'으로 받아들이고 더욱 보완하여 내용을 보다 풍부하게 만들었다.

'치안'이라는 광범위한 분야, 즉 공동체의 훌륭한 내부 질서를 다루는 책자들은 너무나도 많았다. 당시에는 훌륭한 공공질서가 가정에서부터 비롯한다고 여겼기 때문에 "부부에 관한 소책자들"과 "부부간의 귀감", 즉 훌륭한 '가정관리Hauspolicey'에 관한 규정들이 먼저 마련되었다. 이어서 훌륭한 아버지와 어머니를 다루는 책들이 처음에는 소규모로 출간되다가, 이후 가계에 관한 베스트셀러 저작들이 잇따랐다. 이를 표준으로 삼아 번역하는 가운데 《국가경제학 편람》이라는 책자들이 생겨나고, 이로부터 추후 등장하는 '국가경제Nationalökonomie' 또는 '국민경제Volkswirtschaft'로 발전해갔다.

한 국가가 제대로 잘 정돈되기 위해서는 잘 교육받은 군주와 현명한 신하들이 필요하기 때문에 군주들에게 미덕 있는 삶을 영위할 것

법"으로도 일컬어졌다. 예컨대 일정 금액 이상의 세금을 내지 않으면 모피목도리와 진주목걸이를 몇 개 이상 가질 수 없다는 식으로 복식과 관련한 많은 내용을 시시콜콜 규정하고 있었다.

을 경고하는 이른바 《군주로서의 귀감을 다루는 책자Fürstenspiegel》와 같은 고전적인 장르가 다시 유행했다. 도시의 당국자들에게도 이와 유사한 《귀감 책자》들이 마련되어 있었을 뿐만 아니라, 훌륭한 궁신宮臣으로서의 미덕과 의무Bonus Aulicus, 훌륭한 사신 및 공직 윤리에 관한 설명을 담은 지침서들도 있었다. 이러한 자료들을 활용해서 이제는 윤리 지침이나 선의의 훈계 사항뿐만 아니라, 행정기구의 구조, 훌륭한 공직자의 발탁, 급여, 서열 및 대표의 문제를 취급하는 보다 전문적인 관리 문서들도 늘어나기 시작했다. 이 장르에서 정점을 찍은 것이 1656년에 최초로 발간된 바이트 루드비히 폰 제켄도르프Veit Ludwig von Seckendorff(1626~1692)가 쓴 《독일 제후국Teutscher Fürsten-staat》이라는 책이다.[60] 《독일 제후국》은 통계학, 법학, 치안, 재정, 정치 및 윤리에 관한 지식을 다루는 일종의 편람으로, 비록 모든 내용이 작센-고타Sachsen-Gotha*라는 소국의 관점에서 기술되었지만 매우 보편적이어서 여러 세대에 걸쳐 오랫동안 표준적인 책자로 남았다.

17세기, 특히 30년전쟁 이후 여러 영방들에서 행정기구가 새롭게 재편성되었다. 법원이나 관청에 적용되는 통일된 서식 책자와 변호사와 공증인을 위한 가이드북도 등장했다. 이때부터는 법적으로 중요한 사실들을 양피지로 만든 증서에 기재하여 '문서창고'에 따로 보관하지 않고, 당국의 여러 규정들이 복사되어 있는 통일된 종이문서에 기록했다. 이때서야 비로소 관련 보고서를 요청하거나 감독관을 파견하는 등의 관리 체계를 갖춘 효율적인 행정이 가능해졌다.[61]

---

* 작센-고타는 현재의 튀링겐Türingen 지역에 있었던 공작령公爵領인데 1672년에 건국되었다.

이처럼 합리화되고 표준화되는 환경 속에서 이제는 인쇄된 "치안 규정들"도 공무 담당자들과 지역의 당국자들에게까지 배포되었다. 이렇게 배포된 규정 책자들이 현지에서 구두로 또는 문서로 출간되고 관리되었다. 이것들은 '규정Ordnung', '지시Anweisung', '명령Befehl', '훈령Mandat', '예규Reskript', '법령Gesatz' 또는 '규약Satzung' 등으로 불렸다. 아직 〈법률공보公報〉가 따로 없었기 때문에 지식인들을 위한 "교양 잡지Intelligenz-Blätter"나 신문 및 현수막을 이용하거나 공개적으로 낭독되기도 했는데, 얼마 지나지 않아 새로운 자료들을 한군데에 모아서 발간해야 할 필요성을 인식하게 되었다.

18세기가 진행되던 중 여러 개별 행정 분야에서 표준화가 계속 확대해가면서 원래는 '궁중참사원'과 같이 소수의 공직자들이 맡아오던 일을 처리하기 위해 여러 하급 관청이 신설되었다. 본래의 정부 활동은 추밀원Geheime Rat이, 교회 문제는 성직자회의나 종교국Konsistorium이, 재판은 사법관회의체Justizkollegium가, 군사자문회의는 군대 사무를, 경제·재정·조세 관련 행정은 국고의 수입과 지출을, 빈민들을 위해서는 "구빈행정"이, 이 밖에도 도로·수로·요새의 건설 그리고 상업 및 수공업, 임업·수렵·어로 등을 관할하는 부서들이 새롭게 생겨났다.

이렇듯 관공서들이 증가하고, 이들이 관리해야 하는 법률, 법규 또는 훈령 등의 소재들이 늘어나면서 점점 더 많은 전문지식을 확보하는 일뿐만 아니라 법적인 문제를 다른 전문적인 문제들과 구별해야 할 필요성도 커졌다. 과거에는 도덕적·종교적 규범 위주로 18세기의 "훌륭한 질서"에서 비롯하는 단순한 기초 지식이었던 것이 이제는 상당한 분량을 가진 개별 학문으로 형성된 까닭에 더 이상 개별 공직자가 그 많은 내용을 혼자서는 제대로 처리할 수 없게 되었다. 이에 따라 얼마 지나지 않아 대학에서 농업, 임업, 광업, 상업, 공장 규모의 수공업, 재정학 및 통계학을 다루는 특별한 강의들이 새로이 개설되었다. 이 강좌들을 담당하는 전임 교원들의 확충 또한 시급해졌다.

그래서 프로이센 정부는 1727년에 할레와 오데르 강변 프랑크푸르트대학의 경제, 치안 및 국고 분야에 각각 정교수직 자리를 하나씩 새로이 마련했다. 곧이어 다른 여러 대학도 이를 따랐고, 오스트리아에서도 마찬가지였다. 일부 대학들에서는 기존의 철학부에 이들 전공을 포함시켰고, 일부에서는 "재무학교Kameral−Schule"를 별도로 설립하기도 했다. 그 후 이들 전공이 더욱 차별화되고 세분화되면서 '국민경제', '금융학', '농림학', '수의학', '광업학' 및 그 밖의 교과목들을 강의하는 교육기관들이 등장하고, 19세기에 접어들어서는 대학교와 전문대학으로 나뉘었다. 18세기에 확실하게 목도되던 국가와 사회의 분리에 발맞춰서 이 전공 집단 간의 차별화도 함께 행해진다. '치안관리', '재정' 및 '국가경제'는 국가가, '민간경제' 및 기타 비국가적인 사안에 관한 지식은 사회과학의 영역에서 각각 떠맡게 되었다.[62]

법에 관한 여러 문제가 국가와 사회, 이 두 영역 모두에서 등장하면서 부분적으로 겹치기도 하지만, 나름 분명히 구별되었다. 앞에서 언급된 규범, 훈령, 명령이 '법'의 범주에 속한다는 사실을 점점 더 많은 사람이 인식하게 되면서, 법률가들도 이제는 새로운 변화에 부응해야 한다는 시대적 요구에 내몰렸다. 지금껏 개설된 교과목들—보통법, 봉건법, 형법, 제국헌법, 자연법 및 국제법—만으로는 더 이상 충분치가 않았다. 기껏해야 "치안 문제에서 영방의 주권"을 논할 때나 이들 교과목에 필요한 몇몇 내용을 집어넣을 수 있었다. 이런 이유로 뷔르츠부르크대학의 교수인 요한 아담 이크슈타트Johann Adam Ickstatt 가 '경제-재정민법ius civile oeconomico-camerale'에 관한 강의를 시작 하거나, 여느 공법학자들이 '치안'을 공법 체계로 편입시킨 것은 나 름의 새로운 시도였다.[63] 별도의 '치안법Polizeirecht'(내부 행정에 관한 법) 강좌는 아마도 1757년에 요한 호이만 폰 토이첸브룬Johann Heu-mann von Teutschenbrunn이 처음으로 제안했던 것으로 짐작된다.[64] 그 후 다른 제안들이 뒤따르면서 '치안법Policeyrecht'을 다루는 소재들이 차츰 형성될 수 있었고, 1800년 무렵에는 '관리법Administrativrecht'으 로, 1830년대 이후로는 '행정법Verwaltungsrecht'으로 불리게 되었다.

이처럼 다양한 소재들이 각각의 전문 분야로 분류되었다. 또한 19 세기에 헌법국가로 전환되는 가운데 생겨난 개별 정부 부처의 권한들 에 발맞춰서 전문 분야들이 형성되었다. 부처 관할 원칙Ressortprinzip 에 따라 처음에는 외무부, 내무부, 법무부, 재정부 및 문화부로 나뉘 었다. 당시 양적으로 팽창하고 있던 행정법은 당연히 내무부의 소관 이었다.

1800년 무렵의 치안법에 관해서는 귄터 하인리히 폰 베르크Günter Heinrich von Berg(1765~1843)의 방대한 저작에서 잘 서술되어 있다.[65] 그는 시의적절하게 행정 행위의 법치국가적인 한계에 대해 처음으로 숙고하기도 했다. 그의 이 같은 고찰은 한 세대가 지나고 나서 로베르 트 폰 몰Robert von Mohl에 의해 다시 체계적으로 행해졌다.[66]

5. 요약

'공법'은 근대 초기의 법학이라는 범주 안에서 다른 분야들과는 구별되는 사고 및 논증의 표본이 되는 가운데 생겨났다. 이는 공법이라는 새로운 이름을 얻으면서 새로운 현실이 구성되는 하나의 과정이기도 했다. 신성로마제국과 그 기관들(황제, 제국의회, 궁중참사원, 궁정법원, 관구), 영방국가들과 그 사법권 및 행정 모두가 '공법Ius publicum'이라는 규범복합체 안으로 분류됨으로써 새로운 응집력을 얻음에 따라 새로운 시선으로 관찰되고 파악되었다. 1600년 이래로 대학들에서 개설된 '공법' 관련 강의와 다수의 출판물들은 1555년 이후에 벌어졌던 정치 상황을 잘 드러낼 뿐만 아니라, 새로운 세대의 법률가들에게 자의식을 새롭게 형성하게끔 자극했다.

직업적으로 그간 공법과 관계를 맺어온 참사위원들, 법관, 왕자를 가르치는 교사, 외교관, 교과서 저자들 및 법률 전문가들이 절대주의 시대에 생겨난 여러 행정 분과들에서 중추적인 역할을 맡았다. 이들이 국내적으로 "훌륭한 치안"을 관리하고 "치안법규들"을 마련하는가 하면, 국제법을 통해 외교관계의 법적 원칙들을 발전시키고, 자연법 체계와 보통법에 기초하여 전체 전문 분야에서 법전을 편찬하는 작업을 수행하는 등 전체 공동체의 "법제화Verechtlichung"를 위해 노력했다.

이들이 행한 여러 작업에서 아래 네 가지의 중요한 경향성이 확인된다. 즉 (1) 정치 행위가 종교의 구속에서부터 벗어나고, (2) 중세의 봉건국가(인적 결합체)가 근대적·중앙집권적인 영조물국가Anstaltsstaat로 전환되고, (3) 제국과 교회가 서로 통합되어 있다고 보는 중세적 관념이 붕괴되면서 경쟁적이고 왕조적이고 민족적인 개별 국가들이 점차 약진하고, (4) 끝으로 1648년 베스트팔렌 평화조약의 체결 이후로 제국 체제가 경직되고 그 구속력이 약화되면서 18~19세기의 프로이센–오스트리아 이원주의로 나아가는 길을 터주게 되었다.

이 네 가지 경향들로 인해 공법이 제국 및 영방의 차원에서 적극 장려되었다. 제국의 차원에서는 '신성로마–게르만제국의 공법Ius publicum Imperii Romano – Germanicum'이라는 웅장한 구조의 걸작이 탄생한다. 18세기에 요한 야콥 모저Jahann Jakob Moser가 저술한 방대한 저작들과 요한 슈테판 퓌터Johann Stephan Pütter가 속한 괴팅겐대학에서 그 정점에 달했다.[67]

예컨대 사무엘 푸펜도르프Samuel Pufendorf, 크리스티안 토마지우스Christian Thomasius 및 크리스티안 볼프Christian Wolff가 저술한 일련의 자연법 관련 저작들이 대학의 풍경을 새롭게 바꿨는데, 네덜란드를 본받아 '만국공법Ius publicum universale'이라는 하위 장르도 생겨났다. 17세기에 거의 전적으로 후고 그로티우스의 영향 아래에 놓여 있던 국제법은 전반적으로 그 비중이 축소되었다. 당시 독일제국이 식민지 확장에 참여하지도 않았고, 구조적인 제약으로 인해 강력한 외교 정책을 펼칠 수도 없었기 때문이다. 반면 제국 내부에서는 1648년 이래로 거의 주권적으로 간주되어온 여러 영방들이 본격적으로 "근대의 국가형성 과정"에 참여하기 시작했다. "영토와 백성들"을 마치 자신의 소유물처럼 다루던[*] 왕조에서 점차 제도화된 국가들 간의 동맹체

---

[*] 막스 베버Max Weber는 이를 "가산제家産制(patrimonialism)" 국가로 묘사했다. 즉 통치자가 국가를 자기 개인이나 가문의 사유물로 간주하는 정치 형태를 말한다.

Staatsverband로 발전해갔다. 이들 동맹체는 처음에는 재무기구Fiskus[68]의 역할에 불과했지만, 이후 전체적으로 독자적인 법 인격을 획득해갔다. 이 국가는 중세적인 법적 다양성을 축소시키면서 점점 더 일방적으로 명령하는 입법국가로 변모해갔다. 이렇듯 근대 초기에 "치안법규들"이 급증하고 대학들에서 국가학 관련 전공들이 세분화되자 18세기 후반에는 '치안'의 법적인 측면을 따로 관리하게 되었고, 이로써 '치안법Policey-Recht'이 생겨났다. 이는 '헌법Konsitutionsrecht' 또는 '헌법Verfassungsrecht'에 대응하는 개념인데, 1800년 무렵에는 '관리법Administrativrecht' 또는 독일어로 '행정법Verwaltungsrecht'으로 불렸다.

auern. „Sie, wenn's doch so gut wären, und thäten unsere W
err. „Recht gerne; was soll ich denn für Namen herschreiben?"
auern. „Vor Allen einmal unsern neuen Herrn Assessor —"
err. „Wo denkt Ihr denn hin? Der ist ja ganz unpopulär!"
auern. „Ja, das hat seine eigene Bewandtniß; sehen's, wir haben
hilft nichts. Da haben wir beschlossen, ihn als Abgeordneten zu
f ein halbes Jahr von seinen Grobheiten befreit bleiben, denn de

V.
혁명과 왕정복고의
틈바구니에 놓인
공법

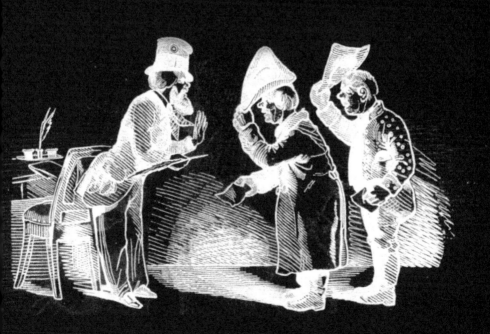

1. 정치세계의 변혁

프랑스혁명이 발발하고 빈 회의[*]가 개최된 사반세기는 유례가 없던 한 편의 드라마였다. 사회질서 및 헌법질서의 붕괴와 함께 유럽에서 는 전쟁이 잇따랐다. 독일에서는 마지막 제국법인 1803년의 '제국대 표자회의 결의Reichsdeputationshauptschluss'^{**}를 통해 112개의 신분계

---

* 나폴레옹이 몰락하고서 1814년에 오스트리아의 재상 메테르니히의 주도 하에 영 국, 오스트리아, 프로이센, 러시아 등이 빈에 모여서 유럽의 새로운 질서를 합의한 회의다. 결국 프랑스혁명 이전의 유럽 왕정 체제로 다시 회귀하는 반동·보수적인 결과를 가져왔고, 이를 '빈 체제'라고 부른다.

** 보다 정확하게는 '비상적인 제국대표자회의 결의'로 불리는데, 1803년 2월 25일 에 레겐스부르크의 구청사에서 행해졌고, 이는 신성로마제국에서 마지막으로 중요 한 법률의 토대가 되었다. 이후 제국의회에 안건으로 제출된 이 결의는 그 내용이 매우 급진적이었다. 당시 47개의 제국도시들이 6개로 축소되었고, 상당수 영방국가 들이 자치권을 박탈당했으며, 세속화와 함께 성직자 지배계급의 대다수도 기존의

급이 사라지는 등 영토 안에서 '청소 작업'이 대대적으로 행해졌다. 곧이어 라인동맹이 분열되고, 제국의회 의원들의 동의 없이 황제가 일방적으로 퇴위하면서 구舊제국은 끝내 종말로 치달았다. 이때 제국의 수많은 공직자들, 특히 베츨라르에 소재한 제국 궁정법원Reichs-kammergericht*의 법관들도 직을 잃었다.

1806년 나폴레옹은 치욕적인 방법으로 프로이센을 굴복시키고 프로이센으로 하여금 대대적인 개혁에 나설 것을 우회적으로 강제했다. 바이에른에서는 이미 1799년의 정권 교체와 함께 유사한 개혁 작업이 착수되었으며, 뷔르템베르크와 바덴에서도 1803년부터 새로운 영토를 획득하면서 개혁이 시작되었다. 이 시기에 어느 정도 안정된 평화질서가 구축되었는데, 1814~1815년에 개최된 빈 회의의 결과로 메테르니히Metternich 시대가 시작하면서 마감된다.[69] 이 모든 사건은 공법과 공법의 학문적 연구에 직접적으로 관련되는 문제들이었다. 구舊제국의 헌법은 사라졌고, 새롭게 형성된 중간국가는 새로운 영토를 통합하기 위해 전력을 다했다. 새로 왕과 대공의 자리에 오른 이들은 자신들의 왕조에 만족했다. 그러나 합스부르크 왕가에게는 만족스럽지 못했다. 그들은 나폴레옹이 그랬던 것처럼 황제의 지위를 요구했다.

이 시기에 대학들은 1800년을 전후해서 이른바 "대학의 고사枯死"를 겪어야 했다. 제국 전체에서 40여 개의 대학들 중 거의 절반이 폐

특권을 상실하게 되었다.
* 제국 궁정법원은 1495년에 독일 국왕과 이후 막시밀리안 1세 황제에 의해 설치되었고, 1806년에 제국궁중참사원Reichshofrat과 함께 해체될 때까지 신성로마제국의 최고법원이었다.

쇄되었는데, 일부는 종립宗立학교이거나 이른바 "교수 집안들"이 장악하고 있어서 개혁이 불가능한 소규모 대학이고, 일부는 재정 문제로 인해 폐쇄가 유일한 해답이기 때문이었다. 1817년 무렵 바젤대학의 법학부에는 학생 여섯 명과 교수 두 명이 전부였다. 반면 활기를 띠기 시작한 대학들도 있었다. 란츠후트에서 뮌헨으로 옮겨간 뮌헨대학, 신설된 베를린대학과 자유주의 전통에 입각했던 하이델베르크대학이 그러했다.

2. 독일동맹

따라서 이들 대학의 공법학자들은 모든 관점에서 지향하는 바를 새롭게 설정해야만 했다. 로베르트 폰 몰Robert von Mohl은 당시의 상황을 회고하면서 "1803년과 1806년에는 제국의 공법학자들이 수집한 책들 대부분이 휴지 조각이 되고, 그들의 학식은 헛된 예술이 되고 말았다"[70]며 한탄했다. 그런데 이 말이 실정법인 공법에는 맞을지 몰라도, 방법론에 있어서는 결코 타당하지 않다. 괴팅겐대학의 퓌터Pütter 교수가 이전에 제국헌법을 두고 행했던 것처럼 1806년에 라인동맹협약이 공포되자마자 공법 교수들은 이 새롭고 불완전한 구도를 나름 체계화하려고 노력했다. 이렇듯 몇 년 사이에 공법적인 관점에서 라인동맹을 다루는 많은 문헌들이 발표되었고 《라인동맹Der Rheinische Bund》(1806~1813)[71]이라는 명칭을 지닌 잡지까지 생겨났다. 당시 저자들의 주된 관심사는 '보호자Protektor'인 나폴레옹이 라인동맹에 가담한 여러 영방국가의 군주들에게 얼마만큼 새로운 주권을 줄 것인지, 동맹의 내부는 어떻게 조직될 것인지, 그것이 국가 간의 연합인지 아니면 연방국가인지 등에 관한 물음이었다. 그러나 이 모든 물음이 곧바로 저절로 해결되자 저자들은 1815년부터는 독일동맹의 헌법적 해석에 몰두할 수 있었다.

이렇듯 독일 내의 여러 국가와 네 개의 자유도시—뤼벡Lübeck, 프랑크푸르트Frankfurt, 브레멘Bremen, 함부르크Hamburg—를 통합하는 국가법적인 상부구조가 1815년 6월 8일에 구축되었다. 여기에는 서로 숙적 관계인 프로이센과 오스트리아뿐만 아니라 덴마크(홀슈타인 때문에)와 네덜란드(벨기에 때문에)도 포함된다. 무려 38개의 "주권을 가진" 국가들로 합쳐진 독일동맹은 정치적으로는 거의 행위 불능의 상태에 놓여 있었다. 재상 메테르니히의 지휘하에 주도세력으로 자리 잡은 오스트리아가 이제부터는 프로이센의 측면 지원을 받으면서 개별 국가들의 내부 정치까지 좌지우지했다. 특히 1819년에 행한 "칼스바트 결의"*에 따라 모든 민족주의 및 자유주의 시도를 억압한 것이 대표적인 예다.[72]

1815~1848년에 대학에서 강의하고 저술 활동을 해온 공법학 교수들은 그 밖에도 여러 임무를 동시에 수행해야 했다. 먼저 이들은 '독

---

* 1819년 3월 23일에 벌어졌던 극작가이자 러시아의 외교관인 아우구스트 폰 코체부에August von Kotzebue 암살 사건을 계기로 당시 빈 체제를 주도하던 오스트리아 재상 메테르니히가 중심이 되어 보헤미아 지방의 칼스바트Karlsbad에서 개최된 독일동맹의 대표자회합에서 같은 해 9월 20일에 통과시킨 결의안을 말한다. 이 결의안으로 당시 독일동맹에 속했던 개별 국가들의 권한이 상당히 침해되었다. 자유주의적이고 민족주의적인 많은 출판물과 단체의 결성 등이 금지되고, 대학들이 당국의 감시 아래에 놓였다.

일동맹의 공법'이라는 강좌를 의무적으로 개설하고 동맹국가들에게 적용되는 헌법에 대해 가르쳐야 했다. 그렇지만 1815년의 동맹협약*을 논평하거나, 이보다 좀 더 상세한 내용으로서 이 협약을 보완하는 1820년의 빈 최종협약을 논평하는 것만으로는 해당 내용을 충분히 가르칠 수 없었다. 이 때문에 교수들은 추가로 개별 영방국가들의 헌법을 강의하는 중요한 임무까지 떠맡았다. 그래서 해당 강좌들과 이후에 출판된 교재들에는 대부분 《독일동맹과 동맹국가들의 법*Das Recht des deutschen Bundes und der Bundesstaaten*》이라는 제목이 붙었다. 이렇듯 이 강좌와 교재들을 통해 독일 헌법의 전체 상황을 조망할 수 있게 되었다. 동맹국가들의 헌법을 살펴보면 입헌군주제 하에서 '일반국가법Allgemeines Staatsrecht'의 평균적인 모습이 어떠했는지를 대략 짐작할 수 있다. 즉 자연법상의 명제들로 구성된 '일반국가학Allgemeine Staatslehre'이 아니라 당시 대다수 국가들에서 적용되고 있던 여러 실정헌법을 두루 합친 내용이었다. 거기에는 헌법 상황이 평균에 미치지 못하는 일부 개별 국가들에 대한 간접적인 경고의 의미 또한 담겨 있었다. 남부 독일의 바이에른, 바덴 및 뷔르템베르크와 같이 상대적으로 헌법이 발전된 영방의 공법 교수들에게는 해당 국가의 고유한 헌법을 논평하는 세 번째 임무까지 주어졌다. 그러나 이로 인해 해당 정부와 충돌할 위험이 있을 수도 있어서 헌법에 대한 논평은 비교적 규모가 큰 개별 국가들을 중심으로 점진적으로 진행되었다. 그래서 19세기 후반 무렵에서야 비로소 독일제국 내 모든 개별 국가들이 일

---

* 독일동맹의 설립에 관한 국제법적 조약이자 최초의 동맹헌법이다. 1815년에 빈 회의에서 결의되고 1815년 6월 10일에 39개 동맹국가의 대표들이 서명했다.

련의 헌법 논평서들을 통해 국가법적으로 파악될 수 있었다.

19세기의 전반기를 조망할 수 있는 대표적인 저작은 요한 루드비히 클뤼버Johann Ludwig Klüber(1762~1837)에 의해 출간되었다. 그는 1808년에 이미 《라인동맹의 국가법Staatsrecht des Rheinbundes》을 저술하고 뒤이어 〈빈 회의 자료집〉을 발표했다. 이 작업을 통해 그는 독일동맹의 성립에 관해 당대 최고의 전문가로 각광받았다. 이를 바탕으로 1817년에는 《독일동맹과 동맹국가들의 공법Öffentliches Recht des Teutschen Bundes und der Bundesstaaten》[73]을 출간했다. 이 책은 1830년까지의 입헌군주제 헌법을 실증적이면서 그러나 기본 노선에 있어서는 자유주의적으로 서술했다.

클뤼버가 사망한 후로는 하인리히 최플Heinrich Zöpfl(1807~1877)과 하인리히 알베르트 차카리에Heinrich Albert Zachariä(1806~1875)의 관련 저작이 이 분야를 압도했다. 이 세 권의 책을 모두 합치면 독일동맹의 법과 개별 국가들의 국가법 간의 조합이 어느 정도 완성된다. 다만 클뤼버의 경우 1806년 이전의 구舊제국에 다소 얽매여 있다는 느낌이 강했는데, 시간이 지나면서 이런 경향이 차츰 수그러들고 점점더 실증주의적인 관점이 그 자리를 대신했다. 그렇다고 해서 "순수하게 법학적인" 관점으로만 엄격히 제한되었다는 말은 결코 아니다. 저자들은 역사적 관점에서 논증하고, 현행 법률뿐만 아니라 지배적인 원리들과 "중요한 개념들"까지 인용했다.

이들은 정치적으로는 혁명적인 공화제를 지지하는 민주주의자도, 군주제 원리의 강력한 옹호자도 아니었다. 오히려 이들은 전통적인 군주제를 새로운 의회주의적인 국민대표제와 "유기적으로" 결합시키고자 했다. 즉 국가는 "입헌주의적으로" 구성되어야 하며, 따라서 국가가 보유한 헌법은 국민의 권리와 군주의 권한 사이에서 균형을 모색하고, 한편으로는 기본권을 공포하면서도 다른 한편으로는 군주에게 불가침성, 관료주의와 군대에 대한 처분권과 같은 핵심적인 권한을 보장해야 하고, 그 밖에 신교계 국가들에서는 명목상으로 영주가 교회를 통솔하도록 보장되어야 한다고 보았다. 양원제 시스템에서는 의회(신분총회, 하원, 국민의회 또는 제2원)와 나란히 군주가 임명하는 제1원이 따로 구성되어 제2원에 맞서서 보수주의적인 대항력을 갖게끔 했다.[74] 추가로 일부 국가들에서는 나폴레옹을 본뜬 국가참사원 Staatsrat이 설치되어 군주에게 입법에 관해 자문하거나 제2원이 추진하는 입법에 제동을 걸기도 했다.[75]

3. 독일의 일반국가법

1815년의 빈 회의부터 1848년 혁명까지의 시기를 이르는 이른바 "3월혁명 前시대Vormärz"에 국가법학은 여전히 불안정한 기반 위에서 동요하고 있었다. 독일동맹의 국가법은 상대적으로 별로 주목받지 못했다. 메테르니히의 정책이 구현된 법 형식이라서 억압적인 것으로 인식되기까지 했다. 개별 국가들의 '보통의gemein' 독일 국가법은 존재하지 않는 민족국가를 어떻게든 붙잡아보려는 하나의 가설일 뿐이었다. 그것은 입헌군주제가 군주주권과 국민주권 사이에서 불안하게 타협하고 있는 형국을 드러내고 있었다. 이후 이 같은 내재적 딜레마에서 빠져나오게 된 계기는 이미 오래전부터 논의되어온 상념, 즉 군주도 인민도 아닌 '국가'를 주권의 준거점으로 삼고 군주와 의회를 국가의 '기관Organ'으로 설명하는 것이었다. 이제 '국가'라고 하는 추상체 전체가 하나의 '법인'이 되었다.[76]

이러한 국가를 규범적으로 지탱해주는 것이 해당 국가의 헌법이었다. 이 헌법은 전적으로 군주가 가진 고권高權에 의한 보장이었지, 혁명에서 외쳐지던 인민들의 의지에 기반한 것이 아니었다. 국민대표, 즉 의회는 평등선거와 여성들을 포함하는 선거권에는 아직 근처에도 가지 못했다. 재산이 있거나 교육을 받은 부르주아들에게 유리한 '제한선거법Zensus-Wahlrecht'이, 그것도 남성에게만 적용되었다. 세금을 납부하지 않는 농민들과 공장 노동자들은 배제되었다. 1867년에 북독일동맹에서 그리고 1871년에 제국에서 남성 전체에게 평등선거가 실시된 이후에야 비로소 개별 국가들에서도 제한선거법이 폐지되었다. 이른바 '3계급 선거법Drei-Klassen-Wahlrecht'*은 점점 시대에 뒤떨어지는 것이었는데도 프로이센에서는 1918년까지 유지되었다.

이렇듯 보수주의자들이 옹호하는 "군주제 원리"에 따라 군주는 이론적으로뿐만 아니라 실제로도 가장 높은 정점에 자리 잡고 있고, 의회는 입법 과정과 선언된 기본권을 보장하는 데 '참여'하는 정도의 권한만을 가지고 있었다. 이 때문에 고유한 대항력을 갖추는 일이 더더욱 중요하다는 사실이 분명해졌다. 절대주의에서와 달리 최종적으로 모든 것을 명령하고 아무도 감히 건드릴 수 없는 지위에서 국가라

---

* 프랑스혁명 직전의 '삼부회의' 구성과도 흡사한 이 선거법에 따르면 납세자 그룹마다 전체 의원정수의 3분의 1이 배정된다. 고액 납세자들이 속하는 제1그룹은 전체 인구의 4퍼센트에 불과한데도 3분의 1의 대표를 선출하고, 제3그룹은 전체 인구의 80퍼센트를 차지하는데도 3분의 1의 대표를 선출하게 되는 극도로 불평등한 선거법이었다.

고 하는 거대한 기계를 작동시키는 군주는 이제 더 이상 존재하지 않게 되었다. 오히려 이때부터 군주는 국가라는 법인에서 하나의 '기관'으로 기능하게 된다. 그는 더 이상 직접 통치하지 않고 전체 국가를 대표할 따름이다.

정부는 군주의 신임을 받아 임명된 재상Premierminister이 이끌었다. 재상은 각 부처를 "책임지는" 장관들을 직접 물색함으로써 군주의 정치적 부담을 덜어주었다. 군주의 이름으로 행해지는 고권 행위에 장관이 부서副署(Gegenzeichnung, Contrasignatur)한 경우 의회가 해당 장관을 문책할 수 있게 됨으로써[77] 의회의 권한이 점차 커졌다. 제도가 정착되고 난 이후 의회는 이제 더 이상 스스로 앙시앵 레짐Ancien Régime적인 의미에서의 신분의회가 아니라, (기본적인) 권리들을 보호해야 할 사명을 지닌 전체 인민의 정당한 대표기관으로 이해되었다. 이렇듯 의회는 처음에는 단지 통제 권한을, 뒤이어 참여 권한을 얻어냈고, 마지막에는 입법에서 법률안의 발의 권한을 갖게 되었다. 1862년의 프로이센 헌법 갈등에서 드러나듯 여기서 가장 핵심적인 쟁점은 과세에 대한 의회의 승인과 국가 재정의 지출을 감시하는 예산법Budgetrecht을 둘러싼 다툼이었다.

인민들이 의회를 통해 정치에 참여하기에는 아직 많은 제약이 있었던 까닭에 자유주의적인 법률가들의 관심은 사법司法 작용을 통해 국가권력을 제어할 가능성을 모색하는 것으로 옮겨갔다. 이것이 전체 유럽과 비교할 때 독일의 매우 중요한 특이점이었다. '권력분립' 이론이 등장하면서 절대주의의 이론과 실무에서 법관을 여전히 군주의 의지에 엄격하게 기속되는 국가의 봉사자로 간주해오던 기존의 고정관념과는 더욱 거리가 멀어졌다. 1800년 이래로 줄곧 주장되어온 '법

치국가Rechtsstaat'를 위한 요구 사항들 가운데 하나가 사법의 (인적 및 물적) 독립이었다.[78]

이 같은 이상태理想態를 지향하는 교육을 받아온 법관들은 새 헌법을 앞세워 때로 정부의 여러 조치가 "헌법에 부합하지 않는다"고 용기 내어 말하기 시작했다. 이에 정부가 해당 법관에게 징계 처분을 내리기도 했지만,[79] 결국 사법의 해방을 향해 내달리는 열차를 멈출 수는 없었다. 개별 시민들이 행정 처분에 불복하면서 법원에서 이를 다룰 수 있는지가 마지막 물음으로 제기되었다. 보수주의자들은 행정기관 내부의 통제 수단 정도만 마련하는 것을 옹호했던 반면, 자유주의자들은 1848/1849년의 국민의회Nationalversammlung에서 이 문제를 일반법원의 관할로 삼아야 한다고 주장했다. 결국에는 타협하고서 1863년부터는 오늘날과 같은 행정소송이라는 권리 구제의 길이 열리게 되었다.[80]

4. 개별 영방들의 국가법과 행정법

독일동맹에 속하는 여러 영방국가가 새로운 입헌적 조건 하에서 자국의 국가법을 기술해야 하는지 여부는 헌법 상황에 따라 서로 달랐다. 즉 일부 국가들은 영토가 너무 작아서 이를 기술해야 할 필요가 없었고, 다른 일부 국가들은 아직 헌법이 없기 때문에 법령모음집 정도만 생각할 수 있었던 까닭이다. 따라서 자국의 공법 문제와 관련해서는 남독일의 헌법국가들이 단연 최고의 위상을 지녔다. 뷔르템베르크에서는 1829년 이래로 로베르트 폰 몰이 쓴 저작이 두각을 나타냈고,[81]

바이에른에서는 국가법에 관한 다섯 권의 교과서가 거의 동시에 출간되었다(슈멜칭Schmelzing, 슌크Schunck, 쿠쿠무스Cucumus, 모이Moy, 푀츨Pözl). 반면에 아직 관련 교과서가 한 권도 없던 바덴에서는 로테크Rotteck와 벨커Welcker가 공저한 《국가학 대사전》과 다수의 잡지가 공법을 더욱 치밀하게 만들어갔다.

앞서의 상황과 비교해보면, 1848년까지 쿠어헤센, 헤센 – 다름슈타트, 낫사우, 하노버, 브라운슈바이크 및 메클렌부르크의 경우 공법을 나름 관리해왔다고는 전혀 말할 수 없다. 작센에서도 국가법은 1831년에 헌법이 제정되고 나서야 비로소 서서히 가동되기 시작했다. 슐레스비히 – 홀슈타인에서는 정치적 이유로 불안정한 상황이었고, 브레멘, 함부르크, 뤼벡, 프랑크푸르트와 같은 자유도시들에서는 지역적 공간이 너무 협소했다. 그리고 메클렌부르크에서는 지역을 통치하고 있던 두 대공大公 가문이 입헌주의 이전의 상태를 여전히 고집하고 있었다.

이렇듯 여러 대국들 중에서 프로이센과 오스트리아만이 비록 헌법국가는 아니었지만 나름 강력하고 중앙집권적인 행정기구들을 갖추고 있었다. 관련 저술들에서 헌법 문제를 피해갔고, 결국 프로이센과 오스트리아의 국가법과 관련되는 의미 있거나 독자적인 저작들이 1848년 이전까지는 출간되지 못했다. 다민족 국가로서 여러 민족주의 세력들로부터 위협받고 있던 오스트리아의 상황이 특히나 어려웠다. 자유주의적이고 민족주의적인 시도들을 억압하는 "메테르니히체제"가 지속되는 한 자유로운 학문적 논쟁이 불가능했다. 그래서 국가법에 갈음해서 '국가론Staatenkunde'이 읽혔고 '일반국가학Allgemeine Staatslehre'에 갈음해서 '법률통론Gesetzeskunde'이 등장했다. 19

세기 말~20세기 초에 오스트리아에서 법 이론과 공법이 전성기를 누린 것은 아마도 그 지적 에너지가 수십 년 동안 축적되어온 까닭으로 짐작된다.

요컨대 빈 회의부터 혁명이 일어난 1848년 사이에 국가법과 행정법에 대한 학문적 관심은 헌법적 상황 여하에 따라 크게 좌우되었다. 독일동맹 내에서 바이에른, 바덴, 뷔르템베르크, 헤센-다름슈타트와 낫사우와 같이 일찍이 입헌국가로 정착한 국가들에서는 행정법도 가장 먼저 정비되었다. 1830년 프랑스의 6월혁명 이후 제정된 쿠어헤센, 하노버, 작센의 헌법도 원칙적으로는 이처럼 활발하게 작동할 수 있었을 법한데, 그러나 외부 여건이 너무도 불리했다. 1837년의 하노버와 마찬가지로 쿠어헤센 역시 내부적으로 갈등이 불거진 상황이었고, 진정한 자유화를 이루지 못한 작센은 아직 걸음마 단계를 넘지 못했다. 그래서 1848년 이전까지 행정법에 관한 탁월한 저작은 로베르트 폰 몰이 쓴 《법치국가의 제 원칙들에 따른 치안학*Die Polizei-Wissenschaft nach den Grundsätzen des Rechtsstaats*》(1832/1833, 튀빙겐에서 출간) 정도가 고작이었다. 책 제목에 "법치국가*Rechtsstaat*"라는 단어가 등장한 것이 이때가 처음이었는데, 사회복지를 포함하는 다양한 '치안*policeylichen*' 관련 소재들을 법적인 형식으로 나타내려고 했다. 몰은 국내의 모든 정치 소재들에 나름의 헌법적 의미를 부여하면서, 국가가 시민의 자유와 재산을 제한할 때에만 법률적 근거를 요구했다. 그리고 소급효에 의한 부담에 반대하면서, 이미 오래전부터 그래왔듯 국가가 개인의 재산을 수용할 때 보상을 요구했다.

그 밖에 행정기관이 재량에 따라 행위할 수는 있지만 결코 자의적이어서는 안 된다고 보았다. 몰에게 '치안학*Polizei-Wissenschaft*'은 포괄적인 국가학의 일부였다. 형식적인 '법' 또는 행정법의 '총론' 정도로 축소할 생각은 전혀 없었다. 그는 잘 정돈되어 있고, 앞으로도 대두될 사회 문제를 열린 시각으로 바라보는 자유주의적인 헌법국가를 구상했다. 그는 이 부분에서 국가적 노력을 보다 강화해야 한다고 조언했다. 따라서 1842년 튀빙겐대학에 행정법 정교수 자리가 처음으로 마련되고, 《전체 국가학 잡지Zeitschrift für die gesamten Staatswissenschaften》가 이 도시에서 탄생한 것은 결코 우연한 일이 아니었다.

VI.
파울교회
헌법

"독일에서 신분총회가 개최되는 곳이면 어디서나 법학자들의 강한 영향력을 확인할 수 있다. 이런 지식인들이 많을 뿐만 아니라, 이들의 자문이 법학에 미치는 영향력은 결코 우연한 일이 아니다. 독일민족의 정치적 교양은 전적으로 법학 교육으로부터 비롯되었다. …… 따라서 여느 다른 민족들보다도 독일 문명의 역사에서 대학이 월등히 큰 의의를 갖는다"[82]는 것이 하노버 출신의 정치가 레베르크Rehberg(1757~1836)의 평가였다. 실제로 1848년 이전에 모든 공법 교수들은 정도의 차이는 있지만 '정치학 교수'이기도 했다. 그들은 "헌법 페스티벌 Konstitutionsfesten"에서 연사로 나섰고, 강의실에서 학생들로부터 전적으로 주목받았으며, 헌법 문제에 관한 감정서를 작성하고, 의원직에 입후보하거나, 대학 측으로부터 제1원으로 파견되기도 했다.

지나치게 자유주의적인 발언 때문에 교수직을 잃은 이들도 적지 않았다. 언론, 학문 및 결사의 자유를 보장하라는 것은 내내 선동의 단골 메뉴였다. 1837년에 새로운 군주의 헌법 유보에 반대하던 일곱 명의 쾨팅겐대학 교수들이 처벌받은 사건*은 오랫동안 세간의 구설에 오르내렸다. 19개의 독일 대학과 네 곳의 오스트리아 대학은 "메테르니히 체제"가 지속되던 기간 동안 정치적 소동의 중심지였고, 여기서 대학의 학우회와 향우회가 큰 역할을 했다. 이제 사람들은 어디서든 인권, 시민권, 선거권, 권력분립, 공개 재판 또는 행정 통제 등에 대해 토론하기 시작했다.

이렇게 해서 명망 높은 다수의 법률가가 선거인단에 포함되어 1848년 5월 18일 프랑크푸르트의 파울교회에서 개최된 국민의회 Nationalversammlung에 참가할 수 있었다. 이들 중에는 국가법학자인 빌헬름 에두아르트 알브레히트Wilhelm Eduard Albrecht, 콘라드 쿠쿠무스Konrad Cucumus, 질베스터 요르단Sylvester Jordan, 하인리히 알베르트 차카리에Heinrich Albert Zachariä, 로베르트 폰 몰, 카를 테오도르 벨커 등이 포함되어 있었다. 이들은 특히 회의 초기에 국가 형태, 단원제와 양원제, 세습군주제와 선출군주제 또는 공화제, 선거법, 의회법, 기본권 등과 같은 주요 문제들을 집중적으로 다뤘다. 이 모든 내용이 결국에는 좌절되고 말았지만 1849년 3월 28일자 "제국헌법Reichsverfassung" 초안에 담겨졌다. 제국헌법 제4장 "독일 인민들의 기본권"은 1919년의 "바이마르헌법Weimarer Verfassung"과 1949년의 "기본법 Grundgesetz"에 그 골자가 그대로 남았다.[83]

---

* 당시 하노버 왕국에서 1833년에 도입된 자유주의적인 헌법이 폐지되자 1837년에 쾨팅겐대학 소속의 일곱 교수들이 이에 저항했던 사건이다. 이 사건으로 인해 일곱 교수는 대학에서 면직되었고, 일부는 심지어 추방당했다. 현재 쾨팅겐대학과 하노버 시내에는 이 일곱 명의 교수들을 기리는 조형물이 설치되어 있다.

국민의회의 노력이 결국 무산되고, 보수 세력들의 복귀, 군사적 패배 그리고 혁명가들에 대한 소송으로 인해 시민사회의 분위기가 침체되자, 관심은 당시 활발하게 시작되고 있던 산업혁명에로 옮겨갔다. 이제는 상거래에 필요한 여러 장애물을 제거하고 공통의 '어음법' 및 '상거래법'을 마련하는 일 그리고 법치국가를 계속해서 발전시켜가는 일이 관심사로 부각되었다. 새로운 구호는 "현실정치Realpolitik"가 되었다.[84] 이 구호는 1848년의 시민혁명과 함께 수공업자들과 당시 성장하고 있던 노동운동에 의해서도 사회혁명이 벌어졌음을 보다 확실하게 해준다. 이들은 노동조합을 조직하고, 사회민주주의를 추구하는 정당의 차원에서 서로 뭉쳤다.

1848년 이후의 국가법학 및 행정법학에게 이러한 일련의 일들은 스스로 쇄신해야 함을 뜻했다. 독일 전체적으로는 오스트리아의 군주정과 독일의 동맹체를 하나로 통합하려는 시도("에르푸르트 통합헌법 Erfurter Unionsverfassung")가 있었을 뿐만 아니라, 헤센-카셀의 선제후국Kurhessen에서 영방과 전횡적인 군주 사이의 갈등, 슐레스비히과 홀슈타인의 관할을 두고 벌어진 덴마크와 독일 간의 격렬한 싸움, 1850년에 독일동맹의 재건을 목도할 수 있었다.

몇몇 영방들은 1848년에 양보한 것을 되찾고자 했고, 프로이센에서는 1851년에 제정된 최초 헌법의 내용을 두고서 논쟁이 벌어졌다. 한마디로 말하면 불안정한 과도기적 상황이 문제였다. 방법론적으로도 "현실정치적인" 전환이 일어난 시기였다. 정치에 적극적으로 참여하는 대신 법학이라는 학문적 이상이 대두되었다.[85] 이러한 방법으로 공법에서도 민사법의 체계성과 개념적 예리함에 도달할 수 있기를 희망했다.

국가법뿐만 아니라 서서히 형성되고 있던 행정법에서도 비법학적인 요소들—역사, 정치, 국가학—을 제거하고 "순수하게 법학적으로" 설명하려는 시도가 있었다. 이로써 일상 정치와의 거리 두기를 확보할 수 있고, 법학 내에서뿐만 아니라 당시 승승장구하고 있던 자연과학과의 경쟁이라는 측면에서도 위상이 드높아질 것이 확실했기 때문이다. 방법론상의 금지 목록들을 지키면서 현행법의 도그마틱을 연구하는 이들은 정치적으로나 학문적으로 내심 안도할 수 있었다. 이렇듯 법학의 탈정치화는 이제 '자율성'을 요구하는 형태로 표현된다.[86] 이는 아래로부터의 혁명적인 공격과 위로부터의 독재적인 공격에 맞서 법을 지켜주는, 부르주아적인 중산층들의 입장을 암시하는 것이었다. 이와 동시에 법학 스스로도 자신의 위상을 드높일 수 있었다.

1850년 이후의 시기에 국가법은, 몇몇 예외적인 경우를 제외하면 다양한 형태의 유럽적 '실증주의Positivismus'라는 대세 안에서 움직였다. 즉 모든 사변적이거나 이데올로기적인 전제들을 포기하고 실증적으로 존재하는 자료들만을 갖고서 작업하려고 노력했다. 이를 법학 Jurisprudenz에 적용하면, 법률 또는 적어도 실정법을 지향한다는 의미일 뿐만 아니라 비실증적인 전제들로부터 해방된 법학과도 관련될 수 있다. 구체적으로 공법에서는 비록 불안정한 상태지만 새로운 헌법을 해석하고 '일반 독일 국가법gemeines deutsches Staatsrecht'으로 다시 받아들여서 아직 실현되지 못한 민족국가를 정신적으로나마 붙잡아두는 도구로 사용할 수도 있을 것이라 기대했는데, 사실 설득력은 별로 없었다. 국가법 관련 교과서들의 편찬도 정체된 상태였다. 로베르트 폰 몰은 1867년에 "수년 전부터 독일의 그 어디에서도 한 권 이상의 국가법에 관한 저작이 출판된 곳이 없다"라고 증언했다. 좌절되고 만

"1848년 혁명"에 실망감이 뒤따르고 민족 통일의 진척 여부가 불확실해지자 상황은 다시 경직되어갔다. 자연법과 이상주의 철학이 지닌 활기는 그만 길을 잃어버렸다. 1850~1860년에 공법은 침체 상태 또는 새로운 시대를 준비하는 잠복기에 있었다.

VII.
독일제국의
국가법

1. 법치국가 그리고 법학적 방법론

짧은 시기에 쏟아져 나온 많은 저술들은 새로운 시대의 도래를 예고했다. 회고해보면 이 저작들을 통해 앞서 설명한 일련의 변화들이 짧은 간격으로, 끝내는 흔히 "패러다임의 전환"이라고 부르는 일들이 일어났음을 알 수 있다. 민사법학자인 카를 프리드리히 폰 게르버Carl Friedrich von Gerber의 논문 〈공법에 관하여Über öffentliche Rechte〉(1852)가 먼저 소개되었고, 그 후에 그의 친구이자 동료인 루돌프 폰 예링Rudolf von Jhering의 강령적인 논문 〈우리들의 과제Unsere Aufgabe〉(1857)가 뒤를 이었다. 이와 함께 당시 거의 무명이었던 뷔르템베르크 출신의 변호사 프리드리히 프란츠 (폰) 마이어Friedrich Franz (von) Mayer가 최초로 행정법에서 '총론Allgemeiner Teil'이라는 부분을 작성하려 했다(1857/1862). 헤센 출신의 법관 오토 베어Otto Bähr는 1864년에 《법치국가. 출판된 스케치Der Rechtsstaat. Eine publicistische Skizze》라는 중요한 책을 출간했다. 1865년에는 헤르만 슐체Hermann Schulze가 쓴 《독일 국가법 입문Einleitung in das deutsche Staatsrecht》이, 1867년에는 중요한 기고문들이 수록된 《독일 국가법과 독일 헌법사 잡지Zeitschrift für Deutsches Staatsrecht und Deutsche Verfassungsgeschichte》가 단행본으로 처음 발간되었다.

이와 동시에 여러 중요한 정치적 사건들이 한꺼번에 벌어졌다. 비스마르크는 프로이센의 체제 갈등을 이겨내고 그간의 프로이센 – 오스트리아 이원주의를 성공적으로 마무리하고 정치적으로도 깨끗하게 종결지었으며, 프로이센의 영토를 마인 강변까지 확대하면서 마침내 북독일동맹을 성사시켰다. 이로써 다시금 (오스트리아를 제외하는) 소독일국가를 건설할 수 있는 현실정치적인 기회가 처음으로 주어졌다. 그러나 국가법의 기반이 다시 흔들리고 있어서 상황은 매우 위태로웠다. 예링은 1866년에 "요즘 국가법에 대해 좀 안다고 떠들어대면, 거의 예술의 경지"라며 빈정댔다. 그는 덧붙여서 이렇게 토로한다. "동맹국가법, 하노버, 쿠어헤센 그리고 낫사우의 국가법이 하룻밤 사이에 사라져버렸다. 교수들이 쓰다가 남긴 공책들만 강단의 교탁 위에 나뒹구는 채로 할 수 있는 게 아무것도 없음을 탓하면서, 사악한 비스마르크 재상을 원망하고 있다. 어쩌면 이 공책들마저도 자신에게서 멀어져간 세상이 참회하면서 다시 돌아오고, 물러난 황제가 다시 '제국'과 '국민들'에게 돌아와서 부활하는 행복한 꿈을 꾸고 있는지도 모르겠다."[87]*

---

* 독일동맹의 주도권을 두고서 오스트리아와 다투던 프로이센은 쾨니히그레츠 전투에서 승리한 후 오스트리아를 독일동맹에서 내쫓았다. 이로써 당시 오스트리아 황

변함없이 안전한 왕좌라고 불리던 민사법의 입장에서는 그렇게 보였을 수도 있겠다. 물론 예링 자신도 1859년 이후로는 민사법을 떠나기는 했지만 말이다. 그러나 공법은 늘 정치적인 법이었고 존재를 위협받아왔다. 어쨌든 헤르만 슐체Hermann Schulze는 "1866년은 독일 국가법의 이론과 실제 모든 면에서 1806년에 버금가는 획기적인 의의가 있다"[88]라고 묘사했다. 이제 독일동맹Deutscher Bund은 사라졌고, 이와 관련된 여러 저술—최플H. Zöpfl, 차카리에H. A. Zachariä—이 그저 쓸모없는 휴지 조각이 되고 말았다. 프로이센에 합병된 국가들의 국가법도 마찬가지로 효력을 상실했다. 이렇듯 모든 게 부유하고 있는 상황에서 발간된 대다수의 출판물은 그나마 붙잡아볼 만한 주제들을 외부에서 모색했는데, 역사에 기대는가 하면 아예 역사에서 벗어나 역사적 다양성 속에서도 흔들리지 않을 학문성의 확보를 의도하면서 나름의 이론 구성을 도모했다.

19세기의 전체 독일 법학은 1848년 이후로 더더욱 "현실적인 것", "실증적으로 주어진 것"을 강조하면서 외길로 나아갔다. 아마도 '일반 법률einfaches Gesetz'의 확고함에 대한 믿음 때문일 수도 있고, 물질 속에 숨어 있는 개념의 본질을 보다 더 신뢰하면서 이론적으로 까다롭기 그지없는 철학적 학문실증주의의 확고함을 믿었기 때문일 수도 있다. '보통법gemeines Recht'을 다루는 판덱텐 법학자들Pandektisten[*]은

___

제 프란츠 요제프 1세가 독일제국의 황제 자리를 내놓았고 프로이센의 빌헬름 1세가 독일제국의 황제로 등극했는데, 이 사건을 묘사하고 있다.

[*] 라틴어 *pandéctæ*는 전집, 백과사전, 총람을 뜻하는데, 《시민법대전》의 일부인 《학설휘찬》의 또 다른 이름이기도 하다. 19세기 초에 독일 대학의 법학부에서 과거 유스티아누스 1세 황제가 만든 판덱텐법을 계수하여 로마법을 연구하고 가르쳤던 법학

대체로 역사학파Historische Schule*의 요구로부터 점차 벗어나면서 주로 도그마적인 대상들의 논리적 일관성을 가다듬었다(푸흐타Puchta, 뱅게로프Vangerow, 브린츠Brinz, 베커Bekker, 레겔스베르거Regelsberger, 아른츠Arndts, 데른부르크Dernburg, 빈트샤이트Windscheid). 형법학자들은 보편적이고 독일적이며 법치국가적으로 적확한 법률의 제정을 의도하면서 "명백하고 확실한 개념과 통일된 체계"를 요구했다.[89] 공법학자들 역시 이 같은 시류에 편승해서 이때부터 "순수하게 법학적인 요소들의 분석 및 구성"에 동참하기 시작했다.[90] 여기서 선도적인 인물이 카를 프리드리히 폰 게르버Carl Friedrich von Gerber(1823~1891)이다. 그는 국가권력을 "의지의 힘Willensmacht"으로 이해하면서 거기에서 비롯하는 새로운 시스템을 제안했다.[91]

그는 행정법뿐만 아니라 국가에 관한 역사적·철학적 숙고까지도 뒷전으로 제쳐두었다. 이로써 남는 것은 "아무것도 걸치지 않은 채로 단단한 법학의 뼈대",[92] 즉 독점적으로 지배하는 국가권력, 여러 국가기관, 국가의 여러 기능과 권리 보호뿐이다. 비록 이러한 단면이 보수

자들을 일컫는 말이기도 하다. 이들이 이후 1896년에 독일의 성문 민법전BGB의 제정을 주도하면서, 《학설휘찬》의 편제대로 민법전을 인법人法, 물권법, 채권법, 상속법 등으로 구성했다. 우리의 현행 민법 편제도 대체로 이와 유사하다.

* 법학 방법론에서 19세기 초반에 당시 지배적이었던 합리주의적인 자연법론의 비역사적·추상적 사변과 그것이 내세우는 확고 불변의 법 원리를 입법을 통해 고정화시키려던 절대주의적 권력에 대항하면서 법률학의 혁신을 통해 법률생활의 개선을 도모하려던 학파를 말하는데, 대표적으로 민사법학자인 프리드리히 카를 폰 사비니Friedrich Carl von Savigny가 주창자이다. 역사법학은 법이라는 것이 한 민족이 갖는 문화역사의 변화하는 일부로서 유기적 발전을 이루는 것이며, 역사적으로 규정되어 있다는 점을 중시하여 법률학에서 역사적 연구의 불가결함을 특히 강조했다.

적인 군주제적 신념에 근거한 것이기는 했으나, 그것은 다른 측면에서 교육적으로도 영향을 미쳤다. 이때부터는 비록 유익한 내용이라 하더라도 방법론적으로 불명확하거나 단지 부수적이기만 한 국가학적인 서술 방식은 설 자리를 잃어버렸고, "순수하게 법학적인" 구조를 만들어내려는 시도가 행해졌다.

이런 구조를 만드는 데 필요한 새로운 소재들이 다시 신속하게 마련되었다. 새로운 제국의 건설 그리고 이 새로운 제국의 새 헌법이 열렬하게 환영받았다. 국가법학자들은 논평이나 신문의 기고문 등을 통해 다양한 입장을 쏟아냈다. 이 가운데 가장 중요하고 탁월한 저작은 1864년에 쾨니히스베르크대학의 교수로 임명된 파울 라반트Paul Laband(1838~1918)가 쓴 논문이다. 당시 그는 그다지 알려지지 않은 법역사학자이자 상법학자였다.

라반트는 예산법 관련 논문에서 처음으로 형식적 의미와 실질적 의미로 여러 법률 간의 차이를 분명하게 구별한 후 국가법으로 완전히 관심을 돌렸고, 1872년부터 슈트라스부르크대학에서 강의하면서 기념비적인 저작인《독일제국의 국가법Staatsrecht des Deutschen Reichs》을 저술했다.[93] 1876년에 출간된 이 저작은 당대의 학계를 압도했다. 라반트는 실증적인 헌법에서 출발하면서도 논리적으로 모순 없이 시스템에 적용할 수 있다면 '개념'과 '법 제도'를 형성하는 것뿐만 아니라 유추나 역추론을 통해 법적 흠결을 메우는 것도 가능하다고 보았다. 게르버Gerber와 마찬가지로 라반트 역시 자신의 구상에서 국가권력과 그 기관들로 구성된 "법적인 의사통일체Willenseinheit"를 전제하면서, 그것의 기본 골격을 국적, 통화, 사법 제도, 군사 제도 및 재정 분야에서 빠르게 정립되고 있던 '제국법Reichsrecht'으로 가다듬었다. 이렇게 해서 구조물 내부의 일관성이 입증되어야 하는 전체적으로 번듯한 새로운 구조물이 탄생했다. 이로써 국가법 안에 "법학적 방법론juristische Methode"이 정착되었다.

이미 제1차 세계대전 이전에 이런 유형의 실증주의에 대한 비판이 제기되었다. 역사학파의 마지막 대변자로서 비역사적인 방법론의 "개념법학Begriffsjurisprudenz"에 반대할 뿐만 아니라 시민들을 영조물 국가Anstaltsstaat에 종속된 '신민'으로 축소시키는 데에도 반대한 오토 폰 기에르케Otto von Gierke(1841~1921)가 그들 중 한 명이었다. 다른 이들도 '기본권'에 대한 라반트의 거부감을 질책하면서 그의 개념 세계와 정치 생활이 다르다고 비난했다. 또 다른 이들은 그의 개념 형성이 민사법에서 유추하는 점 또는 그의 저변에 자리 잡은 정치적 지향성을 들어 그를 불신했다. 그럼에도 불구하고 그가 쓴 《제국국가법》은 1918년까지 권위를 유지했으며 방법론적으로는 바이마르Weimar 시대에도 계속 영향을 미쳤다. 그것은 전적으로 비정치적이고 "엄격하게 법학적으로" 개념에서 결론을 추론할 것을 주장하는 국가법학자들이 존재했기 때문이다.

제1차 세계대전이 발발하기 전까지도 국가법학자들 대다수는 세습군주와 재상이 우월한 권력을 갖는 입헌군주정을 추종했다. 공화정을 원치 않은 것처럼 다수에 의해 지지되는 정부가 이끌어가는 의회민주주의도 바라지 않았다. 당시와는 다른 국가를 열망했던 3월혁명 이전의 이른바 "정치적인 교수들"이 더 이상 아무런 감동을 주지 못했다. 사람들은 대체로 만족하는 분위기였다. 이는 법률가들이 성문법을 정치적으로 비판하기는 했지만 형식적으로 규정에 맞게 제정된다면 그것의 법적 효력을 더 이상 의심하지 않는다는 것을 뜻했다.

하이델베르크대학에서 학생들을 가르치던 게오르크 마이어Georg Meyer(1841~1900), 국가법 및 국제법학자 필립 초른Philipp Zorn(1850~1928), 국가법학자 헤르만 슐체 폰 게버니츠Hermann schulze von Gaevernitz(1824~1888), 사회보장법의 선구자인 하인리히 로진Heinrich Rosin(1855~1927), 자유주의적인 교수이자 정치가 알베르트 헤넬Albert Hänel(1833~1918), 튀빙겐과 킬Kiel의 대학에서 강의하던 젊은 국가법 및 국제법학자 하인리히 트리펠Heinrich Triepel(1868~1946)은 제각기 전혀 다른 쟁점들을 다뤘다. 이들의 저술은 방법론적으로뿐만 아니라 내용상으로도 폭넓은 스펙트럼을 보여줬다. '국제법'은 1871년 이후에 다시 큰 관심을 끌었고, '식민지법'과 1883년에 새롭게 생겨난 '노동자보험법'도 주목 받았다. 반면 왕실의 문제를 다루는 '특별사법私法'은 오히려 후퇴했다.

하인리히 트리펠은 혼자서 국가법 및 국제법에 관한 세 권의 기본서를 펴냈다.[94] 이 저작들 모두에서 일부는 법률 개정을 통해, 다른 일부는 "조용한 헌법 변천stille Verfassungswandel"[95]을 통해 제국헌법의 무게중심이 크게 옮겨가는 것이 목도되는데, 결국은 그 틀 속에 머물러 있다고 보았다. 제국이 건설되고 나서 바로 첫해에 이 제국이 제후동맹Fürstenbund인지, 국가동맹Staatenbund인지, 아니면 뮌헨의 국가법학자 막스 폰 자이델Max von Seydel의 의견대로 연방국가Bundesstaat인지를 두고서 논쟁이 벌어졌는데, 시간이 흐른 후 연방국가인 것으로 결론지어졌다. 뿐만 아니라 처음에는 "영혼이 없다"거나 비현실적인 허구라며 비난받아온 논제, 즉 국가가 일종의 법인이라는 논제에 반대하는 목소리 또한 점차 수그러들었다. 이 국가는 의회민주정이 아닌 입헌군주정이었다. 그런데도 제국의회의 정치적 비중이 점점 더 커져

갔다.[96]

그 후 1900년에 출간된 게오르크 옐리네크Georg Jellinek의 《일반국가학Allgemeine Staatslehre》에서 19세기의 이론들이 모두 취합되었다.[97] 여기서는 신칸트주의에 따라 존재Sein와 당위Sollen가 분리되고, 실제적인 측면으로부터는 '국가의 사회학Soziallehre des Staates'을, 규범적인 측면으로부터는 '일반국가법학Allgemeine Staatsrechtslehre'을 이끌어냈다. 한편으로는 국가의 사실성Faktizität을 인정하면서 경험적 사회과학을 배려하고, 다른 한편으로는 규범적 측면을 통해 법의 영역을 보존하려고 했다. 이 법적 측면에서 국가는 공법상의 영역단체Gebietskörperschaft로 등장한다. 즉 국가가 실존하기 위해서는 영토, 국민 및 국가권력이라는 세 가지 요소를 가져야 한다고 보았다. 특히 국가권력이 하나의 사실로서 파악될 수 있으려면 권력에 종속되어 있는 사람들의 정신세계 또한 살펴봐야 한다. 법의 유효성 여부가 인식론적인 현상이 된 셈이다. 즉 어떤 사실은 특정한 상황에서, 특히 혁명 이후에 '규범력'을 발휘한다는 것이다. 이는 외부의 여건에 부합하며, 융통성 있는 이론이기도 했다. 19세기를 거치면서 남겨진 교훈이 비록 강권정치를 통해 내려진 결정이라 하더라도 '수용'이라는 방식으로 법이 될 수도 있다는 주장이다.*

---

* 법실증주의의 입장에서는 불법적인 수단과 절차를 통해 권력을 장악하고 통치권을 행사하는 문제가 일종의 딜레마적인 난제였다. 쿠데타가 대표적인 사례인데, 그 자체로 위법하다고 규범적으로 평가해야 하지만 그렇게 하기 어려운 이론적 곤경에 봉착한다. 그래서 대표적으로 옐리네크는 "기정 사실" 내지 "완성된 사실"을 뜻하는 "뻬타 꼼쁠리fait accompli"를 동원해서, "하나의 사실이 완성되면 그 자체로 규범력을 갖는다"고 궁색하게 설명했다. 우리나라의 경우 과거 김영삼 정부 때 검찰이

이렇듯 옐리네크의 《일반국가학》은 19세기의 입헌군주제에서 곧 수면 위로 떠오를 민주적인 산업사회로 넘어가는 과도기의 상황을 증거하는 것이었다. 합스부르크 왕조시대의 국가에서와 마찬가지로 빌헬름 2세 황제가 다스리는 국가에서도 "군주정의 원칙"은 비록 숨겨진 형태로나마 계속해서 작동하고 있었다. 부르주아적인 입헌국가는 가던 길에서 멈춰 서 있었다. 사람들은 법치국가의 보장만으로도 만족했고, 민족운동은 1871년에 그 목표를 달성했다.[*] 여성 선거권의 확보나 3계급 선거법의 폐지 등과 같이 정치적 참여를 확대하는 데에는 별 관심이 없었다. 많은 이들이 자신의 현재 지위를 위태롭게 하고 싶지 않아 했기 때문이다.

제국헌법에는 기본권 조항이 따로 없었으나 여러 개별 국가의 헌법에는 기본권이 이미 자리하고 있었고, 이 밖에도 중요한 기본권 영역들(언론의 자유, 집회·결사의 자유, 국적)이 여러 일반 법률을 통해 보장되고 있었다. 또한 국가와 사회의 분리가 이론적으로 인정되고 있었기에 공법에서도 사법私法상의 '청구권'에 상응하는 등가물을 마련하라는 압박이 주어졌다. 바로 '주관적 공권subjektives öffentliches Recht'이다. 이것은 사실상 기본권과 유사하고, 법률적 근거가 있다면 이를 앞세워서 소송의 제기도 가능했다.

마침내 1877년에 재판과 관련한 여러 법률—'법원조직법', '민사

12·12군사쿠데타 주모자들에 대한 기소 여부와 관련해서 "성공한 쿠데타는 처벌할 수 없다"며 내린 불기소 결정이 바로 이 이론에 근거한 입장이었다.

[*] 1871년 오스트리아가 배제된 상황에서 프로이센의 주도 하에 "소小독일주의"에 따른 독일민족 최초의 통일이 이뤄졌다.

소송법', '형사소송법', '파산법', '변호사법', '소송비용법'—과 함께 '소송절차법'에서 법적인 통일을 이뤄냈다. 1863년에 바덴을 필두로, 1875년 이후로는 큰 개별 국가들—프로이센, 바이에른, 뷔르템베르크, 오스트리아—에서도 행정재판이 도입되었다. 하지만 제국의 차원에서는 아직 그렇지 못했다. '사회보험법'과 관련한 분쟁에 대해서는 제국보험청에서, 즉 집행부 내부에서 결정을 내렸다. 특별한 노동재판도 아직 존재하지 않았다. 그러나 대체로 많은 이들이 신뢰하고 또한 신뢰받을 만한 "법치국가Rechtsstaat"가 탄생하게 된다. 이는 특히나 사람들의 일상에서 중요한 행정과 사법이 각 개별 국가의 수중에 놓여 있었기 때문이다.

빌헬름 2세 시대의 국가는 황제인 그 자신과 그의 교만하고 즉흥적인 "개인적 통치"에서 촉발되는 여러 불편한 특징들을 지니고 있었다.[98] 제국주의적인 식민지 운동, 군함에 대한 무분별한 애착 그리고 경솔한 처신이 외교적으로도 큰 손실을 가져왔다. 내부적으로는 암암리에 혹은 노골적으로 예술과 문학에 대한 정치적 검열이 행해져서 불만이 들끓었고,[99] 노동계의 대표자들이 정부의 주요 직책에서 계획적으로 배제되는 등 제대로 된 통합이 이루어지지 못했고, 19세기에 유대인들에게 성취되었던 평등과 관용을 다시 파괴하려고 위협하는 반유대주의Antisemitismus가 학계와 정치계에서 차츰 그 위세를 넓혀가고 있었다.

다른 한편으로는 산업혁명이 번영을 가져왔다. 노동자계급도 서서히 여기서 나름의 지분을 갖게 되었다. 노동조합들과 사회민주주의자들이 개혁 노선으로 선회함에 따라 노동투쟁의 날카로움이 무뎌졌다. 노동조합들과 대규모 이익단체들이 서로 대립하고 입법 과정에 영향력을 행사하면서, 국가는 19세기 중반의 자유주의국가에서 점점 더 강하게 행동하는 개입(간섭)국가Interventionsstaat로 변모해갔다. 이제 국가는 사회 정책적 및 경제 정책적인 계기와 함께 소비자를 보호한다는 명분을 앞세워 계약관계에 더욱 개입했고, 금지 사항과 허가유보 사항을 규율했으며, 조세법과 회사법을 통해 조정적으로 나섰다. 은행들이 산업계에 집중적으로 자금을 대면서 카르텔과 트러스트 또한 더욱 확대되어갔다. 입법자들 역시 사법私法과 형법의 모든 차원에서, 특히 자신들의 가까이에 놓여 있는 공법상의 여러 법 형식을 동원하면서 이 같은 발전에 발맞춰갔다.[100]

Theorie

des

Französischen Verwaltungsrechts

VIII.
초기 산업사회의
국가와 행정법

Dr. Otto Mayer,
a. o. Professor in Strassburg.

Strassburg.
Verlag von Karl J. Trübner.
1886.

1. 관점의 전환

독일동맹이 종료되고(1866) 독일제국이 건설된(1870/1871) 이후에도 행정은 여전히 각 란트Land들이 지배하는 영역으로 남아 있었다. 제국의 행정은 매우 느리게 형성되었다. 비스마르크에 의해 처음 설치된 제국관청들은 차츰 완전한 정부 부처로 발전해갔고, 이 정부 부처들은 입법자들을 통해 제국법을 생산해냈다. 이에 상응해서 제국의 법률관보가 점점 더 두꺼워졌다.

각 란트의 행정과 란트에서 생겨나고 있던 법률 잡지들은 이처럼 19세기 후반 서서히 성립되고 있던 행정법에서 학문적인 인큐베이터의 역할을 떠맡았다. 작센에서는 1838년부터 《사법 및 행정 잡지 *Zeitschrift für Rechtspflege und Verwaltung*》가, 뷔르템베르크에서는 1844년부터 튀빙겐을 중심으로 《전체 국가학 잡지*Zeitschrift für die gesamten Staatswissenschaften*》가 발행되었다. 이 잡지의 창간호 서문에서는 "(행정법이) 학계에서 그간 때로 마치 계모처럼 취급받아왔으나, 우리는 그 근본 사상에 주목할 가치가 있을 뿐만 아니라 실생활에도 적용할 가치가 있는 행정법에 특히 관심을 둘 생각이다"고 서술하고 있었다. 바이에른에서는 1851년부터 《행정 실무 잡지*Blätter für administrative Praxis*》가, 바덴에서는 1869년부터 《바덴 행정 및 행정사법*Zeitschrift für badische Verwaltung und Verwaltungsrechtspflege*》이, 프로이센에서는 1879년부터 《프로이센 행정 잡지*Preußische Verwaltungsblatt*》가 발행되기 시작했다. 이들 잡지 모두가 창간될 당시부터 매우 실무 지향적이었다.

대학들에서는 1850년 이후로 '행정법' 강좌가 거의 개설되지 않고 시험 과목에도 포함되지 않았다. 이 때문에 필요한 지식은 실무를 통해서 얻어야 했다. 그러나 "법치국가"라는 표제어 아래에서 행정과 관련되는 특별한 법적인 측면을 파악하는 일이 점점 더 중요해졌다. 이에 따라 뷔르템베르크, 프로이센 및 바이에른의 행정법을 비교하면서 이로부터 여러 일반적인 "원칙들"을 발전시키려는 시도가 뷔르템베르크에서 처음으로 행해졌고, 결국 이 원칙들이 "행정법 총론 Allgemeiner Teil"으로 성장해갔다.[101]

행정이 행해지는 곳이면 어디서든 유사한 원칙들과 도그마적인 기본 형태가 있을 수밖에 없다. 그 기본 형태가 시민의 권리를 침해하는 일방적인 고권 작용, 즉 '행정 행위*Verwaltungsakt*'이다.[102] 뷔르템베르크뿐만 아니라 특히 바이에른에서도 일찍부터 '헌법*Konstitutionsrecht*'과 '관리법*Administrativrecht*'을 구별하는 가운데 독자적인 행정법 교과서들이 출간되었다(모이E. v. Moy, 푀츨J. Pözl, 자이델M. v. Seydel).

지역적인 특수성을 고려하지 않는다면, 1850~1895년에 행정법과 행정법학이 형성되는 과정에서 몇몇 일반적 특징들을 확인할 수 있다. 행정법이 다뤄온 본래의 영역이 근대 초기의 "치안법규들Policey-ordnungen"인데, 그것은 공동체 내부의 생활영역을 명령, 요청 또는 금지의 형식으로 규율하기 위해 관헌 당국에 의해 제정되었다. 공동체가 "질서정연하고", "편안한 삶"을 영위하려면 신민들이 보호되고 또한 통제되어야 한다고 여겨졌다. 이때 어떠한 법 형식이 사용되는지는 그저 부차적인 문제일 뿐이었다. 어떤 형식이든 그 모든 것들이 결국은 주권자가 명령하는 권력으로부터 비롯하는 것이기 때문이다. 규율되고 있는 소재들, 여기에 동원되는 법뿐만 아니라 관련 실무 분야와 학문 분과는 여전히 서로 밀접하게 연관되어 있었다.

18세기와 19세기에 학문 분야가 점점 전문화되면서 '국가학' 내부에서도 '치안학', '국고國庫학', '재정학' 등 여러 개별 분과들이 형성되었다. 법도 마찬가지로 이러한 분과 중 하나였는데, '치안법Policey-recht'에서 '관리법Administrativrecht'으로 다시 '행정법Verwaltungsrecht'으로 바뀌어갔다.

헌법운동과 함께 당시에 막 국가로부터 정치적·경제적으로 독립하기 시작한 사회의 관심이 도달하려는 종착지는 "법치국가" 요구였다. 구체적으로 말하면, 행정기관은 법이 정하는 바에 따라 행위해야 하고 그 범위 안에서는 법원의 통제를 받아야 한다고 보았다. 독일에서는 오랜 논쟁을 거쳐 1863년부터 공법에 특화된 법원으로 행정법원을 설치하기로 결정되었다.

실체적인 행정법의 모습이 차츰 구체화되고 행정재판이 행해지자, 실체법인 행정법과 행정재판이 서로 교류하면서 일종의 시너지 효과를 불러일으켰다. 대학에서도 1865~1885년에 '행정법' 강좌가 개설되기 시작하고 관련 교과서들도 집필되었다. 저자들은 우선《국가법 Staatsrecht》교과서의 제2권을《국가행정법Staatsverwaltungsrecht》으로 명명하면서 여기에 '행정법'을 덧붙이고, 부처 관할 원칙에 따라 여러 소재를 분류한 후 여러 행정 부처의 규정들을 한눈에 알아볼 수 있게끔 개요를 작성했다.

다뤄야 하는 소재가 많아질수록 관련 자료들을 법적으로 기속적인 요소와 도그마적인 기본 형태로 구별하면서 재구성해야 할 필요성이 시급하게 생겨났다. 이렇게 해서 별도로 책의 앞부분에 자리 잡은 "총론"이 만들어졌다. 이렇게 되기까지 법실증주의와 함께 "엄격하게 법적인" 절차가 적용되고, 먼저 본보기가 된 민사법의 영향 그리고 1850년 이후로 본격화된 탈정치화가 관념적인 배경으로 깔려 있었다.

행정에서 법적인 요소들을 추려내면서 그 결과로 '치안학Polizei-wissenschaft'과 '헌법Verfassungsrecht' 교과목과의 연결고리가 떨어져 나가게 된다. 이때부터 비법학적인 교과목인 '치안학'은 '행정학'이라는 이름을 새로이 얻고, 헌법은 나름의 고유한 정체성 차원에서 법치국가와 권력분립에 관한 원칙만을 획득할 수 있었다.

2. 주요 저자들

그동안 앞에서 서술한 과정에서 벌어진 여러 개별적인 국면에 대해 많은 연구가 행해졌다. 훗날에는 거의 잊혔지만 선구자의 역할을 떠맡은 프리드리히 프란츠 폰 마이어Friedrich Franz von Mayer가 단연 두드러졌다. 1857년 그는 공통되는 "원칙들"을 찾아내기 위해 프로이센, 바이에른, 뷔르템베르크의 행정법 규범들을 비교하는 작업을 수행했다.[103] 이 작업은 가브리엘 뒤푸Gabriel Dufour가 도합 7권으로 저술한 《행정법에 관한 일반계약Traité général de droit administratif》(1854~1857)의 제2쇄가 출간된 것과 거의 같은 시기에 이루어졌다. 국가법적으로 분열되어 있던 당시 독일에서는 중앙집권적인 표준에 따라 쓰인 이 저작을 그저 감탄하면서 바라볼 뿐이었다. 그 후 1870년에서야 처음으로 역사와 비교법 중심으로 간략하게 서술된 《행정법 Verwaltungsrecht》[104]이 출간되었고, 1875년에는 예나대학의 공법학자 게오르크 마이어Georg Meyer가 행정학과 행정법을 분리할 것을 요청하면서 "이 소재들을 법학적으로 가다듬고, 행정법상의 기구들을 법학적으로 구성해야 한다"고 제안했다.[105]

1881년 '행정법'이 프로이센의 대학들에 필수과목으로 도입되자 게오르크 마이어(1883), 오토 자르바이Otto Sarwey(1884), 에드가르 뢰닝Edgar Loening(1884), 카를 슈텡겔Karl Stengel(1886)이 저술한 총서들이 잇달아 출간되었다. 이 책자들은 법학적인 요소들에 더욱 초점을 맞춰야 한다는 데에는 의견을 같이하면서도, 기존의 국가학적인 서술 방식에서 얼마만큼 벗어나야 하는지, 민법에서 실제로 사용되고 있는 "구성적 방법론"이 행정법에서 어떠한 실질적 가치가 있는지를 두고는 서로 의견을 달리했다.[106]

1886년에 《프랑스 행정법 이론Theorie des französischen Verwaltungsrechts》을 출간한 슈트라스부르크대학의 오토 마이어Otto Mayer 교수가 이제 독일에도 동일한 과제가 주어졌다고 바라본 것은 바로 이러한 발전 과정에 내재된 논리성 때문이었다. 그는 같은 학과의 동료인 파울 라반트Paul Laband 교수가 제국법에서 이룩한 성취를 프랑스(그리고 이탈리아)를[107] 본보기 삼아 건설적으로 이행한다면 행정법에서도 성공할 거라고 보았다. 행정 실무를 잘 알고 있던 오토 마이어는 직접적이고 능숙한 표현을 구사하면서, 특히 계속 반복되는 기본 유형들을 개념화해냈다. 그는 시민들에게 "무엇이 그들에게 올바른 것인지"를 말해주는 국가의 법 형성적 명령인 행정 행위를 정점에 갖다 놓았다. 또한 그는 공공의 사용Gemeingebrauch과 특별한 사용Sonder-nutzung, 일반권력관계와 특별권력관계 그리고 단체, 재단 또는 영조물 인지 그리고 조세, 사용료 또는 부담금 등을 구별하는 일을 가장 기초적인 작업으로 파악했다. 반면 고유한 공적 재산을 정립하려는 마이어의 노력은 실패로 돌아갔고, 국가가 시민과는 "계약을 맺어서는 안 된다"고 여기면서 공법상 계약에 대한 그의 저항도 마찬가지로 끝내 무산되었다. 그럼에도 불구하고 지난 1970년대까지 마이어의 구상과 얼마나 거리를 두어야 하는지가 논란될 만큼 그는 전체적으로는 나름 성공을 거두었다.[108] 또한 그는 카를 코르만Karl Kormann, 파울 쇤Paul Schoen, 발터 옐리네크Walter Jellinek, 리하르트 토마Richard Thoma, 오트마르 뷜러Ottmar Bühler, 오토 쾰로이터Otto Koellreutter 등과 같은 동시대의 인물들에게도 영향력을 크게 미쳤다. 스위스의 프리츠 플라이너Fritz Fleiner와 스웨덴의 카를-악셀 로이터스키욀드Carl-Axel Reuterskjöld를 통해 그의 이름은 외국에서도 명성을 떨쳤다.

이렇듯 인정받는데도 불구하고 그가 역사와 행정학을 배척하고, 시민이 아니라 그저 명령의 수범자인 '신민들'만을 인식하는 지극히 고권高權 중심적인 편향적 시각을 지녔고, "개념법학Begriffsjurisprudenz"*

---

* 사비니Savigny로 대표되는 "역사법학"을 보다 체계화한 것이 "개념법학"이다. 법을

을 신봉한 것에 대해서는 전반적으로 반대 의견이 제기되었다. 개념법학에 대한 문제 제기는 예링Jhering이 민사법에서 "법의 내부에 놓여 있는 목적"을 핵심으로 부각시킨 이래로, 또한 "자유법학파Freirechts-schule"*가 등장하고 "이익법학Interessenjurisprudenz"**을 지지하는 이들이 늘어나면서부터는 민사법학에서도 마찬가지였다. 이러한 움직임의 배후에는 완전히 새로운 권력관계와 종속성을 갖추고서 스스로 발전하는 산업화된 대중사회가 자리하고 있었다. '노동법', '사회법', '단체법', '회사법', '산업법'과 '과학기술법'이 발전하는 가운데 현실과는 상당히 동떨어진 것처럼 보이던 "구성법학Konstruktionsjurisprudenz"을 다시 역사적·경제적 및 정치적 역동성과 결합시키는 일이 점점 더 시급해졌다. 그러나 이러한 경향들이 이제 막 건축된 '행정법'이라는 구조물을 근본적으로 뒤흔들지는 못했는데, 적어도 제1차 세계대전

하나의 자기완결적인 체계로 보고 법과 법학의 자율성을 강조하면서 법의 배후에 놓여 있는 윤리적·정치적·경제적 고찰을 배제하고, 기존 법규범의 이론적 조작을 통해 완결적인 법해석이 가능하다고 보는 견해다. 개념법학은 이러한 형식성·체계성과 더불어 분쟁 해결에 관한 예견 가능성을 높여서 그 중립성을 유지하는 데 공헌했다. 하지만 다른 한편으로는 법과 법 해석이 사회적 현실에서 유리되는 결과를 초래했다고 비판받는다.

* 오이겐 에를리히Eugen Erlich에 의해 처음 주창되었는데, 그간 풍미해온 법실증주의, 특히 개념법학의 "법률만능주의"를 비판하면서 법의 불완전성과 사회의 진보 발전에 따른 법의 적응성을 강조한다. 이런 관점에서 자유법은 실정법의 속박에서 벗어나 "자유로운 법 발견"과 "법 창조"를 주장한다. 헤르만 칸토로비치Hermann Kantorowicz가 저술한 책《법학을 위한 투쟁》이 특히 유명하다.

** 이 역시 개념법학에 대한 비판 과정에서 형성되었는데, 법을 사회 내 여러 이익들의 산물로 보고 법의 해석도 이렇듯 법의 배후에 놓여 있는 여러 이익을 고려하여 행해져야 한다고 주장한다. 필립 헥Philipp Heck이 이 입장을 대표하는 학자다.

이 발발하기 이전까지는 그러했다.

1914년 8월 1일이 실질적인 변곡점이 되었다. "좋았던 옛 시절"이 끝나고, 1899년과 1907년의 헤이그 평화협정에서 축배를 든 고전적인 국제법의 시대가 막을 내렸다. 전쟁은 그동안 힘들게 이룩해온 여러 경계를 허물어버렸을 뿐만 아니라 프로파간다, 국민경제 그리고 무기기술을 서로 겨루는 대결장이 되었다. 1914년 8월 4일에 공포된 '수권법Ermächtigungsgesetz'과 함께 위임에 의한 문민독재와 군사독재가 시작되었다. 문민독재와 군사독재는 도합 825개의 "연방참사원훈령들Bundesratsverordnungen"을 통해 연방에 속하는 개별 란트들을 다스렸다. 반면 의회 입법은—군주 자신도 마찬가지로—그 의미를 상실해버렸다. 또한 개별 란트들에서는 사법私法인지 공법公法인지를 거의 구별할 수 없을 만큼 시시콜콜 규율하는 '전시행정법'이 압도하고 있었다. 1880년대 이후로 처음 물꼬가 트이기 시작한 일들이 전쟁이 압박하는 시대 상황 속에서 초고속으로 진행되었다. 부르주아적인 계급사회는 산업화된 대중사회로 변모했고, 이와 더불어 국가법과 행정법도 변화했다.

국제법과 마찬가지로 전쟁으로 인해 감당하기 힘든 많은 문제에 직면한 국가법학과 행정법학의 실제적인 중요성 또한 크게 증대되었다. 의회제 시스템으로의 전환, 프로이센의 '3계급 선거법'의 폐지, '전시국가긴급권'으로 인한 법치국가 및 자치행정의 위기 그리고 행정법 규범들의 증가는 그나마 그럭저럭 학문적으로 처리할 수 있었다. 전쟁이라는 사건 자체, 특히 1915년에 국제법을 위반하면서 영국 여객선 루시타니아호를 격침시킨 잠수함 전쟁은 제도화된 국제법 연구와 논의가 부족하다는 사실을 여실히 드러냈다.[*] 바이마르 공화국의 학계 내부에서 보인 반응, 예컨대 교육 과정에서 '국가법'과 '행정법'을 더욱 강화하거나 해당 교수자리를 더 늘리고 킬과 베를린에 국제법연구소를 설립한 것은 대부분 세계전쟁에서 얻은 여러 경험에서 비롯한 일이었다.

---

* 1915년 5월 7일에 아일랜드 남쪽 해상에서 독일 잠수함의 어뢰 공격을 받은 영국 선적의 여객선 루시타니아호가 침몰하여 123명의 미국인을 포함해서 약 1,200명의 승객과 선원들이 사망했다. 이 사건은 당시 전 세계에 큰 충격을 안겨줬다. 여태껏 국가 간의 전쟁에서 일반 승객들을 태운 비무장 민간여객선을 공격한 적이 없었던 까닭이다. 이 사건은 그때까지도 줄곧 중립 정책으로 일관해오던 미국이 제1차 세계대전 참전을 결정한 계기가 되었다고 알려져 있다.

IX.

바이마르헌법 시대의
국가법학과 행정법학

1. "국민주권"의 등장

1918년의 혁명은 19세기의 입헌군주정 시대를 마감하고 국민주권을 새로운 공동체의 정당성 근거로 자리매김했다. 이러한 변화는 제국과 각 란트Land에서 거의 동시에 일어났다. 기존의 것들은 모두 폐기해야 할 대상이 되어버렸다. 제국의회는 선거법을 새로이 손봐야 했고 (이로써 최초로 여성들에게도 선거권이 인정된다), 연방국가의 구성, 제국의 차원에서 활동하는 개별 란트의 대표성 문제, 제국의 최고 권력을 하나로 또는 이중—수상, 대통령—으로 할 것인지의 문제, 란트에서 군주의 교회 지배 문제,[109]* 공직 제도와 군대의 편성 문제 등을 해결

---

* 'Summepiskopat'로도 불리는 군주의 교회 지배는 개신교 신자인 영주가 자신의 통치 영역 안에서 최고 서열의 대주교를 동시에 맡아온 상황을 뜻하는데, "그의 왕국에, 그의 종교cuius regio, eius religio" 원칙과 함께 모든 신민에게는 자신들이 속한 지역의

해야 했다. 제국의 내부에서는 새로운 '통합'을 이뤄내야 했고, 외부적으로는 전쟁 패배와 이에 뒤따른 베르사유 조약상의 내용을 이행해야 했다. 한편으로는 제국 내부의 막중한 정치적 문제들이, 다른 한편으로는 전쟁 책임과 배상 요구로 인한 부담이 과도기를 더욱 힘들게 만들었다.

반면 이러한 전환은 직업공무원단, 사법 및 군대가 변화에 저항하지 않고 나름 충실하게 협력해야만 비로소 가능한 일이었다. 1871년에 설립된 독일제국의 기존 공직자들을 그대로 유지하자는 데에는 아무런 이견이 없었지만, 국가 형태는 근본적으로 바뀌어야만 했다. 1918년/1919년 겨울부터 그 이듬해 여름까지의 시기에 베를린에서 멀리 떨어진 고전적인 도시 바이마르에서 새로운 헌법이 제정되면서, 즉 8월 14일에 "바이마르제국헌법Weimarer Reichsverfassung"이 발효되면서 이러한 변화가 생겨났다.

자유주의적이고 좌파적인 국가법학자 후고 프로이스Hugo Preuß (1860~1925)가 기초한 최초의 헌법 초안과 관련하여 여러 정당과 란트, 특히 프로이센 측에서 여러 중간국가Mittelstaat*들로 분열되는 데 대해 반대하면서 이해관계가 복잡하게 얽혀 있는 소용돌이 속으로 휩쓸려 들어갔다. 애당초 계획한 단일국가 대신에 또다시 프로이센이 강력한 힘을 갖는 연방국가föderativer Bundesstaat가 되고, 제국 대통령

영주가 선택한 종교를 갖게끔 강제되었다. 이 상황은 1918년에 끝났다.

* 이는 달리 '중간권력'으로도 불리는데 소국으로 분류되기에는 영토와 영향력이 다소 크고, 영토 권력 내지 거대 권력으로 분류되기에는 영토가 너무 작고 취약한 국가를 뜻한다.

은 강력하고 무기한으로 지속될 수 있는 국가긴급권을 보유하면서 사실상 "대리 황제Ersatzkaiser"가 되고, 제국 수상은 의회에 책임지는 정부를 이끌어가게 되었다.

특히 기본권과 기본 의무 목록이 탄생했다. 이는 1848년에 프랑크푸르트의 파울교회Paulkirche에서 제정된 헌법을 주로 본보기로 삼은 것이었다. 헌법은 노동운동과 관련해서는 사회복지프로그램과 노동자들의 기업의 경영상 결정 과정에의 참여를 담고 있고, 교회에게는 자율권과 민족교회Volkskirche*에 대한 어느 정도의 특권과 물질적 보장을 약속했다. 이는 전체적으로 납득할 만한 타협으로 보였다. 물론 여기에는 "지연을 의도하는 형식적 타협"도 포함되어 있었다.

그러나 바이마르헌법이 실제로 작동한 기간은 겨우 10년 남짓이었다. 1923년의 첫 번째 위기**를 간신히 극복한 후 1929년에는 의회주의적인 정부 운영이 종료되고, 수상—브뤼니히Brünig, 폰 파펜v. Papen, 폰 슐라이허v. Schleicher—이 대통령과 공동으로 통치하는 위기정부Notstandsregime 체제로 넘어갔다. 바이마르헌법이 지닌 구조적인 결함에 대해서는, 그것이 실제로 그러했는지 아니면 그저 침소봉대의 주장에 불과한지는 잘 모르겠지만, 제반 여건들이 좀 더 유리했다면 충분히 제거될 수도 있었을 법하다. 그리고 아마도 제국에 반드

---

* 오늘날 해당 국가의 국민 대다수가 속해 있는 교회를 뜻하는데, 독일에서는 개신교회와 로마가톨릭교회가 이에 해당한다. 보다 엄밀하게는 개개 시민들이 자신의 결정과는 무관하게 세례를 받고, 민족 귀속성에 따라 속해 있는 교회를 뜻한다.
** 전쟁배상금 지급을 위한 화폐 발행 및 통화량 증가로 인해 하이퍼인플레이션 Hyperinflation을 동반했던 경제 위기를 말한다. 1921~1923년 동안 시중의 물가가 무려 10억 배나 올랐다고 한다.

시 필요한 개혁도 이뤄냈을 것이다. 그러나 의회민주주의와 경제적 자유주의에 대한 신뢰가 정치적으로 그리고 지식인들 사이에서도 사라져버렸다. 극우나 극좌의 세력들에게 휘둘리는 대중뿐만 아니라 사회지도층들 역시 "(바이마르)체제"에 반대하기는 매한가지였다.

2. 국가법학의 역할

새로운 헌법이 등장하면서 국가법학에도 많은 과제가 주어졌다. 세습 군주정 시절에 교육을 받은 까닭에 공법 교수들은 사회적 갈등 위에 군림하면서 초당파적으로 대표되는 강력한 국가를 옹호했다. 따라서 군주정이 막을 내린 후 이들에게는 국민이 직접 선출한 대통령이 유일한 해답이었다.

국가법학자들은 정당들이 의회의 바깥에서 공적인 의사 형성에 개입하는 것을 비판하면서, 공무원은 "특정 정당이 아니라 전체의 봉사자여야 한다"고 정하고 있는 새로운 헌법의 제130조를 강조했다. 정치적으로는 "독일민족주의"와 "민족자유주의"의 스펙트럼 안에서 움직이던 이들 공법학자는 사회민주주의적인 성향이지만 해당 정당에 가입하는 경우는 거의 드물었다(프리츠 슈티어-좀로Fritz Stier-Somlo, 헤르만 헬러Hermann Heller, 에른스트 프랭켈Ernst Fraenkel, 오스트리아에서는 한스 켈젠Hans Kelsen). 그러나 수적으로 다수인 보수주의자들은 "법을 정당화하는 혁명의 힘"으로 새로운 질서가 유효하게 형성되었다고 확신하고 있었다. 심지어 혁명의 옹호자들을 "11월의 범죄자"라며 흉보고 강의실에서 새 제국의 국기 색깔—흑색, 적색, 황색—에 대해

비아냥거리는 이들조차도 바이마르의 국민의회Nationalversammlung에서 의결된 새 헌법의 효력을 부인하지는 않았다. 국민의회가 국가권력을 실제로 장악하고 있고, 공식적인 절차를 거쳐 소집된 국민의회의 결정으로 헌법전의 조문들이 의결되었기 때문에 (규범의) 수범자들이 이 헌법을 받아들이기만 하면 그것으로 충분했다. 이후 "진정한 헌법"을 앞세워서 헌법전의 문구나 그 안에 깃든 헌법정신을 상대화하려는 일련의 시도들이 있었지만, 결국 아무것도 바꾸지 못했다.

국가법 교수들은 새로운 토대 위에서 최초의 교과서와 주석서를 집필했다. 이 주석서들 가운데 하이델베르크대학의 국가법학자 게르하르트 안슈츠Gerhard Anschütz(1867~1948)가 저술한 《제국헌법 주석서》가 출간된 후 빨리 두각을 나타냈다. 이 책은 1933년까지 무려 14쇄를 제작하면서 위세를 떨쳤다.[110] 안슈츠는 1926년부터 점점 더 크게 목소리를 높여가던 반실증주의에 저항하고 헌법과 공화국을 옹호했다. 안슈츠는 과거 하이델베르크대학에서 동료였고 자신과 마찬가지로 의회민주주의 신봉자였던 리하르트 토마Richard Thoma[111]와 함께 1930년/1932년에 바이마르 공화국의 전체 국가법을 《독일 국가법 편람Handbuch des Deutschen Staatsrechts》이라는 두 권의 책으로 정리했다.[112] 여기에 노동법학자인 한스 카를 니퍼다이Hans Carl Nipperdey (1895~1968)가 주도하여 저술한 주석서 《제국헌법상의 기본권과 기본의무Die Grundrechte und Grundpflichten der Reichsverfassung》를 추가하면,[113] 바이마르 시대의 실정적인 국가법 및 헌법에 관한 모든 언술이 거의 집대성되었다고 해도 과언이 아니다.

3. 베르사유 조약과 제국 내부의 통합

제국 내부의 정치와 국제법은 "베르사유 조약"을 중심으로 돌아가고 있었다. 전승국들이 요구하는 그대로를 담은, 마치 "받아쓰기"와도 같았던 굴욕적인 이 조약은 모든 이들의 심기를 불편하게 만들었다. 전승국들은 새로이 탄생한 국제연맹에서 독일을 배제한 채 독일을 에워싸고 있는 벨기에, 프랑스, 덴마크, 폴란드 및 체코슬로바키아와의 국경 주변 영토 변경을 확정하고 오스트리아의 독일연방 가입 또한 금지했다. 독일의 이전 식민지들은 국제연맹에 가입하고, 독일을 무장해제한 후 다소 미확정된 액수로 엄청난 전쟁배상금을 부과했다. 특히 국제연맹 규약 제231조에서 "전쟁에 대한 채무"를 명시했다.

1917년 이래로 자체 협회를 조직하고 당시에 이미 두 곳—킬Kiel, 베를린Berlin—이 넘는 연구소를 운영해온 독일과 오스트리아의 국제법학자들은 베르사유 조약을 논평하고, 영토 관련 문제들, 국민투표, 소수자 보호 및 전쟁배상금 문제를 다룬 관련 문건들을 발간했다. 이들이 추구하는 기본 노선은 자신들의 입장을 강화하고, 당시 학계에까지 영향을 미치고 있던 국제사회의 배척적인 분위기를 극복할 수만 있다면 어떤 일이라도 해야 한다는 것이었다. 이렇듯 공감대를 형성하면서도 이들은 "독일민족주의적인"(악셀 폰 프라이타흐-로링호펜Axel von Freytagh-Loringhoven, 에리히 카우프만Erich Kaufmann, 하인리히 트리펠Heinrich Triepel) 입장과 "평화주의적인"(발터 쉬킹Walther Schücking, 한스 베에베르크Hans Wehberg) 입장 등 다양한 의견을 견지하고 있었다. 두 차례 세계대전의 중간 시기에 전체 사회가 그랬던 것처럼, 민족주의적인 논조 쪽에 보다 더 무게가 실렸다.

국가법에서 영토의 통일은 그다지 큰 문제로 다뤄지지 않았다. 독일의 영토가 상실된 것은 맞지만, 1945년 이후처럼 분단된 것은 아니었기 때문이다. 오히려 제국 내부의 통일이 보다 더 중요한 문제로 다뤄졌다. 단일국가가 성립하거나 프로이센이라는 강력한 블록이 해체된 것은 아니지만, 1871년 체제와 비교해볼 때 제국과 란트들 간에 힘의 배분에서 제국 쪽으로 무게중심이 옮겨갔다. 그러나 라인란트와 팔츠에서 분리주의 운동세력이 소요를 일으키고, 바이에른에서는 히틀러의 쿠데타Hitler – Putsch* 그리고 튀링겐과의 충돌이 있었으며, 1932년 7월 20일에는 프란츠 폰 파펜Franz von Papen 수상 측이 프로이센 정부를 위헌적으로 강제 해체시키는 이른바 "프로이센 타격 Preußen – Schlag"**이 벌어졌다. 이 사건들은 이후 권력이 나치주의자들에게로 넘어가는 멍석을 깔아준 셈이 되었다.[114] 국가법학은 이 모든 사건에서 때로는 경고하고, 때로는 중재하면서 나름 목소리를 내기는 했지만 결정적인 무게감이 없었다. 국사재판소Staatsgerichtshof의 관련 재판에서 제국정부와 프로이센뿐만 아니라 국가법학자들도 서

* 나치당(독일국가사회주의노동자당)의 아돌프 히틀러 등이 주도했으나 불발로 끝난 쿠데타를 말한다. 당시 히틀러는 바이에른의 뮌헨에서 폭동을 일으켜 권력을 잡으려 했지만 군부의 반대로 실패했다. 이 사건은 "뮌헨 폭동"으로도 불린다.
** 1871년에 프로이센이 주도한 최초의 독일 통일이 있었고, 바이마르 공화국에서도 프로이센은 여전히 가장 강력한 란트 중 하나였다. 이후 줄곧 제국정부와 프로이센 간의 갈등 국면이 이어지다가, 제국정부가 1932년 7월 20일에 힌덴부르크 대통령의 긴급명령권 행사를 통해 당시 사회민주당이 장악하고 있던 프로이센 정부를 무력화하는 조치를 취했다. 이로써 바이마르 공화국의 연방주의적인 구조가 약화되고, 이후 히틀러가 제국 수상에 취임하면서 비교적 손쉽게 중앙집권적인 권력 장악이 가능했다고 평가된다. 이 사건은 "프로이센에서의 쿠데타"로도 불린다.

로 대립했다. 제국 편에는 카를 슈미트Carl Schmitt, 에르빈 야코비Erwin Jacobi, 카를 빌핑어Carl Bilfinger가, 프로이센 편에는 아르놀트 브레히트Arnold Brecht, 게르하르트 안슈츠Gerhard Anschütz, 헤르만 헬러Hermann Heller가 자리하고 있었다.

보다 시급한 문제는 갓 출범한 이 젊은 공화국을 "내부적으로 통합"하는 일이었다. 사회는 분열되고 지향점을 잃어버린 것처럼 보였다. 전쟁이 발발하면서 노동운동은 분열되었고, 사회민주주의자들이 제국과 프로이센을 통치하는 동안 공산주의자들(USPD, KPD)은 계급투쟁을 맹세했다. 1923년 발생한 인플레이션으로 인해 경제적 타격을 입은 시민계급은 좌우의 극단주의뿐만 아니라 정당과 이익단체라는 새로운 권력에 의해 국가의 실체가 해체되지나 않을까 크게 우려했다. 내각의 불안정은 정부와 제국의회의 행위 능력에 대한 그간의 신뢰를 무너뜨렸다.

헌법에서 "국가권력은 국민으로부터 나온다"고 간명하게 밝히고 있지만(바이마르헌법 제1조 제2문), 국가권력을 국민주권과 재결합하는 작업은 여러 갈래로 나뉘었다. "전체 독일 국민에 의해 선출된" 제국대통령(바이마르헌법 제41조 제1항)은 독자적인 정당성을 보유하고, 국가위기 시에는 독재적 권한까지 보유하고 있었다(바이마르헌법 제48조). 그리고 제국의회 의원들 역시 "전체 국민의 대표자"였다(바이마르헌법 제21조 제1문). 제국참사원 의원들은 각 란트의 선출을 통해 간접적으로 정당화되었다(바이마르헌법 제63조 제1문). 제국의회 말고도 법률에 대해 "국민투표"를 할 수 있는 여러 방법이 있었다(바이마르헌법 제73조). 또한 선거를 통해 나름의 정당성을 갖춘 각 란트의 정부도 위기 시에 독재적인 조치를 취할 수 있었다(바이마르헌법 제48조 제4항).

즉 반드시 그 내용이 시민들의 의사에 부합하지는 않더라도 국가권력을 행사할 수 있는 가능성이 전체적으로 많이 주어져 있었다. 국가와 사회가 서로 충분히 관계를 맺고 있지 못한 때문이었다. 민주적인 여러 기구의 기능화에 대한 신뢰가 반드시 필요했지만, 느리게 성장하는 그 기구들을 신뢰하는 데 필요한 역사적 축적은 너무도 빈약했다. 1932년 힌덴부르크 대통령의 독재가 시작되었을 때 "내적인 통일"의 가능성은 결국 물 건너갔다.

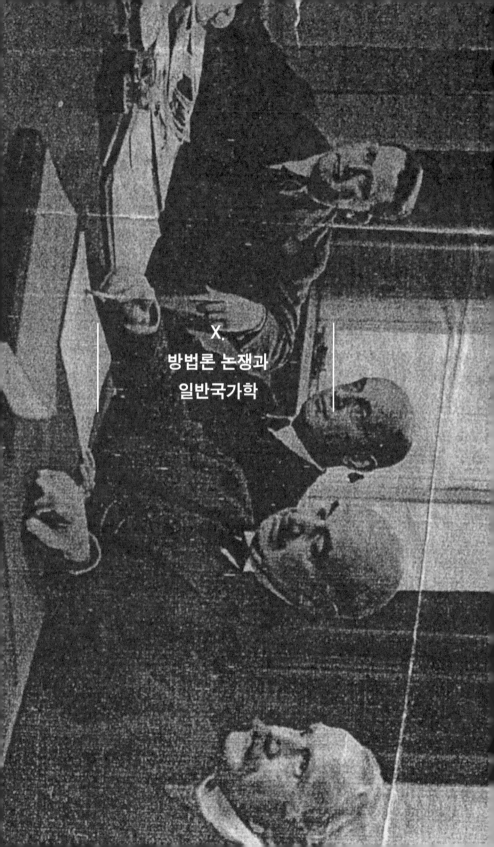

X.

방법론 논쟁과
일반국가학

1. 저변의 동요

1923~1929년 바이마르 공화국은 중대한 위기를 겪는다. 인플레이션, 히틀러 쿠데타 그리고 라인란트의 위기*가 1923년을 내내 어지럽혔다. 1929~1932년에는 세계 경제 위기와 의회제 시스템의 중단 그리고 프로이센에 대한 제국정부의 쿠데타가 잇달았다. 이에 따라 국가법학도 함께 동요했고, 새로운 이론적 기반을 찾아 나섰다. 국가를 하나로 묶어두는 것이 대체 무엇이며, 앞으로 어떻게 발전해갈 것인가 하는 물음들과 마주했다. 이는 정치적 생존 방식을 둘러싼 논쟁이

---

* 제1차 세계대전이 끝난 후 전쟁배상금 지불을 두고 연합국 측과 독일은 내내 실랑이를 벌였다. 급기야 1923년 1월 11일 벨기에와 프랑스 군대가 독일의 최대 탄광 지역인 루르 지역을 무력으로 점령하고 돈 대신에 현물로 석탄을 직접 가져가려고 시도했다. 이에 독일 정부가 소극적 저항을 결정하고 루르 지역의 정당 및 노동조합들과 연계해서 점령군에 저항하는 파업 등을 촉구하게 된다. 라인란트의 위기는 이 같은 움직임을 통해 불거졌던 사건을 뜻한다.

었고, 마치 거기에 생사가 걸린 양 진지하고 열정적으로 논구되었다.[115]

이미 1914년 이전부터 국가법에서 실증주의가 팽배한 데 대한 불만의 목소리가 제기되어왔다. 정치·경제적 및 역사적 요소를 공식적으로 배제해온 그간의 행태가 비판받았다. 이를 방법론상으로 뒤에서 몰래 다루기보다는 오히려 공개리에 통합하여 관련 논의로 끌어들이는 게 낫다고 여겨졌다. '헌법 관습법'과 "조용한 헌법 변천stiller Verfassungswandel"도 법실증주의로는 파악하기 어려워 보였다. 문제는 이뿐만이 아니었다. 이제는 산업사회와 대중사회의 도래를 몸으로도 확실히 느낄 수 있었는데, 이는 정치·경제뿐만 아니라 정신과학에서도 전체 상황을 변화시켰다.

철학에서는 세기 전환기의 신칸트주의가 지속되고는 있었으나, 이미 오래전부터 여러 새로운 학파들이 등장했다('현상학', '실질적 가치윤리학', '실존철학'). 저명한 창시자들을 통해 '사회학'과 '법사회학'이 생겨나기도 했다(막스 베버Max Weber, 게오르크 짐멜Georg Simmel, 페르디난트 퇴니스Ferdinand Tönnies, 베르너 좀바르트Werner Sombart, 오이겐 에를리히Eugen Ehrlich). 19세기에 거의 쇠잔해진 정치 관련 학문 또한 새로운 중흥기를 맞이했다. 새로운 '사회사'가 고전적인 '정치사'와 '이념사'의 퇴출을 시도하면서 역사학계가 이른바 "역사가 논쟁Historikerstreit"(카를 람프레히트Karl Lamprecht)*에 휘말려들었다. 19세

---

* 1890년 이후 독일 역사학계에서 불거진 방법론 논쟁을 말한다. 카를 람프레히트Karl Lamprecht는 총 12권으로 구성된 대작 《독일 역사Deutsche Geschichte》에서 "문화사와 경제사가 우선이고, 정치사와 인물사는 부차적이다"라고 주장했는데, 이에 대해 다

기의 역사주의가 한계에 부딪힌 것이다.

그 주변에서는 진지함과 예언을 빙자한 온갖 주장들이 난무했다. 오스발트 슈펭글러Oswald Spengler가 쓴 《서구의 몰락》(1919)은 모든 걸 탐욕스럽게 먹어치우고는 우울해진 당시의 사회 분위기를 확산시켰다. 이와 동시에 친독파 인사이자 반유대주의자인 영국인 휴스턴 스튜어트 체임벌린Houston Stewart Chamberlain(1855~1927)이 저술한 《19세기의 토대》(1899)가 큰 호응을 얻었다. 예언자 또는 구원자를 자칭하는 이들이 도처에서 넘쳐나고 정치의 언저리에서 코뮌, 정치적 투쟁결사체 및 혁명공동체들이 마구 설립되던 시기였을 뿐만 아니라, 학교와 사회의 개혁, 범유럽운동 및 평화주의가 함께 주장되던 시대이기도 했다.

제1차 세계대전 이후 이 분야에서 나름의 지향성을 설정해야 했던 국가법학의 내부에서 여러 세대에 걸친 경험과 정치적 신념을 공유하는 이들끼리 몇몇 그룹이 형성되었다. "좋았던 옛 시절"인 1914년 이전에 성장하고 바이마르 공화국에서 활약하고 있던 다수의 국가법학자와 행정법학자들은 이제 고전적인 "법학적 방법론"을 새로운 헌법에 적용시키려 노력했다.

이들은 '국가법'이 교과목에 고유한 학문성을 지닐 수 있게끔 국가법에 고유한 개념성을 체계적이고 논리적으로 발전시키는 데 큰 가치를 두었다. 이들은 정치가, 윤리학자나 도덕론자 또는 경제학자, 사회학자들과는 달리 "엄격하게 법학적으로" 논증하려 했다. 이들이 바로 "법실증주의자들Rechtspositivisten"이다. 이들은 황제 시절의 지배적인

수의 역사학자들이 람프레히트를 비판하면서 논쟁이 더욱 불거졌다.

지향성에 정치적으로 뜻을 함께한다는 측면에서 오히려 입법자가 만든 현행 법률을 "법률실증주의자Gesetzespositivisten"로서 받아들이고 이 소재들로만 논의를 제한시켰다.

이러한 실증주의는 결코 비정치적인 것이 아니었다. 법실증주의의 기반은 19세기 말의 비교적 긴장이 완화된 분위기에서 비롯되었다. 많은 공법 교수들이 네덜란드와 스칸디나비아반도 국가들 그리고 영국과 같이 국가 생활의 보다 유기적인 발전보다 완전한 의회 제도를 갖춘 입헌군주정의 지속을 더 선호했을 수도 있지만, 1918년 혁명 이후 그러한 해결책을 적용하기에는 축적된 정당성이 터무니없이 부족하다는 사실을 이미 통찰하고 있었다. 이런 까닭에 이들 가운데 남독일 출신 자유주의자들 대부분은 바이마르헌법 하에서 "헌법실증주의Verfassungspositivimus"로 입장을 바꾸었다. 이들 중에는 현행법에 대한 주해 작업에 특히 열성적이었던 공법학자들(게르하르트 안슈츠Gerhard Anschütz, 리하르트 토마Richard Thoma, 발터 옐리네크Walter Jellinek, 프리츠 슈티어-좀로Fritz Stier-Somlo, 카를 로텐뷔허Karl Rothenbücher, 프리드리히 기제Friedrich Giese)뿐만 아니라 경제법, 노동법, 사회법 및 조세법과 같은 새로운 세부 전공 분야의 법학자들도 있었다. 이들 모두가 공화정적인 의회제 민주주의의 충직한 신봉자들이지만 민족주의적 신념에서 벗어나지는 못했다.

방법론적 의미에서 볼 때 이들 실증주의자는 때로는 정치적으로 우파의 맨 끝에 자리하는 이들이기도 했다. 국수주의자로서 그들은 공화정을 비난하고 공화주의자들에게 "더 높은 정의"를 요구했지만, 실증주의적 교육과 국가에 대한 깊은 신뢰가 너무 강해서 그들이 늘 일상으로 행하는 작업이 어떤 의미를 갖는지에 대해서는 별 관심이 없었다. 그간의 비판적인 언사로 인해 공화국과 갈등을 빚어온 세 명의 보수주의 국가법학자들이 바로 그들이었다(한스 헬프리츠Hans Helfritz, 악셀 폰 프라이타흐-로링호펜 남작Axel Freiherr von Freytagh-Loringhoven, 프리츠 마샬 폰 비버슈타인 남작Fritz Freiherr Marschall von Bieberstein).

2. 빈 학파

지난 19세기에 전래된 법실증주의는 1914년 이전의 시대에 여전히 묶여 있을 뿐만 아니라 이론적인 일관성에 있어서도 여러 문제점을 드러냈다. 이 문제점들을 발견하고 다시금 인상 깊은 시스템으로 만들어낸 것이 빈대학의 법 이론가이자 국가법 학자인 한스 켈젠Hans Kelsen(1881 ~1973)이다. 그가 《법 명제론에서 발전시킨 국가법학의 핵심 문제들 *Hauptprobleme der Staatsrechtslehre, entwickelt aus der Lehre vom Rechtssatze*》 (1911)이라는 책을 통해 본격적으로 무대에 오른 이후, 그의 논제를 두고서 내내 논쟁이 수그러들지 않았다. 몇 년이 채 지나지 않아 그가 편집 책임을 맡고 있던 《공법 잡지*Zeitschrift für öffentliches Recht*》에 책과 팸플릿, 논문과 상세한 서평, 반박문과 반박 서평 등이 잇따라 발표되었다. 국가법, 행정법 및 (특히 알프레드 페어드로스Alfred Verdross가 주도해온) 국제법은 이제 나름 완결적인 법규범으로 완전히 새롭게 조명되었고, "규범서열의 구조로" 편성되었으며(아돌프 메르클Adolf Merkl), 빈번하게 논의되어온 가상의 "근본규범Grundnorm"의 가장 높은 곳에 자리하여 이 구조를 지탱해주고 있었다.[116]

 방법론적으로 "순수한" 법학을 위한 이론적 토대를 마련하려는 노력이 빈에서 정점에 다다른 것은 결코 우연이 아니었다. 중부 유럽과 남동 유럽이 교차하는 곳에 자리 잡고 모든 분야의 천재들로 들끓던 당시의 이 도시에서는 국민경제학, 미술사, 조형예술, 음악, 정신분석, 철학 등에서 여러 "학파들"이 탄생했다.[117] 켈젠Kelsen, 메르클 Merkl, 페어드로스Verdross가 중심이 된 그룹은 모리츠 슐리크Moritz Schlick, 오토 노이라트Otto Neurath, 루돌프 카르납Rudolf Carnap과 같은 철학자들로 구성된 "빈 그룹"과 유사한 기본 노선을 추구했다(그 주변에는 루드비히 비트겐슈타인Ludwig Wittgenstein과 카를 R. 포퍼Karl R. Popper도 있었다). 이들은 경험론자, 논리학자, 수학자, 언어철학자 그리고 학문 이론가들로서 서로가 너무도 달랐지만, 존재론이나 형이상학 없이 사상과 세상을 파악할 수 있는 학문적 기초를 모색하려는 점에서는 일치했다.[118]

　빈은 일관되고 철저하게 법실증주의가 지배하는 공간이었다. 당시 오스트리아의 법률가 양성과 직업공무원 제도에 국가와 법률을 기준으로 삼는 실증주의적인 전통이 일찍부터 자리 잡고 있었기 때문이다. 합스부르크 왕가가 지배하는 다민족국가인 오스트리아는 법규범들과 행정 제도에 의해 유지되고 있었다. 이것은 한편으로는 법사회학의 발전에 영감을 줘서 법규범이 실제로 생겨나고 관철되는 것을 연구할 수 있게끔 했고(오이겐 에를리히Eugen Ehrlich), 다른 한편으로는 법학이 학문으로서의 지위를 주장할 수 있도록 인과론적인 학문과 형이상학으로부터 해방된 "순수한" 규범 질서라는 목표에 바로 도달하게끔 했다. 즉 방법론적인 의미에서 법학은 그 전제들의 순수함과 가상의 논리적 일관성을 추구해야 할 뿐만 아니라, 이와 동시에 다민족으로 구성된 제국의 민족주의 이데올로기나 교회가 내세우는 도덕적이고 신학적인 논거, 즉 형이상학적 논거들로는 해결이 불가능하다고 여겨졌다. 지식인 계층, 그중에서도 특히 민주주의, 자유권, 해방 및 사회적 평등을 선호해온 유대인들에게는 이 '학문성'이 오스트리아에서 이미 오래전부터 독버섯처럼 퍼지고 있던 반유대주의에 그리고 부분적으로 이와 유사한 교권절대주의Klerikalismus[*]에 맞서서 저항할 수 있는 훌륭한 플랫폼이었다.

그러나 당시 오스트리아가 처한 특수한 환경과는 무관하게, "순수법학Reine Rechtslehre"이 부각되면서 이와 함께 대대적인 지각변동이 일어났다. 눈부신 성공을 거둔 자연과학은 실용적이고 절충적인 방향으로 법학을 더욱 압박해왔다. 반면 순수법학은 통일된 인식체계를 마련하기 위해서는 방법론적인 융합을 포기하고 보다 정교한 도구를 사용해야 한다면서 전래의 실증주의를 거칠게 몰아세웠다. 이로 인해 논의의 장에 끌려 나온 정치적·도덕적 원칙들이 배제되는 것은 오히려 바라던 바였을 법하다.

순수법학에 대한 비난은 늘 한결같았다. 실상을 비켜가면서 공허한 추상만 제공하고, 윤리적 발판이 되지 못한 채 법의 본질을 착각하고 있다고 본 것이다. 정치적으로도 좌파와 우파를 가리지 않고 모두에게서 거의 똑같이 거침없는 공개적 비난을 받았다. 에리히 카우프만 Erich Kaufmann은 1921년에 기고한 철학 논평에서 켈젠의 책이 그저 두껍기만 할 뿐 별 내용이 없으며, 그의 신칸트주의 법 이론이 "위험

---

* 가톨릭교회의 영향력을 전체 공적 생활에까지 확대시키고 강화하려는 지향성과 시도를 뜻한다. 이 개념은 19세기에 국가와 교회가 서로 대립하는 상황에서 생겨났는데, 특히 바이마르헌법 시대 중앙당Zentrumspartei이 여기에 크게 영향을 받았다.

하고 유물론적이며 공상적인 마르크스주의의 독성을 중화시키기에 적합하지 못하다"[119]고 공격했다. 이로부터 40여 년이 지난 후 동독에서도 이와 유사하게 순수법학이 바로 그 "공허함" 때문에 시민들의 관심을 은폐하는 이데올로기라고 비판받기도 했다.[120]

3. 방법론 논쟁 및 방향성 논쟁

순수법학이 급진적이고 예리한 대답을 주기는 했으나, 당시 독일을 지배하고 있던 정신적 요구들, 즉 형이상학의 정착, 법과 도덕의 결합 그리고 존재와 당위의 분리를 극복하고자 하는 요구에는 부응하지 못했다. 실제로 순수법학은 법 이론으로서 당대에 긴요했던 지향성 문제에는 아무런 답을 주지 못했다. 독일의 국가법학 스스로가 '학문성'의 고양을 희망한 것이 아니라 격변하는 시기를 극복할 수 있는 내적 발판을 요구했다.

이러한 발판은 예컨대 바이마르헌법 제2장의 기본권과 기본 의무에서 묘사되듯이 하나의 가치체계만이 제공할 수 있는 것이었다. 헌법전의 언명은 타협적이고 일관성이 결여되긴 하지만 나름의 새로운 준거점을 제시하고 있었다. 기본권은 대략 1925년이 되어서야 처음으로 집중적인 관심을 받았고, 이후 체계화되어 하나의 가치체계로 구축되기 시작했다.[121] 이때부터는 입법자도 이 가치체계에 구속된다. 이 가치체계는 당시로서는 전적으로 새로운 사고였고, 오늘날의 현행 헌법에서도 마찬가지로 규정하고 있다(기본법 제1조 제3항[*]).

이로써 혹자는 존재와 당위, 법과 도덕을 엄격하게 분리하고 법규범을 법 이론적으로 "순수하게" 가다듬을 것을 희망한다. 하지만 다른 이들은 정반대로 '가치', 즉 단순한 헌법 조문을 넘어서는 "고유한 헌법"을 기대하고, 헌법이 사회과학과 보다 밀접한 관계를 맺기를 바랐다. 이렇듯 당시 부상하고 있던 방법론 논쟁의 전선이 이미 일찍부터 분명히 드러났다.

이미 유명해져버린 국가법학의 "방법론 논쟁"이 당시 외부에서는 크게 눈에 띄지 않았다. 이 논쟁이 1925~1929년에 독일 국법학자협회 학술대회의 발표 과정에서 토론을 통해, 그리고 제출된 여러 소논문을 통해 행해졌기 때문이다.[122] 여기서 주된 논쟁은 헌법 텍스트를 해석할 때 과거의 "법학적 방법론"에 그대로 머물러야 하는지(필요하다면 빈 학파가 가다듬은 형식으로), 아니면 "정신과학적 방법론"을 사용해도 되는지 하는 것이었다. 정신과학적 방법론에서는 슐라이어마허 Schleiermacher부터 딜타이Dilthey에 이르기까지 해석론적으로 이해하는 정통 노선을 따른다. 여기서는 사회적 맥락을 해당 "의미변형체들 Sinnvarianzen"과 함께 고려하는 것을 기본 전제로 삼았다. 그 배후에는 다양한 국가상과 정치적 선택지들이 놓여 있었다.

1926년 뮌스터에서 개최된 국법학자협회 학술대회에서는 에리히 카우프만Erich Kaufmann과 한스 나비아스키Hans Nawiasky 등 반실증주의와 실증주의 성향의 학자들이 첨예하게 대립했다. 그 대립은 여

---

[*] "아래의 기본권들은 직접적으로 적용되는 권리이고, 입법, 집행 권력 및 사법을 기속한다."

기서 다뤄진 주제들(일반적 평등원칙, 바이마르헌법 제109조) 때문이기
도 했고, 입장이 극단적으로 대립하는 발표자들 때문이기도 했다. 대
립의 배경에는 인플레이션의 경험과 지금껏 줄곧 부인되어온 물음,
즉 입법도 평등원칙에 구속되는지에 대한 물음이 놓여 있었다. 만약
이를 긍정한다면 사회 정책적으로 중요한 거의 모든 법률들이 "평등
에 위배된다"는 비난을 피하기가 어려웠다. 1927년 의사 표현의 자유
라는 기본권(바이마르헌법 제118조 제1항)의 보호 영역을 두고 토론했
을 때에도 방법론적 견해의 대립이 재차 불거졌다. 카를 로텐뷔허Karl
Rothenbücher가 국가주의−실증주의적인 입장을 대변한 반면, 루돌프
스멘트Rudolf Smend는 기본권이 여러 문화가치의 초개인적인 구성의
일부라는 이해를 토대로 보호해야 하는 가치의 측면에서 기본권도 그
아래에 놓여 있다고 간주되어왔던 "일반법률"의 우위를 상대화시켜
버렸다. 국가법학자들 중에서도 한쪽에서는 스멘트의 견해에 열정적
으로 동의하는가 하면, 다른 한쪽에서는 이로써 법률에 의한 제한이
무의미해진다며 강하게 반박했다.

결국 1928년 빈에서 헌법재판의 유용성과 미래를 두고 토론하기
위해 그간 서로 대립해온 호적수들이 조우했다. 발표자는 하인리히
트리펠Heinrich Triepel과 한스 켈젠Hans Kelsen이었다. 트리펠은 법과
정치가 변증법적으로 서로 얽혀있음을 강조하면서 정치가 법을 통해
전적으로 규율될 수 있다는 데 반대하면서, 헌법재판은 절차와 성격
이 일반 재판과는 달라야 한다고 주장했다.

켈젠 역시 헌법재판을 지지한다는 데에는 뜻을 같이했지만 그것은
완전히 다른 의미에서였다. 그는 헌법의 법적 성격을 고수하면서도
헌법재판에 주어진 핵심 과제가 법률이 개입되면서 행해지는 위헌적

인 고권高權 작용을 무효로 만드는 데 있다고 보았다. 오스트리아에서의 경험을 내세우면서 그는 독립적이고 정당정치의 영향에서 벗어나 있는 자유로운 법원의 활동이 가능하고 또한 바람직하다고 주장했다.

그와 트리펠 간의 대척점은 헌법 개념에 있었다. 그 차이는 세계관의 문제이기 때문에 학문적 수단들로는 해결될 수 없는 것으로 보였다. 헤르만 헬러는 자신을 켈젠과 "형이상학적‒윤리적으로 대립"한다고 생각했다. 순수법학이 "지나치게 안전에 치중하는 형식주의적이고 이성적인 경향 때문에 정치적인 것을 감당해내지 못하기 때문"이라는 것이다. 그러나 켈젠에게 트리펠‒스멘트적인 통합 공식은 '신학'에서나 다뤄져야 할 순수 형이상학이었다. 헬러로서는 카를 슈미트Carl Schmitt가 이해한 것처럼 정치와 법 사이의 적대적 반목관계를 그리고 또한 트리펠의 변증법론적으로 표현하는 방식으로도 도저히 받아들일 수 없었다.

1931년 게르하르트 라이프홀츠Gerhard Leibholz가 국법학자협회 학술대회에서 선거법에 대해 발표하면서 방법론 논쟁이 외부적으로는 종지부를 찍었다. 여기서 당시 얼마나 체념적이고 종말론적인 정서가 만연해 있었는지 드러난다. 사실 이것은 그저 에필로그일 뿐이었다. 대중의 비이성주의와 집단주의 속에 자신을 내맡기고 싶어 하지 않은 대다수 지식인계층 시민들과 마찬가지로 라이프홀츠 역시 아무런 출구를 찾지 못했다. 1932년에는 학술대회가 취소되었고, 1933년의 학술대회는 아예 계획조차 없었으며, 국법학자협회의 활동뿐만 아니라 국제법학자들의 학회도 중단되었다. 조용한 퇴각으로 볼 수 있는 부분이었다. 서로의 입장이 오가던 소통은 이로써 끝났다. 1927년에 리하르트 토마Richard Thoma가 국가법학자들 앞에서 언급한 것처럼 "한

집단이 다른 집단의 문제 제기와 관련 용어를 이해하지 못해 생긴 간극"은 정치적인 이유들로 인해 더 이상 극복될 수 없게 되었다.

4. 여러 그룹들의 형성

바이마르 공화국을 헌법이라는 틀 안에서 필수적인 정당들을 갖추고 있는 의회제 민주주의로 유지하려는 이들은 헌법적으로 스스로를 "실증주의자"로 여겼다. 헌법 주석 작업을 주도한 게르하르트 안슈츠(하이델베르크)와 리하르트 토마(본)뿐만 아니라 카를 로텐뷔허Karl Rotenbücher, 한스 나비아스키Hans Nawiasky(뮌헨), 프리츠 슈티어 – 좀로Fritz Stier – Somlo(쾰른), 프리츠 기제(프랑크푸르트) 등 많은 학자가 이 부류에 속했다.

그러나 이 그룹은 공화국이 위기에 봉착하자 패자로 자리 매겨진다. 여러 란트의 의회와 제국의회에서 정당들이 점점 더 폐쇄적으로 블록을 형성하고 건설적으로 타협할 능력이 없다는 사실이 드러나면서, 고전적인 국가법적 실증주의는 더욱 옹호하기가 어려워졌다. 게다가 힌덴부르크 대통령의 독재가 시작되고 "민족국가", "진정한 민주주의", "민족공동체" 그리고 "지도자"를 찾는 목소리가 점점 더 커지면서, 헌법에 충실Verfassungstreue해야 한다는 주장은 무모한 입장이 되었다.

"정신과학적 지향성"이라는 모호한 슬로건 아래 여러 인물이 결집해 있던 반대 그룹은 이질적이었다. 일부는 베르사유 조약과 국제연맹을 통해 자극된 국제법을 계기로, 다른 일부는 발칸반도, 폴란드 그리고 엘자스 지방과 같은 국경 지역에서의 경험 때문에, 또 다른 일부는 청년운동이나 "신분제국가Ständestaat"를 요구하는 유사한 결사체에서의 경험을 계기로 합류했다.

많은 사람들이 문화개혁주의자Kulturprotestant[*]들이었고 이상론적으로 사고하는 독일 민족주의자들이었다. 이 같은 민족주의는 특히 개신교-신학적으로 교양 있는 환경에서 성장한 루돌프 스멘트에게도 해당된다. 그가 1927년에 개최된 국법학자협회 학술대회 발제에서 언급한 의사표현의 자유라는 기본권 및 이를 제한하는 법률 간의 교차효과Wechselwirkung[**]에 관한 논제는 이후의 독일연방공화국(당시 서독)에서 연방헌법재판소가 행한 유명한 뤼트 판결Lüth-Urteil (BVerfGE 7, 198 ff.)[***]을 통해 준공식적인 성격을 획득했다.

---

[*] "문화개혁주의Kulturprotestantismus"는 독일에서 1860년부터 제2차 세계대전이 발발하기 이전 시기에 횡행했는데, 신학자 알브레히트 리츨Albrecht Ritschl이 시조로 알려져 있다. 그는 윤리적 행동이 신의 제국으로 들어가는 길이라 여기고, 생활 주변의 모든 현실이 여기에 맞춰져야 한다고 주장했다. 이 문화개혁주의자들은 강력한 시민계급에게 독일 민족국가의 미래가 있다고 보고 개신교 교리와 부르주아적 사회질서의 결합을 위해 노력했다.

[**] "교차효과"는 의사표현의 자유와 그것을 제한하는 법률 사이에서 특히 강조된다. 기본권을 제한하는 법률은 그 나름으로는 기본권이 지닌 의미를 등불로 삼아 해석되고 기본권을 제한하는 효과가 고려되면서 법률이 다시 제한되어야만 한다고 이해된다. 예컨대 이 "교차효과" 이론의 적용을 통해 한편으로는 표현의 자유가 지닌 의미와, 다른 한편으로는 의사표현을 제한하는 법률이 보호하려는 법익 간에 적절한 비례성을 확보하는 법 규정들만이 합헌적인 것으로 판단된다. 이후 학계 일각에서는 이로써 법원에 지나치게 큰 재량을 허용한다는 비판이 제기되었다.

[***] 1958년 1월 15일 독일 연방헌법재판소가 선고한 결정(BVerfGE 7, 198 ff.)으로, 여기서 연방헌법재판소는 기본권을 개인이 국가를 상대로 주장하는 주관적 공권일 뿐

넓은 의미에서 볼 때 "청년 우파junge Rechte"도 이 그룹에 포함될 수 있다. 공화국이 크게 고통을 겪던 시기에 학문적 이력을 시작한 이들은 자유주의, 상대주의 그리고 의회민주주의와는 가급적 거리를 두려 했다. 이들이 철학적 우상을 골라야 한다면 칸트보다는 차라리 헤겔을 선택했을 법하다. 이들은 강력한 국가 속에서 '공동체', '결단', '행동'을 중시했다. 이들 가운데 일부는 반자유주의를 강력하게 표방하고 있던 카를 슈미트Carl Schmitt의 주변으로 모여들었고, 또 다른 일부는 단호한 국가주의나 연대해서 행동하는 '공동체' 모델에서 자신들의 지향성을 모색했다.

몇몇은 스스로를 여러 반자유주의적 및 반민주주의적인 운동을 통칭하는 "보수혁명"에 속한다고 정의하기도 했다. 이들은 에른스트Ernst와 프리드리히 게오르크 윙거Friedrich Georg Jünger 형제나 출판인 에드가르 융Edgar Jung, 하인리히 폰 글라이헨Heinrich von Gleichen, 한스 체어러Hans Zehrer, 아르투어 묄러 판 덴 브룩Arthur Moeller van den Bruck 또는 에른스크 니키쉬Ernst Niekisch보다는 더 온건하고 전문적인 법학자들이었다. 혁명적인 태도와 부르주아적인 실존 사이의 갈등이 너무 크거나, 젊은 전임강사인 자신들의 경력이 우려스러울 때에는 에른스트 포르스트호프Ernst Fortsthoff, 에른스트 루돌프 후버Ernst Rudolf Huber와 같이 가명으로 당시 한스 체어러Hans Zehrer가 편집인

만 아니라 객관적 가치질서로서 사법私法상의 규범들의 해석에 있어서도, 즉 사회 내 다른 주체들을 상대로도 주장될 수 있는 '간접적인 제3자효'를 갖는다고 보았다. 이 판결은 독일 연방헌법재판소가 기본권의 양면성과 제3자효를 본격적으로 밝힌 중요한 원칙 결정으로 이해되고 있다.

으로 있던 잡지 《행동*Die Tat*》이나 하인리히 폰 글라이헨Heinrich von Gleichen이 발간하던 잡지 《환環(*Der Ring*)》에 글을 기고하기도 했다.[123]

이들 두 진영의 가운데에 자리하면서 양측 모두에게서 사랑받지 못한 이들이 한스 켈젠이 속한 빈 학파였다. 이들은 먼저 고전적 실증주의가 일관성이 없다고 공격하면서 자신들이 더 "순수하다"고 주장했다. 그러고는 이제 국가법의 공공연한 정치화, 자연법 및 새로운 형이상학에 맞서 저항하기 위해 더욱 강하게 행동하지 않으면 안 된다고 판단했다. 켈젠은 자신이 옹호해온 민주주의와 경험적–비판적 합리주의를 지켜내기 위해 목소리를 더욱 높여갔다. 1929년부터 오스트리아에서 자신의 학문적 영향력이 사라져간다고 느낀 그는 독일의 쾰른대학으로 옮겨갔다. 유대인인 그는 1933년 그곳에서 나치 정권에 의해 추방되자* 잠시 스위스 제네바로 피신한 후 미국으로 건너가서 줄곧 버클리대학에서 강의하다가 1973년에 생을 마쳤다.

이러한 "방법론 논쟁"을 정치적 지향성과 결합시키는 일이 얼마나 어려운지는 그간 켈젠을 가장 신랄하게 반대해온 민주주의자이자 공화주의자인 헤르만 헬러Hermann Heller(1891~1933)에게서 잘 드러난다. 그는 정치적으로는 한결같이 사회민주주의자인 켈젠의 가까이에서 있었다. 그러나 그는 신칸트주의적인 방식으로 존재와 당위를 구별하는 켈젠의 태도가 근본적으로 잘못되었다고 여겼다. 특히 국가와

---

* 히틀러가 집권하고 반유대인주의가 본격적으로 확산되어가던 무렵, 당시 쾰른대학 법학부에도 소속 교수들을 상대로 유대인 교수 축출 서명을 위한 연판장이 나돌았다. 이 일이 있은 며칠 후 한스 켈젠은 자신이 대학에서 면직된 사실을 지역신문을 통해 처음 접했다고 한다.

법질서를 동일시하는 켈젠의 입장이 도무지 말이 되지 않는다고 봤다. 실증주의 국가학이 지난 두 세대 동안 터무니없이 그릇된 길로 접어든 것을 켈젠이 나름 일관성 있게 보여준 데 대해 "절대 비꼬는 게 아니라" 오히려 고맙다며 추켜세웠다. 헬러에게 국가는 인간들이 그간 보듬어온 문화의 일부이고, 국가학은 정치에 관한 학문의 일부를 뜻할 뿐이었다. 국가라는 것의 '실제'를 순수하게 규범논리적으로, 순수하게 경험적으로 또 정신과학적으로서만 파악해서는 안 되고, 사회학적으로 구조를 이해해야 비로소 제대로 파악될 수 있다고 여겼다. 그래서 이러한 국가학이 사실적 존재와 규범적 존재, 역사 그리고 현재를 모두 포괄해야 한다고 주장한다. 이것은 방법론적 문제를 제기했지만, 헬러가 전통적인 국가학에서 얼마나 강하게 벗어나고 싶어 하는지를 짐작케 한다. 그가 진정 바라는 국가는 현실 학문에 의해 파악될 뿐만 아니라 규범적으로도 잘 정돈되어 있어야 했다. 즉 민주주의, 법치, 복지가 톱니바퀴처럼 서로 맞물려서 잘 작동하는 국가였다.

5. 주요 저작들

a) 1925년 한스 켈젠은 《일반국가학 _Allgemeine Staatslehre_》을 출간하면서 머리말에서 자신도 19세기의 국가법 실증주의에 대한 의무감을 "예전보다 더욱 분명하게" 깨달았다며, 거듭해서 단호하게 자신의 노선, 즉 인간 행위에 대한 규범적인 강제질서인 법질서와 국가를 동일시하고, 자신의 연구 작업을 이 규범질서로만 한정하여 법체계를 통일할 것임을 다짐했다. 기존의 국가학과는 완전히 다르게 구성된 이

책은 매우 도발적이었다.

이 책은 먼저 규범성의 바깥에 무엇이 놓여 있는지를 기술하고 국가를 사회학적·정치학적으로 관찰하면서 자신에게는 국가와 다를 바 없는 법적인 국가질서로 나아갔다. 이때 그는 정적인 요소인 기존의 국가 3요소—국가권력, 영토, 국민*—를 나름의 근거로 삼았다. 하지만 여기서 이미 여러 전통적 구성 요소로부터 벗어난다. 그런 다음 비로소 국가기능, 입법기관들 및 그 방법론을 다루는 "역동적"인 부분으로부터도 벗어난다.

세간에 도발적으로 다가온 주된 쟁점은 특히 그가 법규범과 국가질서를 동일시하고, 도덕적·정치적·경험적인 관찰로부터 국가를 지속적으로 배제한 데 있었다. 당시 독일에서는 전쟁 이전의 실증주의에서 막 벗어나 점점 더 사회학적·권력정치적 또는 정신과학적인 논제가 전개되고 있던 터라 특히 반대의 목소리가 컸다.[124] 이것이 이후에 켈젠으로 하여금 이를 반박하는 세 권의 중요한 책을 저술케 하는 가장 중요한 동기가 되었으리라 짐작된다.

b) 루돌프 스멘트(1882~1975)는 자신의 저작 《헌법과 헌법전Verfassung und Verfassungsrecht》(1928)의 첫 장에서부터 켈젠의 도전장을 받아들였다. 그는 전반적으로 국가에 대한 신념과 정치윤리의 부재를 아쉬워했다. 심지어 막스 베버, 에른스트 트뢸취Ernst Troeltsch 그리고

---

* 게오르크 옐리네크는 국가가 영토, 국민 및 국가권력, 이들 세 가지 요소로 구성되어 있다고 주장한다. 그의 주장은 오늘날까지도 "국가 3요소설"로 부르면서 헌법학과 정치학 교과서들에서 자주 인용되고 있다. 또한 그것에 내재하는 "순환논증적인" 문제점도 함께 지적된다.

프리드리히 마이네케Friedrich Meinecke에게서도 이 점을 못내 아쉬워하면서 그들의 국가에 대한 의심과 "심적인 냉담함"을 비판하고, "현재는 1925년에 출간된 켈젠의《일반국가학》이 의도한 바대로 된 최악의 상태"라고 토로했다. 그것은 단지 순수한 형식주의만 제공하고 아무런 실체적인 국가 이론을 제시하지 않기 때문에 "목표도, 목적도 없는 막다른 골목길"과도 같다고 비판했다.

스멘트는 자신의 논증을 위한 토대로 "통합 이론"을 발전시켰다. 그는 이 이론을 통해 "헌법학의 국가 이론적인 전제조건"을 설정하기를 원했다. 철학자 테오도르 리트Theodor Litt의 철학을 바탕으로, 그는 국가의 목적을 정당화하고 제한하는 모든 기계론적·객관주의적·개인주의적 견해에 반대했다. 그에게 정신세계 전체는 여러 정신적 과정들이 의미 있게 서로 얽혀 있는 "변증법적 구조"였다. 그는 이러한 얽힘을 사회학자 허버트 스펜서Herbert Spencer의 표현을 따라 '통합'이라고 칭했다. 그에게서 통합된 것은 '국가'뿐이었다. 세습군주나 지도자, 건국신화 또는 국가의 상징은 이 같은 통합의 수단이 될 수 있다고 보았다. 이것은 스스로 통합되지 못하는 바이마르 공화국에 대한 비난, 이탈리아에 대한 언급, "민족공동체"에 대한 열망으로 이해될 수 있지만, 훗날에 과거의 나치주의자, 난민과 추방자, 귀환한 이민자, 계급 차이, 여러 종파와 기타 등 너무도 많은 것들을 통합해야만 했던 초기 독일연방공화국(제2차 세계대전 직후의 서독)에 대한 마법의 주문으로도 이해될 수 있다. 눈부시게 빛나는 이 '통합'이라는 단어는 헌법 텍스트 안에 내재하는 모순을 제거할 수 있는 방법론적 수단으로 제시되기도 했다. 이는 독일연방공화국 성립 이후의 초기 20년 동안 통합이 눈부신 성공을 거둔 이유를 잘 설명해준다.

켈젠은 스멘트의 저서 《통합체로서의 국가Der Staat als Integration》 (1929)를 맹렬히 공격했다. 여러 문장이 의도적으로 모호하고, 특히 스멘트가 신칸트주의, 자유주의, 상대주의 및 법실증주의에 대해 뿌리 깊은 혐오감을 갖고 있다고 폭로했다. 그는 스멘트의 책이 학문적으로 무가치할 뿐만 아니라, 사용된 암시적 언어와 그럴싸한 정치적 추론으로 인해 위험하기까지 하다고 보았다. 켈젠은 앞서 언급한 에리히 카우프만Erich Kaufmann의 저서 《신칸트주의 법철학 비판Kritik der neukantischen Rechtsphilosophie》(1921)도 이와 다르지 않다고 평가했다. 이와 관련해서 그는 1926년에 "형이상학을 향한 외침"이라고 표현한다. 그리고 1년 후 뮌헨대학의 로마문헌학자 카를 포슬러Karl Vossler는 건국절 기념식장의 연설에서 이렇게 말한다. "늘 껍데기만 바뀔 뿐이고 속은 부조리한 예전 그대로다. 형이상학적이고 사변적이며, 낭만적, 환상적, 추상적, 비이성적 그리고 신비주의적인 정치행각일 뿐이다."[125]

한편 바이마르의 헌법질서를 수용하면서 법치국가를 포함한 제도적 틀을 공고히 하기 위해 노력했던 전통적 법실증주의자들이 있었다. 이들은 이제 자신들과 정치적으로 유사한 사고를 가진, 그러나 방법론적인 엄격함으로 인해 당시 별 호응을 얻지 못하고 있던 "빈 학파"와 결탁했다. 반면 자유주의와 법실증주의가 의회민주주의만큼이나 시대에 걸맞지 않다고 보는 사람들 또한 넓게 포진해 있었다. 그들의 일부는 기독교적인 신분제국가를 선전했고, 다른 일부는 의회가 없는 "진정한" 민주주의, 즉 박수갈채와 함께하는 국민회의를 지지했다. 하지만 그런 와중에도 이들의 대다수는 러시아의 노동자평의회 Arbeiterrat나 병사평의회Soldatenrat와 같은 모델은 피하려 했다. 자유주의의 시대가 끝났다는 데에는 동의했지만, 반자유주의 미래의 모습은 여전히 오리무중이었다.

c) 카를 슈미트가 체계적으로 저술한 《헌법학Verfassungslehre》(1928) 도 마찬가지로 켈젠을 겨냥한 저작이었다. 이 책에서 그는 부르주아 적인 의회주의와 법치국가가 "여전히 지배적인" 형식이지만, 이제는 시대에 뒤떨어지고 더 이상 쓸모가 없다는 점을 분명히 했다. 그는 (구체적인 현행) '헌법Verfassungsrecht'을 헌법학의 연구 대상인 '헌법 Verfassung'과 구별하고, 헌법의 여러 토대들, 법치국가와 기본권, 근 대 헌법에 담겨 있는 민주정·군주정적 및 귀족정적인 여러 요소 그리 고 국가들 간의 결합에 대해 자신의 논지를 전개했다. 이러한 내용 모 두가 재치 있고 유려한 문장들로 표현되었지만 슈미트 자신이 활약하 고 있던 당시의 현실 국가에 대한 많은 의구심을 감추고 있었다. 1945 년 이후에도 카를 슈미트의 주변에서[*] 이 책은 여전히 경탄의 대상이 되었고 재판을 거듭해가며 출간되었다. 그러나 처음보다 논지의 날카 로움이 다소 무뎌졌고 "민주적으로" 재해석되었다.

이 책은 이탈리아와 프랑스의 공산주의자들, 스페인의 프랑코주의 자들 그리고 1968년 무렵의 독일 좌파들이 서구적인 의회주의의 대 안을 모색할 때 자주 활용되는 중요한 참고문헌이 되었다.

d) 1934년 네덜란드에서 출간된 헤르만 헬러의 저서 《국가학Staats-lehre》도 앞서 언급한 슈미트의 책과 마찬가지로 1925년 출간된 켈젠

---

[*] 종전 후 카를 슈미트가 모든 공적 생활로부터 배제되고 고향 마을인 플레텐베르크 에서 은거하던 중에도 여전히 학계 등에서 그를 따르는 이들이 많았는데, 이들을 "슈미트 추종자들Schmittianer"이라고 부른다.

의 책에 대한 응답으로 이해될 수 있다. 헬러도 켈젠과 마찬가지로 확고한 민주주의자이자 공화주의자였지만, 앞서 밝혔듯이 방법론적으로는 켈젠의 입장에 단호하게 반대했다. 국가가 단지 하나의 규범질서여야 한다는 것을 그는 도저히 받아들일 수 없었다. 그는 정치적·법적 요소들이 함께 융합되는 실질적인 국가론을 구상했는데, 이로써 사회의 분열을 극복할 수 있다고 생각했다. 그런 까닭에 그는 사회적 현실과의 접촉을 추구했지만, 또한 사회적 현실의 규범적 특징까지도 함께 포용하려고 했다. 국가는 인간의 의지 행위를 통해 만들어진 "총체적인 관계성"이기 때문에 정치와 경제로부터 자율성을 가져야 한다는 주장이다.

이러한 의미에서 헬러 역시 고전적인 주권 개념을 강조하는데, 이 점에 있어서도 켈젠과는 엇갈렸다. 개인과 집단은 공통의 규범과 가치를 구성함으로써 국가를 만들어야 하지만, 동시에 국가는 조직화된 의사 결정과 영향 통일체로서 사회적 공존을 조정해가야 하는데 이는 무엇보다도 실정법을 통해 가능하다고 보았다. 이 같은 혼합은 켈젠의 방법론적 순수성을 포기해야만 받아들여질 수 있었다. 헬러는 가장 중요한 것이 위기의 구세주로서 사회적으로 정의롭고 민주적인 국가의 구성이었기 때문에 이 정도의 대가는 치러야 할 당연한 것이라 생각했다.

이러한 의미에서 당대에 시의적절한 국가론을 설계하려 한 그의 노력은 바이마르 시대를 통틀어서 가장 의미 있는 시도로 간주될 수 있다. 나치에 의해 교수직을 잃은 헤르만 헬러는 1933년 11월 스페인의 마드리드대학에서 초청 강의를 하던 중 마흔둘의 나이로 세상을 떠났다. 민주주의가 복지국가를 통해 달성될 수 있는 사회의 상대적인 동질성 속에서만 제대로 기능한다는 그의 기본적인 생각은 지금의 독일 연방공화국에서 그리고 유럽 전역에 적용되는 연방헌법재판소의 마스트리히트 조약 판결Maastricht–Urteil*까지 그 빛을 계속해서 발하고 있다.[126]

앞에서 짧게 설명된 당시의 주요 저작들은 바이마르 공화국의 마지막 몇 년 동안 국가법의 상황이 얼마나 혼란스럽고 불안정했는지를 잘 보여준다. 1922년 창립된 독일국법학자협회VDStRL(Vereinigung der Deutschen Staatsrechtslehrer)는 더 이상 한목소리를 내지 못했다. 슈트레제만Stresemann**의 죽음(1929)과 의회 체제의 자체 봉쇄 이후 위기는 명백해졌다. (쿠르트 존트하이머Kurt Sontheimer의 표현에 따르면) "반민주적 사고"가 특히 젊은 지식인들 사이에서 급속하게 퍼져나갔다.[127] 이들은 제1차 세계대전 때의 투쟁 구호를 사용하면서 '제국'과 "지도자가 이끌어가는 국가Führertum"를 꿈꿨는데, 히틀러당을 대수

---

* 마스트리히트 조약은 유럽 내 여러 국가들이 기존의 유럽공동체EC에서 벗어나 유럽연합EU으로 보다 강하게 결속하는 토대가 된 조약으로서 1993년부터 발효되었다. 이 조약이 체결되고 곧바로 독일 연방헌법재판소에 독일의 국가주권 침해 등을 이유로 헌법소원이 제기되었으나, 연방헌법재판소는 기각결정을 내렸다.

** 어느 작가는 1924년부터 1929년에 사망할 때까지 슈트레제만이 줄곧 외무장관으로 있으면서 독일 정치를 이끌던 이 시기가 당시의 세대가 경험한 딱 한 번뿐인 진정한 평화였다고 회고한다. 1926년에 독일이 국제연맹에 가입하고 슈트레제만이 프랑스의 대표 브리앙Aristide Briand과 함께 평화 구축을 위해 노력했으며, 그 공로로 1926년에 두 사람이 공동으로 노벨평화상을 수상했다. 1929년 10월 슈트레제만의 갑작스런 사망과 세계 경제 위기의 시작이 바이마르 공화국 몰락의 조종이었다고 일컬어진다. 제바스티안 하프너, 이유림 옮김, 《어느 독일인 이야기—회상 1914~1933》, 돌베개, 2014, 특히 88쪽 이하 참조.

롭지 않게 여기는 경우도 적지 않았다. 다른 젊은이들은 민족 볼셰비즘과 직접민주주의의 비전을 키워갔다. 또 다른 일부는 권위주의적인 신분제국가 모델을 구상했다(오트마르 슈판Othmar Spann). 이들은 부르주아계급의 시대가 끝나고, 이와 함께 부르주아계급의 국가질서도 끝났다는 데 뜻을 같이했다. 부르주아적-자유주의적인 "합리적 공화주의자들"과 법실증주의를 표방해온 이들이 수세에 몰렸다.

이것이 바로 1932년의 상황이었다. 1932년은 국가긴급권[128]의 발동을 통해 공화국을 구해내려는 대통령 독재라는 최후의 수단이 행해진 해이자 프로이센을 상대로 제국정부의 쿠데타가 행해진 해로서, 당시 최고법원인 국사재판소Staatsgerichtshof의 판결로도 이 상황을 되돌릴 수 없었다. 게르하르트 안슈츠는 1919년에 "국가법은 여기서 중단된다"라는 글을 쓴 후 혹독한 비판에 시달렸다.[129] 그러나 결국 그가 옳았다. 대다수가 정치적 형성 과정에 적극적으로 참여하지 않으면서 기껏해야 법 해석을 통해 지지하는 역할 정도만 맡아온 기존의 국가법학은 1932년 가을에* 종말을 고했다.

---

* 1932년 7월 31일에 실시된 총선에서 나치당은 이전 선거에 비해 두 배나 많이 득표하여 제국의회에서 230개 의석을 확보하면서 원내 제1당으로 올라섰다.

XI.
바이마르 공화국에서의 행정법

1. 지속적인 발전과 변화

행정법학계는 혁명의 격변과 1919년에 제정된 새 제국헌법(바이마르 헌법)에 대해 행정 자체와 별반 다르지 않게 전형적인 단계적 지연으로 반응했다. 란트들의 새 헌법은 계속해서 중요성을 상실해갔고, 학계는 제국헌법을 해석하는 쪽으로 방향을 돌렸다. 여러 란트에게는 특히 지방자치 제도 개혁과 1929년/1933년에 발생한 지자체들의 재정위기가 중요한 문제로 불거졌다. 따라서 여전히 오토 마이어Otto Mayer와 프리츠 플라이너Fritz Fleiner와는 같은 노선을 따르면서 연속성을 유지하고, 총론을 확대하고, 새로운 특수 행정법들을 사례 목록에 포함시킬 수 있었다. 로베르트 위 드 그레 백작Robert Graf Hue de Grais이 쓴 고전적이고 간략한 개론서는 처음 출간된 1881년 이래로 새로운 법적 근거에 따라 간단하게 개정·증보되어 출판되었고(1930년에 제26차 개정판),[130] 콘라드 보른하크Conrad Bornhak(1906, 1925년에 제8차 개정판)가 저술한 개론서도 이와 비슷했다. 대다수 교과서들은 '총론'을 제국헌법과 결합시키고, 프로이센, 바이에른 및 뷔르템베르크와 같은 여러 란트들의 행정법에서 필요한 사례들을 가져왔다.

2. 여러 란트들에서의 행정법

당시 행정법과 관련한 문헌들이 풍부한 곳은 단연 프로이센이었다. 프로이센에서는 행정 개혁, 공무원법과 지방자치법, 1931년에 법률로 확정된 새로운 경찰법, 그리고 프로이센 고등행정법원의 경찰법 관련 판결 등이 활발하게 논의되고 있었다. 율리우스 하첵Julius Hatschek이 쓴 《독일과 프로이센의 행정법상의 여러 기구Institutionen des deutschen und preußischen Verwaltungsrechts》(1919, 1931년 8차 개정판)가 대표적인 저작이다. 《브라우히치Brauchitsch》로 불렸던 몇 권의 프로이센 행정법률 모음집, 개별 법률의 주석서, 그리고 《프로이센 행정 잡지Preußisches Verwaltungsblatt》에 지속적으로 게재되는 주요 판례 요약에 이르기까지 논의에 필요한 도구들을 얼추 다 갖춘 셈이었다.

바이에른에서는 행정법 관련 여러 개론서와 전통적인 《바이에른 행정 잡지Bayerische Verwaltungsblätter》가 있었다. 작센에서는 발터 셸허Walter Schelcher가 발행하는 《행정 실무 및 입법에 관한 피셔의 잡지 Fischers Zeitschrift für Praxis und Gesetzgebung der Verwaltung》에 중요한 기고문들이 게재되고 있었다. 뷔르템베르크와 바덴에서는 행정법의 이론과 실제를 밀접하게 결합시키는 전통이 지속되긴 했지만 중요한 저작이 나오지는 못했다. 헤센-다름슈타트, 메클렌부르크와 그 밖의 소도시들과 함부르크, 브레멘, 뤼벡과 같은 자유도시들에서도 우수한 저작을 찾아볼 수 없었다. 이곳에서는 대부분 짧은 개론서나 문건 모음집으로 만족해야 했다.

3. 교과서들

프리츠 플라이너와 율리우스 하첵이 저술한 책은 여러 란트에도 적용될 수 있어서 학생들이 필요로 하는 내용을 제공해주었다. 특히 플라이너의 책이 성공적이었다.[131] 그러나 실무적인 자료들이 많이 부족한 것은 달리 어찌할 도리가 없었다. 그래서 '총론'과 '각론'을 하나로 모아 서술한 발터 옐리네크Walter Jellinek의 《행정법Verwaltungsrecht》 (1927, 1931년 3쇄)이 당시 압도적인 저작으로 각광받았다. 이 책에는 바이마르 공화국의 행정법이 백과사전식으로 취합되고 정리되었다. 역사적인 토대에서 시작하는 이 책의 현대화된 총론 부분에는 새로운 분류 방식—비고권적 행정과 단순한 고권적 행정, 복종을 요구하는 행정 행위, 양면적 행정 행위—과 재량 이론, 총체적인 권리 보호, 직무상의 책임, 행정 강제 및 행정벌에 대한 설명이 담겨 있었다. 이 책은 일관되게 실증주의적인 태도와 법 형식에 집중하는 등 오토 마이어의 전통을 이어갔다. 이 책에 담긴 자유주의적이고 법치국가적인 기본 입장은 실정법에 부합하기는 했지만 대통령 독재 하에서 집단적인 사고를 선호하던 당시의 현실과는 걸맞지 않았다.

4. 개입국가에서 행정 소재들의 증가

제1차 세계대전이 끝나고 바이마르 공화국이 가쁜 숨을 마지막으로 내쉬던 시기(1929~1932)에 행정의 영역에서는 소재가 확대되고 전공이 세분화하는 등 중대한 변화가 전개되었다. 오토 마이어의 주요 가설은 모든 행정 활동이 몇 가지 기본 형식으로 축소될 수 있다는 것이었다. 그는 여러 자료 속에 담겨 있는 기본 형식들을 반은 직관을 통해서, 나머지 반은 구성적인 작업을 통해 밝힐 수 있다고 보았다. 그가 이룩한 큰 성취는 여기에 기반한 것이었다.

그러나 추세는 이와는 반대 방향으로 가야 한다고 재촉하는 것 같았다. '공공경제법', '사회법', '조세법' 그리고 '상거래법'이 이 시기에 처음으로 독자적인 법 분야로 등장했고, '지방자치법'도 새로운 차원으로 성장해갔다. 자유주의적인 부르주아사회가 붕괴되어가는 상황 속에서 민법이 구심력을 발휘한 것—노동법, 회사법과 콘체른법을 포함하는 경제법, 임대차법, 주택법, 토지법—에 대해 "사회법이 고전적인 사법私法 영역을 침입"(프란츠 비아커Franz Wieacker)한다거나 "사법私法의 수난"(크누트 W. 뇌르Knut W. Nörr)이라는 해석이 나온 것과 마찬가지로 "총론"이라는 지붕 아래에 이제 막 통합된 듯 보이던 행정법도 다시 분열되었다. 점점 더 많이 쌓여가는 행정법원의 판례들은 이러한 추세를 더욱 촉진시켰다. 이는 특히 오늘날 통용되는 일반적인 헌법 원칙들에의 기속이 당시 바이마르 시대에는 전혀 적용되지 못했기 때문이다.

'노동법' 및 '노동자보험법'(당시에는 '사회법'을 이렇게 불렀다)[132]과 같은 새로운 분야 외에도 산업혁명의 여건 하에서 독자적인 잡지와 연감들을 펴내는 '지방자치학'이 등장했다. 여기서는 "대도시의 사회적 과제"(프란츠 아딕케스Franz Adickes)뿐만 아니라 실제로 생겨나는 집합적 생활배려 기구들의 법 형식에 대해서도 토론했다. 에른스트 포르스트호프Ernst Forsthoff는 1938년에 이것을 '생존 배려Daseinsvorsorge'라는 매우 인상 깊은 용어로 요약했다.[133] 게다가 사회에 대한 개입을 더욱 강화해가는 국가에게는 돈이 필요했다. 이 자금은 전통적으로 조세를 통해 조달되어왔는데, 1871년 제국이 건국된 후에는 변화된 헌법적 기준에 따라 세원稅源이 제국, 란트 및 지방자치단체에 배분되었다. 19세기의 마지막 20년 동안 독일, 오스트리아, 이탈리아에서 탄생한 '조세법학'은 부분적으로 재정학과 행정법에서 출발하여 그 형태를 갖춰왔다. 크게 주목받지는 못했지만 1915년부터 베를린대학에서 공법학자인 루드비히 발데커Ludwig Waldecker가 최초로 '조세법' 강의를 진행한 것으로 보인다. 전후 재정 문제, 제국의 재무장관 마티아스 에르츠베르거Matthias Erzberger가 중앙 정부 차원에서 시행한 조세 개혁, 그리고 엔노 베커Enno Becker(1869~1940) 판사가 혼자서 펴낸《제국조세법Reichsabgabenordnung》등 조세법의 학문적 논의를 위한 여러 자극이 있었다.[134] 가장 기본적인 교과서인《조세법Steuerrecht》은 이 분야를 처음 창시한 알베르트 헨젤Albert Hensel (1895~1993)에 의해 집필되었다.[135]

그러나 국가가 개입하면서 조정하는 핵심 분야는 '경제법Wirtschaftsrecht'이었고, 경제법의 공법적인 변형은 얼마 지나지 않아 '경제행정법Wirtschaftsverwaltungsrecht'으로 불렸다.[136] 로렌츠 폰 슈타인 Lorenz von Stein이 1868년에 '경제행정법wirtschaftliches Verwaltungsrecht'이라는 특수 분야라고 표현했다.[137] 10년 후, 비스마르크가 국내 정치에서 자유주의와 결별했을 때 사람들은 사법私法에 대한 국가의 개입, 기업합동, 기업결합 그리고 카르텔에 대해 집중적으로 탐구하기 시작했다. 관련 자료는 1913년에 최초로 '산업법Industrierecht'으로 불리다가 곧 '경제법'으로 바뀌어 일컬어졌다.

사람들은 윤리적인 내용으로 채워진 일반조항Generalklauseln* 등을 통해 보다 융통성 있게 계약을 체결하는 방법, "이해관계"에 따른 해석, 소비자 보호 및 기타 사회적 보호를 제공할 수 있는 가능성을 도그마틱적으로 논구했다. 이에 상응해서 조세라고 하는 행정법상의 도구를 "전시경제"에 대비하거나 사회주의적 또는 보수주의적인 "공동경제"의 일부로 체계화하려는 시도가 있었다(비하르트 폰 묄렌도르프 Wichard von Moellendorff, 발터 라테나우Walther Rathenau, 루돌프 힐페르딩Rudolf Hilferding, 프리츠 나프탈리Fritz Naphtali). 이들 모두가 공동선을 지향하는 강력한 행정국가를 상상했고 반의회주의적·반자유주의적으로 사고하는 경향이 있었다.

따라서 에른스트 루돌프 후버Ernst Rudolf Huber(1903~1990)가 "보수혁명"이라는 이념을 내걸고 헤겔의 사고방식대로 행위하면서[138] 경

---

* 모든 사항을 빠짐없이 규율하기 어려운 입법기술상의 한계 때문에 추후 법원의 판결을 통한 구체화를 기대하면서, 법문상으로는 그 내용이 매우 일반적으로 규율되는 법률 조항을 뜻한다. 예컨대 "선량한 풍속 기타 사회질서에 위반한 사항을 내용으로 하는 법률 행위는 무효로 한다"고 정하고 있는 우리 민법 제103조가 '일반조항'의 대표적인 사례다. 토이브너Teubner는 이 일반조항이 수용기능, 전환기능 및 위임기능이라는 세 가지 기능을 갖는다고 설명한다. 반면 헤데만Hedemann은 '일반조항으로의 도피'라며 이로써 법규범의 유약화, 불안정성 및 자의성이 높아진다며 비판한다.

제행정법에 대한 최초의 종합적 설명을 내놓은 것은 결코 우연한 일이 아니다. 1932년에 출간된 그의 저서 《경제행정법Wirtschaftsverwaltungsrecht》은 나치 시대를 뛰어넘어 지금의 연방공화국에 이르기까지 기본 골격을 그대로 유지하고 있다. 이는 같은 시기에 생겨나고 있던 질서자유주의Ordoliberalismus*와 유사한 특징을 지니고 있었기에 가능했다. 이 모든 이론적 출발점을 연결시킬 수 있었던 것은 시장지향적 자유주의가 19세기에 이미 극복된 현상이고, 반면에 세계대전과 결핍경제 그리고 1923년의 인플레이션을 겪어온 20세기에는 국가에 의해 주도되고 제어되는 자유주의가 적절하다는 확신이었다. 국가사회주의(나치즘)는 이러한 사고에 권위주의적인 변화를 주기만 하면 되었다. 이후 1934년에 출간된 책에서 《독일 사회주의의 형상Die Gestalt des deutschen Sozialismus》을 그려내려고 시도한 이도 마찬가지로 에른스트 루돌프 후버였다.

국가법에서와 같은 방법론 논쟁이나 방향성 논쟁이 당시의 행정법에서는 적어도 표면적으로는 불거지지 않았다. 대다수의 행정법학자들은 방법론적 성찰에는 별 관심이 없었다. 이는 무엇보다도 국가법 쪽에 비해 저술 활동을 하는 법 실무가들이 더 많았던 까닭이다. 그럼에도 불구하고 그 저변에는 국가법에서와 마찬가지로 나름의 긴장감이 존재했다. 예컨대 발터 옐리네크Walter Jellinek의 상세한 서술(1927)

---

* 고전적인 자유방임주의와는 달리 발터 오이켄Walter Eucken을 필두로 하는 "프라이부르크 학파"를 중심으로 시장에 일정하게 개입하는 정부 역할의 중요성을 강조해온 독일의 전통적인 경제사상을 뜻한다. 제2차 세계대전 이후에 서독의 "라인강의 기적"을 일궈낸 보수정당인 기독교민주당CDU이 지금껏 견지해오고 있는 경제 정책이기도 하다.

을 아돌프 메르클Adolf Merkl이 저술한《일반행정법Allgemeines Verwal-tungsrecht》(1927)과 비교해보면, 한편으로는 전통적인 실증주의에 대한 저명한 예시들을, 다른 한편으로는 당시에 학문 이론을 주도하고 있던 빈 학파의 엄격한 실증주의에 따른 저명한 여러 예시를 살펴볼 수 있다. 반면 에른스트 루돌프 후버가 기고한 여러 글에서 반실증주의적이며 헤겔식의 어휘를 사용하는 경향이 두드러지긴 했지만, 1933년까지는 전체적으로 냉철하고 실무중심적인 당시의 분위기를 휘어잡지는 못했다.

XII.
나치 국가와
공법

1. 권력의 이양

제국대통령 힌덴부르크에게서 급진적인 선동가 아돌프 히틀러에게로 권력이 이양된 것은 사람들이 브뤼닝, 파펜, 슐라이허 제국수상 아래에서 익숙해진 형태로 이루어졌다. 그러나 이로써 환호와 두려운 침묵이 뒤섞인 분위기 속에서 국가변혁 작업이 본격화되었다. 정당들이 해체되고 의회주의, 연방주의 및 대통령/수상 간의 이원주의가 무력화되고, 나치당이 조종하는 여러 조직에 유리하게끔 모든 주요 사회단체도 해체되었다. 요컨대 의회민주주의가 헌법이 없는 "지도자(총통)국가Führerstaat"로 탈바꿈했다. 이 모든 일이 불과 24개월 내에, 그것도 사실상 아무런 저항조차 없는 가운데 벌어졌다.

　나치 정권이 이렇듯 신속하게 권력을 장악할 수 있었던 것은 행정과 사법 그리고 군에서 자리 잡고 있던 부르주아 엘리트들이 기꺼이 협조한 덕분이었다. 이들은 바이마르 공화국의 "정당국가" 및 의회주의의 종말을 반겼고, 노동조합의 종말, 공산주의자와 사회민주주의자의 퇴출, 유대인 추방(특히 변호사와 의사),* 일자리 창출 사업 및 "베르사유 조약"의 트라우마를 치유해 줄 나치의 대외 정책을 적극적으로 환영했다. 히틀러가 1934년 6월에 쿠데타 계획을 빌미로 나치당의 친위병력인 돌격대SA의 지도부를 살해하고 돌격대를 축출하자, 제국군대도 안도하는 반응을 보였다. 나치당에 협력할 의사가 없는 이들은 나라를 떠나거나, 처음으로 지어진 집단수용소에서 참상을 겪어야만 했다. 또 다른 이들은 잠적하거나 그저 숨만 쉬거나 망명길에 올랐다.

2. 정신적 참수

이렇듯 독일의 대학들과 지성계는 짧은 시간에 국제적으로 저명한 수

---

* 당시 독일에서 유대인은 전체 인구의 약 1퍼센트 내외였다. 특히 대도시인 베를린과 프랑크푸르트의 변호사는 유대인 출신이 다수여서 늘 유대인 출신이 변호사회의 회장직을 도맡았다고 한다. 관련 문헌에 따르면 1930년대 초반 독일 전체의 변호사들 1만 9,500명 가운데 유대인이 4,394명으로 약 22퍼센트를 차지했고, 베를린의 경우에는 60퍼센트가 유대인 변호사였으며, 1938년 이전의 오스트리아 빈에서는 전체 변호사의 약 80퍼센트가 유대인이었다. 의사들 중에도 유대인이 많았다. 1911/1912년 베를린대학 의학부에는 유대인 학생이 37퍼센트였다고 한다. 이는 유럽에서 특히 1215년의 제4차 라테라노 공의회 제69조에서 "유대인들은 공직에 임명되지 못한다"고 정한 이래 공직 진출에서 차별적인 장벽이 존재했기에 유대인들이 주로 의사, 변호사, 작가, 출판인 및 상인과 같은 자유직업이나 독립적인 직업을 추구한 까닭으로 설명된다. 1933년부터 독일 대학들에서 유대인 교수들이 축출되기 시작한다. 법학 교수의 경우 1932년 독일 전역의 법학부들에서 전체 법학 교수가 모두 378명이었는데, 이 가운데 120명이 인종적인 사유로 면직 당했다.

많은 학자, 작가, 예술가들을 잃어버렸다. 그것은 "정신적 참수斬首"였다.[139] 책들을 불태워버린 일은 단지 서막에 불과했다. 권리 박탈, 면직 처분, 굴욕, 재산 몰수는 말할 것도 없고, 1938년 11월 포그롬Pogrom*과 함께 소수민족을 학살하는 등 더욱 과격해지다가 제2차 세계대전이 시작된 후에는 보다 체계적·관료주의적으로 유대인을 학살하는 반인도주의적인 범죄까지 자행되었다. 그간 집중적인 연구와 나름의 해석 작업이 이뤄졌음에도 불구하고, 오늘날까지 그 여파가 여전한 이 홀로코스트가 남긴 심각성의 차원은 도저히 측정 불가능하며 도무지 납득할 수 없다.[140]

나치즘이 득세하던 동안 공법은 실제 목적, 즉 신뢰할 수 있고 학문적으로 해석 가능한 헌법질서를 상실했을 뿐만 아니라 학문 자체도 심각하게 파괴되었다. 중요한 학자들이 주로 "인종적인" 이유로 대학에서 면직되었고, 대다수는 추방되기까지 했다. 한스 켈젠, 에리히 카우프만, 헤르만 헬러, 알베르트 헨젤Albert Hensel, 에른스트 이자이Ernst Isay, 카를 뢰벤슈타인Karl Loewenstein, 프란츠 노이만Franz Neumann, 오토 키르히하이머Otto Kirchheimer, 막스 플라이쉬만Max Fleischmann, 에른스트 프랭켈Ernst Fraenkel, 알프레히트 멘델스존 바르

---

* 러시아어 'погром'에서 유래한 이 단어는 제정 러시아에서 경찰의 선동과 조종으로 벌어졌던 조직적인 약탈과 학살을 뜻한다. 독일과 오스트리아 전역에서 벌어진 1938년 11월의 포그롬으로 인해 적어도 300명의 유대인이 목숨을 잃었고, 유대인 회당(시나고그), 유대인들이 운영하는 상점 및 유대인 공동묘지가 파괴되었으며, 11월 10일부터 대략 3만 명의 유대인들이 집단수용소에 감금되기 시작했다. 11월 9/10일 사이에 유대인들이 운영하는 상점들과 유대교 회당의 수많은 유리창이 깨졌다고 해서 "수정의 밤Kristallnacht" 사건으로도 불린다.

톨디Albrecht Mendelssohn Bartholdy 그리고 그 밑에서 교수 자격을 취득한 막달레네 쇼흐Magdalene Schoch, 카를 슈트루프Karl Strupp, 게르하르트 라이프홀츠Gerhard Leibholz, 게르하르트 라사르Gerhard Lassar, 쿠르트 페렐스Kurt Perels, 프리츠 모어슈타인 마르크스Fritz Morstein Marx, 발터 옐리네크, 에르빈 야코비Erwin Jacobi, 한스 나비아스키, 루드비히 발데커Ludwig Waldecker, 발터 쉬킹Walther Schücking, 빌리발트 아펠트Willibalt Apelt 등 국가법, 행정법 및 국제법 학자들의 면면은 여기서 파괴된 것이 무엇인지 잘 보여준다. 헌법이나 행정법이 특정 국가와 밀접하게 관련되기 때문에 이들 가운데 타국으로 몸을 피한 학자들은 그곳에서도 제대로 학문 활동을 할 수 없었다. 반면 비교법, 국제사법 또는 고대의 법 역사를 전공하는 학자들은 상황이 다소 달랐다. 한스 켈젠의 법 이론과 국제법적인 작업 역시 국가법과는 무관하기 때문에 또한 예외였다.

대학생 수는 경제 위기 이후 그리고 나치 집권 기간 동안 약 10만 명에서 3만 7,000명(1941)으로 줄어들었다. 1938년 여름학기에 독일 전역의 법학부에서 여학생들의 수는 불과 42명뿐이었다. 1930년 여름학기에 1,175명이었던 것에 비하면 거의 소멸 상태라고 볼 수 있다. 이에 상응해서 법학부들도 축소되었고, 몇몇 대학에서 공법은 거의 개점휴업과 다를 바 없는 상태였다. 베를린, 라이프치히, 뮌헨, 빈과 같은 대도시의 큰 대학들은 그 성격을 바꾼 후 고유한 학문적 특성을 잃어버렸고, 킬, 브레슬라우, 쾨니히스베르크, 포젠, 슈트라스부르크의 작은 대학들은 "돌격부대"를 자임하면서 나치즘에 치중하려 했는데, 이마저도 나치즘으로 무장한 '전사'들의 부족과 전쟁을 이유로 별다른 성과를 거두지 못했다. 이외에도 할레와 프랑크푸르트의 대학들은 폐교 위기에 처하거나 임시방편으로 간신히 버티고 있었다.

대학들의 단합된 저항 전선이 형성되지는 못했지만, 새로이 무대에 등장한 나치즘이라는 망령 앞에서 모두가 똑같이 항복한 것은 결코 아니었다. 적어도 개개인들과 사안들을 차별화해서 살펴보면, 대학들 모두를 싸잡아서 "실패했다"고 비난할 수는 없다. 전체적으로 다음과 같은 네 부류로 정리할 수 있다. 즉 (1) 1933~1938년에 외국으로 이주하거나 1933년 무렵에 해직되거나 자발적으로 퇴직한 교수들, (2) 폭넓은 중도그룹과 밀접한 관계를 맺고 있지만 체제의 확고한 (대다수가 젊은) 옹호자들, (3) 대체로 독일 민족주의적 방식으로 사고하고 처음에는 나치 정권을 환영했다가 이후에 점차 거리를 두거나 침묵한 이들, 마지막으로 소수이기는 하지만 (4) 결연하게 나치 정권을 거부했던 이들(공법학자들 중에서 나치 정권에 저항하거나 저항을 지지한 이는 한스 페터스Hans Peters와 크리스티안-프리드리히 멩거Christian-Friedrich Menger뿐이다)이다.

1933년 이후 이들 법학 교수들이 출간한 저술들은 매우 이질적이었다. 몇몇 교수들은 처음에는 열렬한 의견이나 "공상물"로 시작했다가 행정법이나 가급적 비정치적인 주제로 관심을 돌렸다. 1933년부터 1936년까지 압력에 시달리면서도[*] 계속해서 글을 써나가던 카를

---

[*] 카를 슈미트는 1933년 나치당에 입당한 후 나치 정권에 적극 협력했다. 하지만 1936년 나치친위대SS와 가까운 당기관지 《검은 군단Schwarzes Korps》이 그를 기회주의자로 규정하고, 나치적 신념이 부족하다며 공격했다. 이 일이 있은 후 그는 나치당 조직의 모든 공직을 잃고, 1945년 패전 때까지 베를린의 프리드리히-빌헬름대학 교수로서 국제법 연구와 강의를 계속했다. 패전 후 그는 전범 혐의로 체포되어 수차례 조사를 받았으나 기소되지는 않았다. 이후 모든 공적 생활로부터 사실상 추

슈미트는 1936년에 공직을 잃자 관심을 국제법 쪽으로 옮겼다. 바뀐 환경 속에서 새로운 시장에 교과서를 내놓으려고 시도한 이들도 있었다(테오도르 마운츠Theodor Maunz, 오토 쾰로이터Otto Koellreutter, 아르놀트 쾨트겐Arnold Köttgen, 에른스트 루돌프 후버Ernst Rudolf Huber). 또 다른 이들은 '헌법사' 연구 쪽으로 몸을 피하거나 완전히 입을 다물어버렸다. 전쟁 동안 출판 활동은 다시 한번 활발해진다. 이는 킬대학 소속의 나치주의자인 국제법학자 파울 리터부쉬Paul Ritterbusch(1900~1945)가 주도하는 가운데 《독일 인문학 공동저작Gemeinschaftswerk der deutschen Geisteswissenschaften》이라는 정체가 다소 모호한 저작물이 출간되었기 때문이다. 이 책의 의도는 전쟁에서 "최종적으로 승리"한 이후 독일 인문학의 역량을 과시하려는 것이었다. 공법학자들 가운데 에른스트 루돌프 후버, 헤르만 야라이스Hermann Jahrreiß, 테오도르 마운츠Theodor Maunz, 울리히 쇼이너Ulrich Scheuner, 발터 하멜Walter Hamel, 알렉산더 폰 프라이타흐-로링호펜Alexander von Freytagh-Loringhoven, 헬프리트 파이퍼Helfried Pfeifer, 게르하르트 바케Gerhard Wacke 등이 이 작업에 참여했다.[141]

나치가 집권하는 동안 공법 연구 및 이론의 학문적 성과는 매우 열악했다. 그 어떤 주제들에도 격앙된 분위기와 고도의 정치성이 침투해 있었다. 정권이 붕괴된 후 이 가운데서 건질 만한 저작은 거의 없

방당했고 고향마을인 플레텐베르크에서 내내 은거하다가 1985년에 사망했다. 그러나 은거 중에도 비밀리에 그를 찾아오는 보수 정치인들이 많았다. 추후에 그가 쿠르트 게오르크 키징어Kurt Georg Kiesinger 연방총리의 비밀자문역이었다고 밝혀지기도 했다.

었다. 인용문의 내용이 황당하거나 참고문헌에서 유대인 저자임을 따로 표기한 것 때문이기도 했지만, 무엇보다 시대와 이데올로기에 완전히 종속되어 있었기 때문이다. 1945년에서야 반유대주의와 제국주의 및 과대망상에 사로잡혀 '공동체'와 '제국'을 찬양하던 목소리들이 비로소 잦아들었고, 이 저자들은 이후 수십 년 동안 자신들이 저지른 업보에 시달려야 했다. 나치 국가의 속박에서 풀려난 파괴적인 에너지가 이 책들을 갈가리 찢어버렸다.

3. 법률 잡지들의 현황

세계 경제 위기를 겪으면서 발행 부수가 크게 감소한 법률 전문 잡지들은 이때부터 정치적 압력에도 시달렸다. 1933년에 모두 155종이던 법률 잡지들이 1937년에는 92종밖에 남지 않았다. 상당수 잡지는 폐간되거나 다른 잡지와 합쳐져 새로운 이름으로 발간되었다. 이들 잡지에서 유대인 발행인과 저자들의 흔적은 모두 지워졌다. 카를 슈미트는 1934년에 오랜 전통을 자랑하는 《독일 법률신문DJZ(*Deutsche Juristen-zeitung*)》의 발행인을 맡게 되지만, 1936년에 다시 빼앗기고 만다. DJZ과 그 단골 구독자들을 《독일법 아카데미 잡지ZAkDR(*Zeitschrift der Akademie für Deutsches Recht*)》가 넘겨받는데, 이 잡지 역시 나치 정권의 법 정책을 자랑하는 진열장 역할에 충실했다. 1935~1942년에 발간된 잡지 《독일 법학*Deutsche Rechtswissenschaft*》도 당시 학술원 회장이던 한스 프랑크Hans Frank의 수중에 떨어졌다. 1941~1943년에 발간된 잡지 《제국-민족질서-생존공간*Reich-Volksordnung-Lebensraum*》은 나치 친위대SS*의 손아귀에 완전히 장악되는데, 이 잡지는 향후에 정복될 나라들과 인종 정책, 나치 친위대에 속한 법률가들끼리의 자리싸움을 미리 계획하는 데 활용되었다.

1885년부터 존속되어온 잡지 《공법서고Archiv für öffentliches Recht》는 유대인 발행인을 축출하고 새 발행인을 받아들인 후 서서히 쇠락해갔는데, 그 과정은 마치 공법의 상황을 지진계에 표시한 것과 흡사했다.[142] 1884년에 로베르트 폰 몰이 창간한 《전체 국가학 잡지Zeitschrift für die gesamte Staatswissenschaft》는 1934년부터 에른스트 루돌프 후버가 주도하는 가운데 총통이 이끄는 민족국가 내에서 "국가학문의 통일Einheit der Staatswissenschaft"이라는 오랜 이상의 쇄신을 목표로 정권에 충성하는 필자들을 끌어모았다. 오랜 전통을 가진 잡지인 《공법연감Jahrbuch des öffentlichen Rechts》도 오토 쾰로이터Otto Koellreutter가 주도하는 가운데 1938년까지 발간되었다.

행정법 관련 잡지들도 사정이 별반 다르지 않았다. 오랜 역사를 갖고서 매주 발행되던 《제국─프로이센 행정 잡지Reichs─und Preußisches Verwaltungsblatt》는 1943년까지 겉으로는 예전과 다르지 않았지만 실제로는 나치 정권의 준공식적인 공보기구였을 뿐만 아니라, 점차 그 수가 줄어들고 있던 행정법원의 판례들을 찾을 수 있는 중요한 보고

---

* SS(나치 친위대)는 'Schutzstaffel'의 약자이다. 1925년 아돌프 히틀러의 신변 보호를 위해 창설된 후 당내의 다른 주요 인물들의 경호 임무까지 떠맡으면서 나치 집권 시기에 가장 핵심적인 지지세력으로 등장했다. 이 나치친위대는 패전 직후인 1945년 10월 10일에 연합군에 의해 금지처분을 받았고, 1946년에 뉘른베르크 전범재판에서 수백만 명을 탄압하고 살해한 범죄단체로 기소되었다. 이어서 나치 친위대원들에 대한 개별 재판도 함께 행해졌다.

였다. 《행정서고Verwaltungsarchiv》 역시 기존의 발행인들을 내쫓고 쾰로이터Koellreutter가 발행인 자리를 꿰차고는 제국내무장관인 프리크Frick가 미리 정해준 국가주의 지침에 충실했다. 이외에도 나치 – 법수호자연맹NS – Rechtswahrerbund*이 새롭게 창간한 투쟁 잡지인 《독일행정Deutsche Verwaltung》도 있었다. 법 실무가들뿐만 아니라 나치당의 중견간부들도 글을 기고한 이 잡지는 1938년에 다른 세 개의 출판사들을 흡수하고 이 분야를 주도하려 했다.

통일국가에서는 각 란트의 행정법 관련 잡지가 어차피 필요하지 않기 때문에 이미 빠르게 사라지고 있었고 늦어도 1941년 이후로는 "종이 부족"을 이유로 발간이 중단되었다. 이 사실에서 당시 여론의 다양성이 얼마나 무참하게 파괴되었는지 충분히 짐작할 수 있다. 연방주의Föderalismus만 사라진 게 아니라 다양한 여론이 더 이상 "필요하지 않게" 되었고, 전쟁 기간 내내 논평할 만한 행정법원의 판결이 단 한 건도 행해지지 않았다.

---

* 독일나치법률가연맹BNSDJ(Bund Nationalsozialistischer Deutscher Juristen)은 1928년 나치 정당의 하부조직으로서 한스 프랑크Hans Frank의 주도 하에 창립되었다. 이후 이 조직은 1936년부터 1945년 패전 시점까지 나치법수호자연맹NSRB(Nationalsozialistische Rechtswahrerbund)으로 이름을 바꾸고 독일 전체 법률가들의 직능단체로 활동했다. 가입 의무가 없긴 했지만 당시의 법률가들에게는 가입하지 않으면 나치적인 신념이 결여된 증좌로 간주되었다고 한다.

4. '헌법'의 긴급복구

유대인 출신 학자 그리고 정치적으로 미심쩍은 학자들이 축출되고, 대학이 몰락하고, 검열로 인해 잡지 등의 출판 활동이 위축된 것이 공법을 둘러싼 당시의 외부적 환경이었다면, 내부 여건도 이와 별반 다르지 않다. 1933년 2월 28일 제정된 '제국의회 화재법령Reichstags-brandverordnung'*을 통해 가장 핵심적인 여러 기본권이 무력화되었고, '수권법(전권위임법)Ermächtigungsgesetz'** 제정을 통해 의회주의와도 결별했고, 정당들이 사라지고 연방주의가 제거되었을 뿐만 아니라, 힌덴부르크의 사후에는(1934) 대통령과 수상 간의 이중권력 또한 사라졌다. 이제 '총통(지도자)Führer'만이 남았다. 바이마르헌법은 그저 빈 껍데기로만 존재하는 가운데 기껏해야 4년마다(1937, 1941, 1945) 형식적으로 반복되는 무의미한 권한위임 절차가 1933년의 초기 상황을 여전히 상기시켜주고 있었다.

"형성 중에 있는 헌법werdende Verfassung"이나 "기본법률들Grundge-

---

* 1933년 2월 27일 밤에 베를린의 제국의회 건물에 화재가 발생하고 나서 제정된 나치 독일의 긴급조치를 말한다. 나치당에 마지막까지 저항해오던 공산주의자들이 방화범으로 지목되면서, 본격적인 공산당 탄압의 빌미가 되었다.

** 1933년 3월 24일 당시 원내 제3당인 공산당 소속 의원 81명 전원이 배제되고, 나치 친위대가 의사당을 전면 봉쇄한 가운데 제정된 이 법률의 공식 명칭은 "민족과 제국의 위기 해소를 위한 법률"이다. 행정부가 제국의회와 제국참사원의 참여나 동의 없이 법률을 제정·공포할 수 있는 권한을 갖게 됨으로써 입법권한을 사실상 전적으로 당시 제국수상인 히틀러에게 넘겨주는 수권법률이었다. 이 법률과 함께 의회나 다른 헌법기관들이 유명무실해지면서 권력분립 원리 등이 파괴되었고, 이로써 이후의 모든 후속 조치들과 나치 독재가 가능해졌다.

setzen"을 두고 많은 논의가 있었고,[143] 불문헌법의 장점인 유동성이 찬양되기도 했지만, 사실 국가법학은 모든 것을 다 잃어버렸다. 히틀러는 게르만민족이 세운 대제국을 꿈꾸면서 자신이 정복할 지역, 그곳을 다스리는 민족과 노예로 살아갈 민족들을 설계했다. 헌법적 문제나 법적인 확정과 절차, 법치국가와 기본권은 아예 그의 안중에 없었다.

이 같은 상황에서 국가법학과 관련된 출판은 기계적으로 계속되긴 했지만 더 이상 아무런 알맹이가 없었다. 어떤 언명이라도 다음 날에 완전히 뒤바뀔 수 있었기 때문이다. 사람들은 무모한 발언을 삼갔다. 결과를 예측할 수 없었을 뿐만 아니라 개인적 책임이 뒤따를 수도 있었기 때문이었다. 나치 정권의 지지자들이 처음 2년 동안(1933~1934) 열정적이고 모호하게 발언하다가 이후 점차 신중해진 것은 이런 이유에서였다. 확실히 최초의 기본서는 학생들의 필요에 걸맞게 집필되었다. 오토 팔란트Otto Palandt(1877~1951)[144]가 이끄는 사법시험청 Reichsjustiz-Prüfungsamt이 1934년부터 시행되는 새로운 '사법시험법 Justizausbildungsordnung'에서 이를 요청했기 때문이다. 이때 《쇤펠더 Schönfelder》와 《자르토리우스Sartorius》라는 수험용 법전이 가철본 형식으로 처음 출간되었다. 의회 없이도 법률 제정 작업이 나름 잘 진행되고 있었던 까닭이다. 하지만 이 기본서들은 단지 시험에서 중요한 내용만을 제공하는 수준이었다. 초기 교과서로는 오토 쾰로이터가 저술한 《독일 헌법Deutsches Verfassungsrecht》(1936년 제2판)이 유일하다. 그는 뮌헨에서 여러 주요 잡지들(AöR, RVerwBl, VerwArch)을 관리하면서 스스로를 독일 국가법학의 핵심 인물로 여겼다. 그는 이어서 《일반국가학Allgemeine Staatslehre》과 《독일행정법Deutsches Verwaltungsrecht》

도 함께 저술했는데, 이 세 권의 책 모두 전후의 독일연방공화국(서독) 초기에 개정되어 출간되었다.[145]

　나치 체제의 국가법과 관련해서 언급할 만한 가치가 있는 유일한 책은 에른스트 루돌프 후버가 쓴 것이다. 처음에 《헌법Verfassung》(1937)이라는 제목으로 출간된 이 책은 이후 개정판을 내면서 《대大독일제국의 헌법Verfassungsrecht des Großdeutschen Reichs》(1939)으로 제목이 바뀌었다. 이 책은 국가법 안에 흩어져 있는 여러 조각을 통해 '전체'를 발견하겠다고 작심한다면 구성 가능한 것들을 매우 조화롭게 합성해 놓았다. 후버는 제2차 세계대전이 발발하기 전까지 "민족의 헌법"의 구조를 기술하고, 헌법의 여러 소재를 '민족', '총통', '운동', "제국의 편성" 그리고 "동포들의 법적 지위"로 분류했다. 청년운동에서 시작하여 나치주의자가 된 이상주의자이자 헤겔주의자에 의해 쓰여진 이 책에서는 전체적으로 나치 정권의 긍정적인 측면이 부각되었다. 그의 언어적·창조적 능력은 그의 방대한 저작인 《경제행정법Wirtschaftsverwaltungsrecht》을 통해 이미 입증되었고 그 이후로도 계속해서 인정받았다. 특히 전후에 저술한 도합 8권의 《독일 헌법사 Deutsche Verfassungsgeschichte》가 대표적이다.

5. 불거진 여러 쟁점들

여러 기본서와 교과서에서 다뤄진 것보다 한층 높은 차원의 국가법적인 논쟁이 있었지만, 이 쟁점들도 얼마 지나지 않아 곧바로 그 의미를 상실했다. 초기에는 전통적인 방식대로 국가를 여전히 '법인'으로 간주할 수 있는지 또는 그래야만 하는지, 아니면 '공동체Gemeinschaft'가 더 시의적절한 개념이 아닌지를 두고 논쟁이 벌어졌다. 이러한 논쟁의 배후에는 국가와 정당, 안정성과 역동성 및 기존 세력과 나치 친위대SS 간의 투쟁이 숨겨져 있었다. 당시 나치 친위대는 라인하르트 횐 Reinhard Höhn이라는 인물이 이끌고 있었다. 이들은 지치지 않고 내내 새로운 "공동체적 사고"를 강조했다. 하지만 사실 전혀 앞뒤가 맞지 않는 주장이었다. 실무적으로 사고하는 법률가라면 모두가 국고國庫로서나 행정 행위의 책임자 또는 국제법과 관련해서 국가를 인적인 귀책 주체로서 필수 불가결하다고 여겼을 것이기 때문이다.

초기에 불거진 논쟁, 즉 새로운 국가가 (19세기적인 양식에서) 여전히 '법치국가'인지 여부에 관한 논쟁 역시 당시의 불안정한 시대 상황을 여실히 드러내고 있었다. 테러가 자행되기 시작하고 최초의 집단수용소가 설치되자 나치당NSDAP의 행동주의자들은 이 개념의 비판적인 잠재력을 우려하면서 그것에서 벗어나려고 했다. 카를 슈미트는 "법치국가"가 정치적 실체의 파괴를 뜻하고 19세기에 자유민주주의, 유대주의 그리고 마르크스주의에 길을 닦았다고 밝혔다. 그는 쾰로이터가 주장하는 "민족적 법치국가"와 "국가사회주의적인 법치국가"도 좋은 해답이 아니라면서 "아돌프 히틀러의 독일적 법치국가"를 제안했다. 이렇듯 이 논쟁은 기괴한 모습으로 끝났고, 이내 아무도 언급하지 않게 되었다.

한 가지 중요한 쟁점은 사법과 공법 간의 고전적인 대립이, 헤겔의 수수께끼 같은 표현을 빌자면, 이제는 "지양되었다aufheben"라는 법역사적인 관점에서 전적으로 타당한 진단이었다. 사실 19세기에는 민사법(사법, 민법)과 공법(국가법, 행정법)이 엄격하게 구분되었다. 전자의 영역에서는 계약이, 후자의 영역에서는 고권적 명령과 행정 행위가 전형적인 법 형식이었다. 이러한 구분은 자유를 의식하기 시작한 사회가 군주제적인 관헌국가에 대해 일정한 경계를 설정하려 했던 19세기의 정치적 상황에서 비롯되었다. 그러나 1878년 이후로 국가가 사회보장, 노동법, 회사법과 재정법 등을 통해 사회에서 벌어지는 일들에 한층 더 개입하고 산업을 더욱 장려하고, 노동자와 사용자의 이익단체들, 정당들, 교회들 및 대기업들이 입법 과정에 더욱 개입하는 가운데 사법과 공법의 구별이 점차 의문시되어갔다. 제1차 세계대전이 발발하면서 지금껏 그어진 모든 경계선을 뛰어넘는 '공통법 Gemeinrecht'이 탄생했다. 종전 후에도 이 공통법은 사라지지 않았다. 민간경제를 유지해나가면서 각종의 제한, 장려책, 보조금 지급 또는 혼합형 경영을 통해 위기를 극복하는 데 이용하려 했기 때문이다.

　나치 법률가들은 국가와 사회 간의 경계가 총통국가와 민족공동체에서 이미 극복되고, 공동체를 이끌어가는 총통의 의지가 국민의 진정한 의지와 동일하기 때문에 국가를 상대로 주장되는 기본권과 권리보호가 불필요하다는 결론을 도출하는 방식으로 이 상황을 우회적으로 재구성했다. 그들은 사적 자치가 공공의 필요와 결합된 형태로서만 존재하며, 모든 법은 공동체법으로서 총통의 의지로부터 생겨나고 총통의 의지를 통해 정당화된다고 보았다. 이러한 언명이 기존의 의회민주주의적인 국가상, 권력분립 및 법치국가에 맞서서 관철되는 유일한 투쟁 구호였다.

6. 국제법

이론적으로뿐만 아니라 실제로도 독재가 행해지는 곳에서는 외국과
의 국제법적인 관계 또한 다르게 드러나곤 한다. 먼저 국제법연구소
를 두고 있던 베를린대학과 킬대학 및 외무부에서는 "베르사유 조약
에 맞서는 투쟁", 라인란트 점령 및 자르란트Saarland 문제의 종식, 영
국과의 해군(군함)협정 및 성좌Heiliger Stuhl*와 맺은 제국협약Reichs-
konkordat**이 국제법학의 주된 이슈로 다뤄졌다. 이런 점에서 바이마
르 공화국 당시의 학설에 따라 민족의 생존권, 국가의 명예, 국가들
간의 동등성, 불간섭원칙 및 외국에 거주하는 소수민족의 보호 등이
강조되었다. 때로 소수민족을 언급할 때면 위협적인 어조로 바뀌기도
했다.

  그러나 여기서 진정한 "나치즘적" 국제법 이론이 생겨나지는 못했
다. 1935년 뉘른베르크에서 '인종차별법Rassengesetz'***이 제정되고

---

* 여기서 "성좌聖座"는 바티칸 시국과 로마-가톨릭교회를 말한다.
** 이 "제국협약"은 "히틀러-바티칸 협약"으로도 불리는데, 1933년 7월에 바티칸과
   독일 정부 간에 맺어진 국제법상의 "국가교회조약"이다. 독일 내 가톨릭 신자들에
   게 개인적인 종교 활동의 자유가 보장되지만, 가톨릭의 정치 및 노동조합 조직을 금
   지하는 것 등이 주된 내용이다. 1945년 이후에 이 제국협약의 유효성을 두고 주로
   개신교세가 강한 란트들을 중심으로 법적인 논쟁이 제기되었고, 독일 연방헌법재판
   소도 이것을 사건으로 다뤘는데, 지금도 여전히 이 제국협약이 유효한 것으로 확인
   된다.
*** 이 법률은 "뉘른베르크법" 또는 "아리아인(순수)혈통법Ariergesetz"으로도 불리는
   데, 나치주의자들이 그네들의 반유대주의적·종족차별적인 이데올로기를 법적인 토
   대로 제도화한 것이다.

난 이후에야 관심을 '국가'에서 거두고 '민족'으로 돌리는 것이 목도된다. 얼마 지나지 않아 다른 국가와 민족들에 대해 패권적 주도권을 요구하는 "제국적"인 사고가 확인된다.[146] 이 같은 생각은 기본적으로 오래된 것이지만, 인종차별적으로 돌아선 것은 이때가 처음이었다. 제국의 형성은 인종투쟁을 기반으로 했으며, 우월한 인종이 '공간'을 지배하고, 예속된 민족에게 "자신들의" 국제법을 따르게 했다.

이것은 모든 국제법의 기본 개념인 보편성에 대한 거부였다. 외무장관인 리벤트로프Ribbentrop의 고문인 프리드리히 베르버Friedrich Berber는 1939년 히틀러를 위해 발간한 기념논문집에서 국제법이 더 이상 "세계주의와 평화주의 이데올로기의 놀이터가 되어서는 아니되며, 서유럽과 앵글로색슨족의 국제법은 그 실체가 폭로되어야 하고, 독일의 국제법은 …… 독일민족의 자유와 위대함을 지키기 위해 투쟁하고 있는 독일의 대외 정책에 국제법적인 무기를 제공해주어야 한다"고 밝혔다.[147] 인종차별적인 국제법을 확고하게 옹호하던 횐 Höhn, 베스트Best, 렘멜Lemmel 등은 국제연맹이나 보편적 국제규범에 명백히 반대했다. 그들은 국제연맹과 보편적 국제규범 모두 제국을 건설할 능력을 가진 아리아인 혈통을 약화시키려고 국제 유대주의가 고안한 것이라고 주장했다. 1936년 이후 국제법에 대한 관심이 높아진 카를 슈미트 역시 자유주의적, 보편적 또는 평화주의적 사상에 대해 반복적으로 공격했다.[148] 1939년 4월 그는 킬에서 〈지역 외부의 권력 개입을 금지하는 국제법상의 대大공간질서—국제법상의 제국 개념에 관한 소고〉[149]라는 주제로 강연을 맡았다. 이 강연문이 발표되자마자 외국에서는 이를 비개입을 천명하는 독일적 먼로주의의 일환으로 이해하면서 큰 관심을 보였다. 독일 국내에서는 그것이 전쟁 목표

에 관한 논쟁을 암시한다며 논란이 불거졌다.[150]

물론 모든 국제법학자들이 나치 친위대의 인종차별주의적인 지침을 따른 것은 아니다. 심지어 카를 슈미트조차도 국제법의 영역에서 "국가"에 계속 의존했고, 그에게 영향을 받은 구스타프 아돌프 발츠 Gustav Adolf Walz 역시 마찬가지였다.[151] 외무부와 베를린에 소재하는 "카이저－빌헬름 외국 공법 및 국제법 연구소" 그리고 전시국제법을 다루는 전문가들을 갖춘 군 최고사령부에서는 외국과의 잦은 접촉 때문에 더더욱 전통적인 방향성을 그대로 유지하려고 노력했다. 그렇다고 새로운 분위기를 마냥 외면하지도 않았다. 그것이 속셈을 감추려는 위장이었는지 여부는 모를 일이다.

7. 행정법과 행정학

행정법 쪽에서도 이러한 전제들로부터 적절한 결론을 도출했다. 행정법학을 중단 없이 이어가고 관리하는 일이 더 이상은 어렵다고 느꼈기 때문이다. 새로운 강의 커리큘럼에서는 '행정법Verwaltungsrecht' 강의가 '행정Verwaltung'으로 대체되었다. 이로써 법이 격하되고 법의 고유한 가치가 부정된다며 (제대로) 해석하는 이들도 더러 있었던 반면, 행정의 현실을 행정법에 접목시킬 수 있는 기회이자 거의 잃어버린 행정학의 전통을 다시 수용할 것을 촉구하는 것일 수도 있다며 (희망적으로) 해석하는 이들도 있었다. 그래도 우선은 투쟁을 선언하는 분위기가 지배적이었다. 즉 형식주의와 주관적 공권에 맞서서 투쟁하고, 합법률성Gesetzmäßigkeit 대신 합법성Rechtmäßigkeit을, 개인보다는 공동체를 우선시하며("공익이 사욕보다 우선한다"), 위를 향한 책임감과 아래를 향한 지도력이 함께 요청되었다.

그러나 붕괴되고 있던 국가법과 달리 행정법은 실무와 매우 강력하게 결부되어 있는 까닭에 그리 간단히 제쳐버릴 수 없었다. 처음 2년 동안(1933/1934)에는 여러 다양한 목소리들이 불거져나왔고, 서둘러 작성된 발표문과 소책자들이 분위기를 주도했다.

에른스트 포르스트호프Ernst Forsthoff가 《총체적 국가Der totale Staat》 (1933)를, 에른스트 루돌프 후버Ernst Rudolf Huber는 《독일 사회주의의 형상Die Gestalt des deutschen Sozialismus》(1934)을, 베르너 좀바르트 Werner Sombart는 《독일의 사회주의Deutscher Sozialismus》(1934)를, 테오 도르 마운츠Theodor Maunz는 《행정법의 새로운 기반Neue Grundlagen des Verwaltungsrechts》(1934)을, 오토 쾰로이터는 《국가혁명의 의미와 본질에 관하여Vom Sinn und Wesen der nationalen Revolution》(1933)를 저술했다. 이후 1935~1938년에는 논의가 줄어들고 여러 그룹이 형성되기 시작했다. 포르스트호프는 헌법 문제가 "해결되었다"고 수차례 밝히면서 다음과 같이 언급했다. "현재 공법학의 시급한 과제는 행정 영역에 있다. 나치즘적 국가의 헌법 구축은 거의 마무리되었다. 총통이 헌법을 결정하기 때문에 학계는 해석이라는 문제에 직면하지 않아도 된다."[152] 이를 보다 분명하게 표현하면, 적어도 국가법에서 총통국가는 학문이 필요 없다는 말이었다.

따라서 이에 함께 동참하려던 공법학자들은 행정 쪽으로 관심을 돌리고, 권위주의적인 통치 유형에 걸맞은 새로운 법 형식을 개발하고, 그간의 자유주의적인 행정법이 놓친 것으로 알려진 행정 현실과의 접촉을 다시 모색해야 했다. 야심 많은 대학교수들에게 이들 표제어를 수용하면서 지금껏 적용되어온 원칙들과 결별하거나 새로운 내용으로 채우는 일은 새로운 영역을 먼저 선점할 수 있는 좋은 기회가 되었다. 오토 쾰로이터(1883~1972)와 테오도르 마운츠(1901~1993)는[153] 다음 세대의 나치 '법수호자'들을 위해 위의 구호를 전공에 맞게끔 행정법으로 번역한 새로운 교과서를 발표했다. 1935년부터 프라이부르크대학에서 부교수로 있다가 1937년에 정교수가 된 마운츠도 〈나치즘적인 국가의 행정법〉이라는 제목의 강령적인 논문을 거의 준공식적인 주석서와 다를 바 없는 《독일 행정법Deutsches Verwaltungsrecht》에 게재했다. 이 책의 편집책임자인 한스 프랑크Hans Frank 법무차관은 과거 히틀러의 법률고문이자 "오랜 투사"로서 법무장관직에 나름 희망을 걸고 있었다.[154] 당시 이미 외국으로 이주한 한스 나비아스키 교수에게 사사받고 교수 자격 학위를 취득한 마운츠는 1936년 카를 슈미트의 초청으로 〈유대인과 행정법학〉이라는 제목의 강령적인 강연을 행했다.[155]

나치가 집권하던 동안 발간된 교과서들을 회고해보면 아래와 같이 여러 부류로 정리된다. 먼저 원로 저자들이 쓴 책이 있다. 이 책들은 제2제국* 시대와 바이마르 공화국을 거치면서도 나름의 고유한 특징을 그대로 간직한 채 기껏해야 "시대에 걸맞은" 몇몇 형식들만 보완되었다.[156] 또 다른 학자들은 전승된 상태를 타협적으로 유지하면서

---

* "독일제국"을 뜻하는 "도이체스 라이히Deutsches Reich"라는 명칭은 1871년 비스마르크에 의한 독일민족의 최초 통일 이후부터 공식 명칭이 되었는데, 이후 바이마르 공화국 및 나치 독일에서도 사용되었다. 히틀러의 나치 정권이 스스로를 "제3제국"으로 칭했기 때문에 구舊독일제국(1871~1918)이 "제2제국"에, 신성로마제국(962~1806)이 "제1제국"에 해당하는 셈이다.

동시에 새로운 노선을 찾아 나서려 했다. 아르놀트 쾨트겐Arnold Köttgen이 저술한, 여러 풍부한 사상들이 담긴 책의 목표가 바로 그러하다. 이 책에서는 (오토 마이어에게서 등 돌리고) 행정법을 더 이상 법 형식이 아니라 행정 목적에 따라 재편성하려고 시도했다.[157]

그러나 가장 높은 정점에는 쾰로이터와 마운츠가 저술한 나치 정신이 확실하게 담긴 책들과 다수의 수험용 교재 및 기본서가 자리하고 있었다. 이 책들은 학문적으로는 별 가치가 없지만, 학생들에게 미치는 영향으로 인해 결코 과소평가할 수 없는 책들이었다.

드물게 출판되고 있던 책들뿐만 아니라 《제국 행정 잡지Reichsver-waltungsblatt》, 《행정서고Verwaltungsarchiv》, 《공법서고Archiv des öffent-lichen Rechts》 및 각 란트에서 출간되던 행정법 관련 잡지에 실린 논문들을 비롯해서 당시 행정법 관련 출판물 전체를 살펴보면, 먼저 출판물의 전체 논조가 이전 시기와 크게 다르지 않다는 점을 확인할 수 있다. 행정법은 이데올로기의 싸움터일 뿐만 아니라 전문적인 사항들을 다루는 여러 논문에게는 일종의 안전한 퇴각지대이기도 했다. 국가법에서는 이 같은 일이 더 이상 불가능했기 때문이다. 여기서 학자들은 지방자치법 또는 조세법 관련 주제, 건축법과 계획법, 공용수용법 또는 영업법 등과 관련해서도 어느 정도는 중립적으로 서술할 수 있었다. 물론 어디서나 "빈틈"은 늘 있기 마련이다. 나치당의 의미에서는 엄격하게 파악하는 "공공의 안녕Gemeinwohl"이라는 범주에 속하는 건축의 자유와 영업의 자유, 지방자치법에서는 나치당의 개입 권한, 공무원법상의 정치적 문제 그리고 조세법상의 "공익"을 검토하는 문제 등이 이러한 빈틈에 해당했다. 그러나 1939년까지는 행정법 관련 연구의 전문성과 풍부한 세부적 내용들이 어느 정도 나름의 보호막

구실을 했다. 나치 용어는 최소한으로만 사용해야 하고, 정권을 직접 비판하는 일은 절대로 해서는 안 된다는 사실을 모르는 저자들은 없었다.

과거의 "자유주의적인" 행정법과 투쟁하는 데 가장 빈번하게 동원된 문구들은 "실생활과 동떨어져 있다", "행정 현실을 등한시한다", "시민들의 요구를 제대로 파악하지 못한다" 등이었다. 이러한 비난은 19세기 말 무렵에 민사법의 전통적인 도그마틱에 대해서도 마찬가지로 제기되었다. 행정법에서는 경험적인 지식을 개입시키고 도그마틱을 보다 완화하고 "실생활"에 더욱 치중하라는 요구가 제기되었다. 이를 보다 구체적으로 표현하면 행정의 모든 차원에서 나치당의 요구를 적극 반영하라는 것이었다.

이처럼 로렌츠 폰 슈타인Lorenz von Stein이 강조해온 "일하는 행정 tätige Verwaltung"에 초점을 맞춘 것은 19세기 후반에 거의 고사 직전의 상태로 내몰린 행정학이 다시 부활할 거라는 큰 기대감을 불러일으켰다. 오토 마이어가 "법학적 방법론"을 최종적으로 관철시키고 나서 행정학은 무대의 뒤편으로 밀려나 있었다. 바이마르 공화국 시기에는 대학에서도 '행정학' 강좌가 거의 개설되지 않았다. 변화의 첫 번째 신호는 발터 노르덴Walter Norden이 쓴 〈행정학이 무엇을 뜻하고, 무엇을 위해 연구하는가?〉(1933)라는 짧은 논문이었다. 비록 이 논문을 쓴 저자가 그해에 국외 이주를 강요받았지만, 그는 영국과 미국의 "공공행정public administration"과 유사한 강의를 염두에 두고 있었다. 결국 이것을 이루지 못하고 국외로 이주한 후로는 그의 논문도 더 이상 인용되지 않았다. 하지만 나치즘에 충실한 저자들은 그의 사상을 받아들였다.[158] 이들 모두가 "실증주의"를 적으로 선언하고, 생활 현실을 법에 연관시킬 것을 요구하면서 이를 교과 과정에 반영하려고 노력했기에 더 많은 호응을 얻었다. 그러나 대학들이 기초교과목을 확보하는 데에서도 어려움을 겪고 있던 터라 이 구상은 별 성과를 거두질 못했다.

어쨌든 나치당의 당직을 얻으려는 노력들이 계속되었다. 사람들은 브뤼셀에 소재한 국제행정학연구소의 회원이 되려고 애썼고, 1939년 9월에 베를린에서 학술대회를 개최하려고 했으며(전쟁이 발발하면서 결국 무산되었다), 1942년에는 "국제 국가학 및 행정학 아카데미Internationale Akademie für Staats – und Verwaltungswissenschaften"가 베를린에 설립되었다.[159] 한스 페터스Hans Peters 및 게르하르트 바케Gerhard Wacke(1902~1976)와 같은 저자들도 계속해서 행정학 책을 집필했는데, 정작 출판되지는 못했다. 1941년에 법학 교육과정의 개혁을 두고 다시금 논쟁이 불거졌다. 행정가 양성을 법률가 양성으로부터 분리해야 하는지를 두고 깊이 논의했다. 이 같은 계획의 배경은 향후 동부유럽 지역을 정복하게 되면 많은 행정 전문가들이 필요할 것으로 예상되었기 때문이다. 이렇듯 전반적으로 불안정이 지배하는 가운데, 시간의 추는 다시 과거로 되돌아갔다. 정치학적·사회학적 토대는 여전히 결여되어 있었고, 이것들을 매개하는 지식의 표준은 생겨나지 못했다. 행정 자체도 제국행정 이외에 서로 경쟁하는 수많은 개별 행정들과 접근이 허용되지 않는 나치 친위대의 제국으로 쪼개져 있었다. 이로부터 생겨난 것이 히틀러가 반은 의도적인 계산으로, 나머지 반은 '질서'에 대한 전반적인 반감 때문에 지지한 "폴리크라티

Polykratie"*였다. 1943년의 새로운 강의 커리큘럼은 1934년 이전으로 되돌아갔다. '행정' 강좌가 사라진 것이다.

8. '생존 배려'와 그 대차대조표

이 시기는 그 어떤 관점에서라도 대차대조표상으로 부정적인 결론을 내릴 수밖에 없다. 행정법학이 인류학이나 우생학 또는 나치 정권이 추구하는 목표를 지근거리에서 추종하던 대학들과 카이저 – 빌헬름 연구소에서 수행하던 전쟁 연구만큼 나치 정권의 범죄와 직접적으로 연관되지 않았다는 사실은 분명하다. 그러나 법학의 다른 분야들과 마찬가지로 행정법학도 보다 깊은 의미에서는 이 시스템의 일부였고, 이론과 실제에서 행정의 기능을 지원했으며, 행정이 법 형식에 걸맞게 절차대로 행해지고 통제되고 있는 정상적인 상황이라는 인상을 불러일으킴으로써 나치 국가와 시민들의 가치세계 사이에 맺어진 임시계약을 더욱 공고한 것으로 만들었다.

이와 동시에 자유주의를 끊임없이 비난함으로써 사실상 19세기의 국가와 더 이상 비교할 수 없는 국가에서 행정의 역할에 관한 새로운 시각을 열어주었다. 나치 국가는 국가와 사회 사이에 그어진 모든 경계를 허물어버렸다. 국가가 미리 정해둔 정치적 목적이 절대적인 영향력을 행사했다. 개인은 더 이상 자급자족할 수 없었고 국가가 제공

---

* "폴리크라티*Polykratie*"는 동일하거나 유사한 권한을 가진 여러 지배적인 통치기구들이 병립해서 공존하는 정치 체제를 뜻한다.

하는 급부에 종속되었다. 에른스트 포르스트호프Ernst Forsthoff는 이를 '생존 배려'라고 불렀다. 헤겔에서부터 로렌츠 폰 슈타인까지 이어진 오래된 사고인 생존 배려는 당시 카를 야스퍼스Karl Jaspers를 통해서도 주목을 끌었다.[160]

포르스트호프는 공법이라는 학문이 행정법뿐만 아니라 로렌츠 폰 슈타인이 그간 강조해온 "일하는 행정"에도 보다 관심을 기울여야 한다고 주장했다.[161] 이러한 의미에서 그는 인간들의 현대적 삶이 국가가 제공하는 각종의 급부들(전기, 가스, 수도 등)에 물리적으로 종속되어 있는 점, 동시에 이동성을 보장하는 기술적 가능성과 공간의 지배 간 대립이 존재하는 점을 특징이라고 강조했다. 이제는 행정의 상당 부분이 급부행정Leistungsverwaltung으로 작동하고 있으며, 시민들은 살아남으려면 이렇듯 국가가 제공하는 급부에 "참여해야" 했다. 이것이 말하자면 현대적 실존에서 아킬레스건이라는 주장이다. 행정의 이와 같은 급부국가적 측면은 이후 독일연방공화국(서독) 초기에 다루어진 중요한 논제들 중 하나였는데, 이것도 특히 포르스트호프가 전쟁 기간 중에 집필하기 시작한 교과서의 영향이 컸다.[162]

이렇듯 "정상적인" 행정과 군비 확장 그리고 "4개년 계획"이 동시에 진행되고, 특히 전쟁 중에 나치 친위대와 히틀러의 많은 특별보좌관들 간에 깊은 통찰과 피상적인 권력투쟁이 행해지면서 정상성正常性과 테러가 혼재하는 상황이었다. 이 상황을 굳이 옹호하기 위해 그것이 "정상적인" 행정인지, 전쟁으로 인해 불가피한 일인지 또는 홀로코스트인지를 구별하려 하기도 한다. 하지만 사실상 별 의미가 없다. 기존의 규정대로 나무랄 데 없이 처신해온 행정공무원들도 국가 범죄라는 맥락에서는 다른 기능을 획득한 셈이다. 이들이 책임 있는 자리를 지킴으로써 국민에게 신뢰감을 느끼게 만들었고, 거침없이 모든 일을 자행하는 나치 정권의 핵심부에게 형식적 정당성을 부여했다. 이 시스템의 행정을 구상해온 사상적 선구자들이 떠맡아온 역할은 더욱더 문제적이다. 비록 이들에게 행정명령권이 없었다 하더라도, 이들은 그저 단순한 책상물림이 아니라 공직자로서 책상머리에 앉아 일을 도모해온 행위자들Schreibtischtäter이었다. 즉 이들은 기본권을 두고서 국가에 대한 부르주아들의 불신이 표현된 것이라며 비웃으면서 기본권과 결별하는가 하면, "주관적 공권에 맞서는 투쟁"을 선언하고, '목적' 달성을 위해 억압을 정당화하고, "민족공동체의 권리"라는 모호한 주장을 앞세워 행정 작용의 법률 구속에서 벗어나려 하고, 권력분립 원리를 "극복하고", 정복된 지역의 관리를 위한 계획을 세우고, 행정재판권을 무력화하기 위한 교묘한 준비 작업의 일환으로 "정치적인" 사안들을 배제시키거나, "사법적 심사에서 배제되는 고권작용justizloser Hoheitsakt"이라는 카테고리를 새로이 만들었다. 말과 글로써 다각도로 이것들을 정당화하고 유포한 것은 그 자체로 능동적인 행위이고, 책임져야 마땅한 행위이다.

이 사례들을 두고 현재의 행정법학은 아래와 같은 비판적인 질문을 던져야 마땅하다. 행정이 행해지는 오늘날의 지평에서 나름의 이해관계를 가진 권력들이 쉽게 적응하는 가장 약한 고리는 어디일까? 이와 동시에 이러한 통찰을 보다 생산적으로 만들기 위해 행위준칙으로 전환시켜야 한다. 그래서 또 다음과 같이 질문해야 한다. 모든 일이 민주적·법치국가적으로 순조롭게 진행되고 있는 자유로운 사회는 무엇을 원하는가? 그리고 이 사회가 원하지 않는 것은 도대체 무엇인가?

XIII.
독일의 법적 상황, 전후 복구와
두 개의 나라

1. 제로의 시간?

제2차 세계대전이 마무리되던 1945년 초기의 상황은 유럽 대륙과 영국의 모든 이들에게 참담하기 짝이 없었다. 독일 시민들은 나치 국가가 붕괴되는 모습을 직접 몸소 겪었다. 국토는 연합국들에 의해 점령당했고, 필요한 물자는 심각하게 부족한 상황이었다. 사람들은 다른 희생자 집단들뿐만 아니라, 라울 힐베르크Raul Hilberg의 표현에 따르면 "유럽에 거주하던 유대인들의 말살"이라는 거대한 반인류적인 범죄가 자행되었다는 사실을 알고 있거나 적어도 직감하고 있었다. 이후 십수 년이 지나서야 그 규모가 차츰 분명해졌다. 댄 디네르Dan Diner에 따르면 시간이 흐르고 나서야 이러한 "문명의 붕괴"가 이제 막 탄생하고 있던 동서독뿐만 아니라 새로운 이스라엘의 건국 역사에도 얼마나 깊은 상흔을 남겼는지를 뒤늦게 확인할 수 있었다.

모든 것들이 멈춰 서버린 "제로의 시간Stunde Null"[*]으로 자주 인용되는 1945년의 상황은 우선 항복문서들과 "베를린 선언" 및 1945년 7월 17~8월 2일에 개최된 포츠담회의의 문건들에 기록되어 있다.[163] 이 문건들이 지금 논의하고 있는 "독일의 법적 상황"에 대한 여러 물음의 출발점이다. 그러나 그 밖에도 사회 안에서 그리고 행정과 국가 영역에서 단절된 것보다는 연속된 것이 더 많았기에, "제로의 시간"이라는 이 은유적 표현은 부분적으로만 타당하다.

연속성을 애써 감추려는 곳에서는 이 표현이 전혀 불필요했다. 그러나 많은 정신적 지도자들이 진지하게 새로운 시작을 도모하려 했던 전후에는 그것이 나름 유용했다. 달리 말하면, 어떤 이들에게는 해방을 뜻하는 것이 다른 이들에게는 큰 충격이었고, 많은 이들에게는 고향과 일자리의 상실을, 또 다른 이들에게는 이후로 잠적하거나 침묵하게끔 하는 계기가 되었다.

긴급행정이 행해지고 지방자치 행정이 새로이 출범하고 독자적인 헌법을 갖춘 란트Land들이 탄생하는 초기 단계를 넘기고[164] 서독의 란트들이 연방국가로 결속된 이후(바이존Bizone, 트라이존Trizone[**]), 독일의 서쪽 지역은 소비에트가 점령한 동쪽 지역들과는 확연하게 분리

---

[*] 원래 군대의 작전 계획과 명령에서 비롯한 용어로, 새로운 일련의 사건들이 연쇄적으로 발생하는 중요한 시간을 뜻한다. 전후 역사문학 쪽에서 사용되다가 이후에는 언론과 일상에서도 사용하는 일종의 메타포가 되었는데, '패전', '파국' 및 "희망 없음"을 동시에 함축하고 있는 표현으로도 이해된다.

[**] 제2차 세계대전이 끝나고 독일의 서쪽 지역이 연합국들에 의해 점령된 후 1948년 3월 연합국들은 런던에서 미국과 영국이 점령하던 기존의 2개 지역Bizone, 프랑스가 추가로 점령해오던 3개 지역Trizone을 통합하는 데 합의했다.

되기 시작했다. 세계 정치가 변화하던 당시의 국면에서 이는 불가피해 보였다. 1948년에는 연합군의 관리위원회Kontrollrat가 더 이상 작동하지 않고, 동서독 양측이 각자 독자적인 헌법을 준비하면서 새로운 화폐를 시장에 내놓았으며, 서로 간에 연락이 중단되었다. 갈라진 동쪽과 서쪽이 다시 합쳐질 수 있으리라는 희망의 불씨는 여전히 살아 있었고 정략적으로 이용되기도 했다. 그러나 동독의 공공연한 스탈린주의와 서독의 서방 측과의 결속을 감안하면 그렇게 될 가능성은 매우 희박해 보였다.[165]

동·서독의 국가법 학자와 국제법 학자들도 이념적으로는 제로의 시간으로 되돌아갔다. 대다수가 나치 국가에 협력한 전력 탓에 심적인 부담을 안고는 있었지만, 정치적 열정을 갖고서 곧바로 "독일의 법적 상황"을 나름 해석하기 시작했다.

법적 주체로서의 독일은 과연 사멸했는가? 영토나 국가권력 또는 인민들이 없으면 국가는 더 이상 존재하지 않는다는 고전적인 이론에 따르면, 이는 전적으로 설득력이 있는 주장이었다. 독일의 국가권력이 지배해온 지역은 축소되었고, 국가권력은 해체되거나 점령 세력에게 이양되었으며, 설령 존재한다 하더라도 마비되어 행위 불능의 상태였다.

반면 이에 대립하는 주장도 적지 않았다. 즉 나라가 강점된 것이 결코 아니고, 연합군은 '최고 권위supreme authority'만을 떠맡았을 뿐이며, 비록 항복은 했지만 평화협정이 체결되지 않았고, 곧 실체가 없어질 위협에 놓여 있기는 하지만 독일의 국제법상 의무와 아직 회수되지 않은 채권·채무가 엄연히 존재한다는 주장이었다. 실증주의에서 출발한 방법론상의 모든 수단을 동원해서 독일을 정신적 측면에서뿐만 아니라 법적인 측면에서도 지켜낼 수 있는 방향으로 여러 팩트와 점령 문건들을 해석했다.

정치적으로 "전승국들"에 반대하는 분위기도 있었지만, 이들 전승국도 결론적으로는 당시의 냉전 국면에서 이른바 "독일의 문제"*를 그대로 남겨두고 독일이 계속 존재할 것이라 가정하는 편이 더 낫다는 데 의견이 일치했다. 이로써 "독일(제국)의 사멸 테제"는 결국 관철되지 못했다. 동독에서도 초기에는 "독일의 연속성 테제"를 따랐다. 중립적 또는 사회주의적인 징조가 흐르는 가운데 전체 독일을 위한 해결책으로 그것이 더 유리하다고 판단했기 때문이다.

국가법학과 국제법학의 내부에서 벌어진 이 최초의 논쟁은 정치계에 다양한 시사점을 던졌고, 정치 또한 이들 학계에 본연의 역동성을 제공했다. 비록 두 개로 갈라선 (잠정적인) 분단국가가 형성되기 시작했지만, 독일이 전체로서 아직 존재한다면 독일 국적을 그대로 고수하고, 독일이 책임지는 주체로 인정받고 국제적으로 행위능력이 있게끔 만들어야 했다.

이렇게 해서 정치적 허구를 그대로 유지한 채로 '단독 대표권'이

---

* "Deutsche Frage" 또는 "Deutschlandfrage"로도 불리는 이 "독일의 문제"는 좁은 의미로는 유럽사에서 1806~1990년에 독일의 통일을 둘러싸고 국경과 영토 내 질서를 포함해서 그간 미해결 상태로 상이한 형태로 반복해서 불거져온 해묵은 여러 문제들을 총칭해서 일컫는 표현이다. 당시 가장 현실적으로는 구舊독일제국과의 연속성 여부 및 서西베를린의 법적 지위 등의 문제가 "독일의 문제"로 불거졌었다. 예컨대 서베를린은 1990년 통일 시점까지 내내 서독 연방의회Bundestag에 대표를 보낼 수는 있었지만, 이 대표들은 의결권이 없이 단지 옵서버 자격으로만 참여가 허용되었다. 현 시점에서는 1990년의 동서독 통일과 함께 이 "독일의 문제"가 해결된 것으로 간주되고 있다.

주장되고, 서쪽과 동쪽의 블록으로 분리된 틀 안에서 각자가 따로 행위하고 국제사회의 여러 장애물을 밀쳐내려고 애쓰면서도(할슈타인 독트린Hallstein-Doktrin) 또한 서로를 헐뜯었다. 초기의 대립은 1969년에 양 독일국가 사이에 "접근을 통한 변화Wandel durch Annäherung"라는 정책이 시작되고, 동독에서 체제에 반대하는 이들이 서서히 무대 위로 등장하고, 동구 공산권 국가들의 결속이 약화되고, 유럽안보협력기구OSCE가 탄생하는 등 국제정치적인 지각변동이 일어나면서 점차 약화되었다. 그러나 당분간은 두 개의 독일국가가 병존하는 것에 만족해야 할 것 같은 분위기가 지속되었다.

2. 대학의 재건

대학도 1945년에 실질적인 의미에서 "제로의 시간"에서 다시 시작해야 했다. 대학은 나치에 협력한 전력이 없고 적어도 점령 세력에게서 승인받은 교원들로 비상 운영 체제를 조직하고, 나치 서적들을 마치 '독극물'로 분류해서 배척하는 한편, 수업에 사용할 수 있는 다양한 강의노트를 마련하는 등의 방법을 통해 이상적인 새로운 시작을 위한 넓은 지평을 확보하려 애썼다. 이를 위해 법학자들은 '자연법' 또는 '실질적 가치윤리학'에 기대기도 했다. 하지만 법 실무에 제대로 적용하지는 못했다. (여전히) 효력 있는 구법舊法, 무효화된 나치 법률들, 점령 당국의 포고령 및 새로운 개별 란트의 법들이 마구 뒤엉켜 있는 정글 속에서 길을 찾아 나서야 했다. 다시 말해 서구적인 "가치질서"를 고수하려는 입장과 일상에 필요한 법률 실증주의가 서로 대치하는 국면이었다.

이와 동시에 교원들을 보충하기 위한 노력이 행해졌다. 살아남은 나치의 희생자들 중에서 다시 돌아와 달라고 요청해도 그렇게 할 수 있거나 그럴 의사가 있는 이들이 많지 않았다. 나치에 협력한 전력이 없는 강사들은 거의 찾을 수 없었다. 소비에트가 점령한 지역에서 많은 학자들이 앞다투어 서쪽으로 몰려왔다. 그리 허물이 크지 않은 "단순 협력자"들도 많았지만, 이들은 아직 "탈나치화"되지 못했다. 이렇듯 차마 고백하지 못하는 수치스런 과거를 가슴 속에 품은 채로 형성된 동지적인 네트워크와 물질적 궁핍이 서쪽의 점령지구와 초기 서독의 특징적인 모습이었다. 몇 년 후 거의 모든 교수, 즉 공법 교수들은 다시 대학으로 돌아왔다. 나치에 협력한 과거의 전력이 부담스런 극히 일부 교수들은 여기서 제외되었다. 이들 중에는 특히 카를 슈미트, 라인하르트 횐Reinhard Höhn, 오토 쾰로이터Otto Koellreutter, 에른스트 루돌프 후버가 손꼽힌다.[*]

서독 지역의 대학들은 거의 그대로 남아 있었다(본, 에어랑겐, 프랑크푸르트, 프라이부르크, 괴팅겐, 함부르크, 하이델베르크, 킬, 쾰른, 마인츠, 마르부르크, 뮌헨, 뮌스터, 튀빙겐, 뷔르츠부르크). 동서로 분단된 베를린에는 동쪽에 소재한 프리드리히-빌헬름대학이 훔볼트대학으로 개명했고, 서쪽에서는 "자유대학Freie Universität"이 설립되었다. 자르브뤼켄에서는 독일어-프랑스어 공용 대학이 생겨나는데, 1955년에 주민투표가 실시된 후 공법에서는 다시 독일어가 주된 언어가 되었다. 슈

---

[*] 이들조차도 이후에 대학이나 기업계로 사실상 복귀했다. 끝까지 공적 생활에 복귀하지 못한 이는 카를 슈미트 한 사람뿐이다.

파이어에는 프랑스의 지휘 하에 대학원 과정의 행정학 전문대학이 신설되는데, 이후 차츰 대학으로서의 권리를 확보해갔다.

반면 동독 쪽에서는 대학 재건에 훨씬 큰 어려움을 겪었다. 여섯 개의 법학부들(베를린, 라이프치히, 할레, 예나, 로스토크, 그라이프스발트) 중 로스토크와 그라이프스발트대학에서 법학부가 폐지되었다. 남은 네 곳의 법학부도 주로 일반적인 교육기관으로 기능했다. 연구와 당 간부들을 위한 교육은 소비에트를 본보기 삼아 포츠담의 바벨스베르크에 설치된 "발터 울브리히트Walter Ulbricht 독일 국가학 및 법학 아카데미"로 집중되었다.[166] 마지막으로 포츠담-골름에 설립된 "국가보안부 소속 사법司法전문대학"에서 몇 년 후 박사학위와 교수자격 학위를 취득할 수 있게 되었다. 여기서 작성된 논문들은 원칙적으로 일반인들에게 공개될 용도가 아니라, 정보요원들의 활동이나 에리히 밀케Erich Mielke(1907~2000)가 마치 자신의 왕국처럼 통치하는 비밀정보국 내부에서 참고용으로 활용되었다.[167]

여러 대학의 거의 모든 "부르주아적"인 교수들이 서독으로 이주하면서 빈자리는 당의 지침에 충실한 젊은 강사들로 채워졌다. 교과 과정이 개편되어 국가시험Staatsexamen이 아니라 학사학위와 실무수습 기간으로 대체되었고, "마르크스주의-레닌주의" 강좌가 필수과목이 되었다. 독일사회주의통일당SED의 지배력이 커질수록 국가법과 행정법이 운신할 수 있는 공간은 더욱 협소해졌다. 1949년 10월 7일에 제정된 헌법에 대한 논평이 금지되었고, 1952년부터는 행정법원들이 폐지되었다. 국가권력을 제한하는 자유주의적인 요소들로 인해 행정법은 불신의 대상으로 남았다. 발터 울브리히트Walter Ulbricht가 법학을 단속하려는 의도로 개최한 1958년의 바벨스베르크 회의 이후[168] 명칭은 남았을지 몰라도 교과목으로서의 '행정법'은 아예 사라졌다. 이때부터 행정법은 '국가법' 속에 포함되고 '지도법指導法(Leitungsrecht)'으로 명칭이 바뀌었다.[169] 국가권력을 제한하는 법이 아니라 행정을 조율하는 법이라는 표현이 마땅하다고 여겨졌기 때문이다.

3. 여러 연구기관과 법률 잡지

대부분의 "신분 단체들"을 해체·몰수 또는 굴복시킨 나치즘이 몰락한 이후 이 단체들 또한 새롭게 재건되어야 했다. 이 작업은 1949년 내내, 즉 서독 정부의 수립과 동시와 행해지는데, 이를 위한 사전 작업은 이미 오래전부터 진행되어왔다. 1949년에는 1917년에 창립되고 1933년에 금지된 "독일 국제법협회Deutsche Gesellschaft für Völkerrecht"가 다시 설립되었다. 킬에 위치한 "국제법 연구소Institut für Internationales Recht"(현재의 발터 쉬킹 연구소Walther Schücking-Institut)도 새로이 문을 열었고, 이전에 베를린에 소재했던 "카이저-빌헬름 외국 공법 및 국제법 연구소Kaiser-Wilhelm-Institut für ausländisches öffentliches Recht und Völkerrecht"는 이때부터 하이델베르크에서 "막스-플랑크 연구소Max-Planck-Institut"라는 새로운 이름으로 연구를 이어갔다. 1949년에는 느슨한 조직을 갖춘 "독일 법역사학자협회Deutsche Rechtshistorikertag"가 결성되었고, "독일 법률가협회Deutsche Juristentag"도 1860년에 결성된 "독일 법률가협회"를 그대로 계승했다. 민사법학자들과 형사법학자들 또한 자신들의 학회를 조직하기 시작했다.[170]

1923년에 창립되고 나치가 집권하는 동안 학술대회를 개최하지 못했던 "독일 국법학자협회Vereinigung der Deutschen Staatsrechtslehrer"에게도 1949년은 재창립의 해였다. 도합 82명의 공법 교수들이 하이델베르크로 초대받는데, 나치에 협력한 전력이 분명한 일부 회원들은 초대받지 못하거나 스스로 불참했다. 최고령자로서 임시회장직을 맡은 본대학 소속 리하르트 토마Richard Thoma는 협회가 이제 "고개를 들고 떳떳하게" 다시 나설 수 있게 되었다고 소회를 밝혔다. 새로운 협회의 내부에 긴장감이 없지는 않았지만 적어도 공공연하게 드러나지는 않았다. 발표 주제로는 〈내각 문제와 긴급입법〉 및 〈기본법상 권리 보호의 보장〉이 다뤄졌다. 학술대회를 유치한 하이델베르크대학의 발터 옐리네크Walter Jellinek 교수는 "가능한 모든 정치적 변수들이 미래에 달려 있기 때문에", 본 기본법상의 "위기에 취약한 여러 규정을 이 시대에 걸맞게끔 최대한 분명하게 해석하는 것이 오늘날의 국가법학에 주어진 중요한 과제"라고 강조했다.[171]

국제법 학자들의 초창기 학술대회에는 소비에트 점령 지역에서 학회 대표자들이 참석했지만, 이후 냉전 국면이 첨예화되면서 양 독일 간의 접촉은 중단되었다. 이때부터 전체 독일을 아우르는 법률가들의 포럼은 개최되지 못했다. 더욱이 동독에는 국가법학자협회가 아예 존재하지 않았다. 분단 초기에는 동독 대학들의 몇몇 교수에게 학술대회 참석을 위한 서독 여행이 허가되었다. 특히 법역사학이나 법철학 분야에서는 사적인 접촉도 계속해서 이어졌다. 그러나 이 시점부터는 동서독의 국가법과 행정법이 완전히 따로 분리되어 발전해갔다. 이는 무엇보다 민법전BGB이나 형법전StGB처럼 두 나라를 연결할 수 있는 성문의 실체법이 없었기 때문이다. 동독이 국제사회에서 독자적인 국가로 승인되면서부터 국제법 분야에서 다시 교류가 되살아나는 듯했고, UN 등을 통해 조심스런 접촉도 진행되었다. 그러나 전체적으로 살펴보면, 1947~1990년에 법학 분야에서 양 독일국가 간에 진솔하면서 어느 정도 탈정치화된 맥락에서의 소통은 불가능했다.

학회를 위시해서 여러 기구의 신설 내지 재창립과 병행하여 서독 쪽에서는 법률 잡지들이 다시 활기를 띤다. 그 가운데 각각 1946년에 창간된 《남독일 법률신문Süddeutsche Juristenzeitung》과 《독일 법률 잡지Deutsche Rechts-Zeitschrift》가 1951년에 지금의 《법률신문JZ(Juristenzeitung)》으로 통합되었다. 영국의 점령 지역에서는 《독일법 월보Monatsschrift für Deutsches Recht》가, 베를린에서는 《법조 동향Juristische Rundschau》이 그리고 1947년부터는 《신법조 주보NJW(Neue Juristische Wochenschrift)》가 발간되기 시작했다. 1948년부터는 공법학 전문 잡지인 《공법서고 AöR(Archiv des öffentlichen Rechts)》가 기존의 발행인에 새로운 발행인들이 추가되어 출간되었다. 1951년에는 1939년부터 발간이 중단된 《공법연감JöR(Jahrbuch des öffentlichen Rechts)》이 다시 빛을 보게 되었다. 행정법에서는 과거의 《제국 행정 잡지Reichsverwaltungsblatt》에서 비롯한 《독일 행정 잡지DVBl(Deutsche Verwaltungsblatt)》가 시장을 지배하는데, 당시 부활하고 있던 《행정서고Verwaltungsarchiv》와도 밀접한 관계에 놓여 있었다. 남부 독일에서는 이와 견줄 수 있는 잡지로 《공공행정DÖV(Die Öffentliche Verwaltung)》이 1948년부터 발간되기 시작했다. 독일 전역을 아우르는 잡지들 못지않게 중요하고, 특히 전후의 재건 초기 국면에서 더 중요한 잡지들은 개별 란트에서 발간되는 행정 잡지들이었다. 이들 중에서 가장 역사가 오래된 잡지는 현재까지도 발간되고 있는 《바이에른 행정 잡지Bayerische Verwaltungsblätter》이다.

동독에는 경제적, 특히 정치적인 이유로 인해 신문과 잡지 분야에서 이렇듯 개방적인 시장이 없었다. 1952년에 연방주의와 행정재판 제도가 폐지되었을 뿐만 아니라, 헌법재판을 허용하지 않는 국가에서 실질적으로는 단 두 개의 잡지만으로도 나름 충분했었기 때문이다.[172] 그 하나가 바로 1947년부터 법무부가 주로 법관들을 염두에 두고 발간한 《신사법NJ(Neue Justiz)》이고, 다른 하나는 1952년부터 발간되면서 공법에서 가장 주된 잡지로 자리 잡은 《국가와 법Staat und Recht》이다. 이 잡지에는 동독에서 1991년까지 벌어졌던 법학과 관련한 내부의 장황한 모든 논쟁뿐만 아니라 파쇼적이라고 낙인찍힌 "서쪽의 분단국가"와의 논쟁 또한 반영되어 있었다.

XIV.
새로운 "가치질서"와
법치국가의 재건

1. 기본법에 대한 최초의 반응, 여러 논평 및 교과서

1945~1949년에 연방을 구성하는 각 란트Land에서 란트헌법이 제정되고 특히 기본법이 탄생하는 과정에서 헌법 및 행정법 관련 법률가들은 어디서나 전문가 역할을 떠맡았다. 다만 헌법 제정 자체는 정치권의 수중에 놓여 있었다. 이들로서는 점령 당국이 제시한 핵심적인 사항들을 고려하지 않을 수 없었다. 1948년 6월 7일 런던에서 독일 서쪽의 점령국들과 인접국가의 외무장관들이 회동하고서 전달한 권고안Londoner Empfehlungen[*]에서 시작하여 헤렌힘제에서 개최된 헌법

---

[*] "런던 권고안"으로 불리는 이 권고안은 서방 점령 3국(미국, 영국, 프랑스)이 "자유롭고 민주적인 정부 형태"를 갖춘 서독 국가의 건설을 준비하기 위해 당시 서독의 11개 란트의 총리들에게 "헌법 제정을 위한 총회" 소집의 위임을 포함하고 있다.

기초위원회Verfassungskonvent, 의회평의회Parlamentarischer Rat[*] 등 여러 단계를 거치면서 민주주의, 법치국가, 기본권, 연방주의, 권력분립, 입법권한 및 행정권한, 재정헌법과 그 밖의 쟁점들에 관한 기본적인 지침과 세부 사항들이 구체적으로 논의되었다. 이 과정에서 냉전 상황에 따른 기본조건들뿐만 아니라 바이마르헌법과 함께했던 과거의 경험도 상당한 역할을 했다. 당시로서는 불확실한 미래를 고려하는 가운데 "잠정적인 헌법Provisorium"[**]을 마련한다고 생각했고, 따라서 여러 중요한 쟁점들이 배제되었다.

이렇게 탄생한 독일연방공화국의 '기본법Grundgesetz'은 1949년 5월 23일에 축제 분위기 속에서 공포되었다.[173] 하지만 일반 대중은 이 헌법을 잠정적인 것으로 여겼다. 독일 시민들에게는 식량 상황, 화폐개혁, 경제 그리고 난민들의 통합이 더욱 시급한 문제였다. 그들로서는 전쟁에서 살아남았다는 사실이 새로운 국가를 건설하는 것보다 더

---

[*] "의회평의회"는 당시 세 개로 쪼개진 서쪽 점령지구의 11개 란트의 의회에서 선출된 70명의 대표들(표결권이 없는 서베를린 대표 5명 포함)로 구성된 헌법 제정을 위한 회의체로, 1948년 9월~1949년 6월까지 본에서 회의가 개최되었다. 본래 서방 점령당국은 헌법 제정을 위한 "제헌의회"를 소집할 것을 11개 란트의 총리들에게 요구했으나, 란트 총리들은 분단 현실이 고착화될 것을 우려하여 제헌의회가 아니라 의회평의회의 구성으로 대응했다. 이 의회평의회는 1949년 5월 8일에 독일연방공화국(서독) 기본법Grundgesetz과 연방의회선거법을 의결했다. 이후 각 란트의회의 동의 및 서방 점령 당국의 승인이 있었고 최종적으로 같은 해 5월 23일 자로 기본법이 효력을 발생했다.

[**] 전후 서독 헌법의 아버지들은 통일된 국가의 완전한 헌법이 아니라, 분단된 반쪽짜리 국가의 불완전한 헌법이라는 현실 인식 속에서 향후의 통일 시점까지 잠정적으로 적용된다는 의미에서 '헌법Verfassung'이라는 명칭에 갈음하여 '기본법Grundgesetz'이라는 명칭을 선택했다.

중요했다. 게다가 헌법 자체를 비판적인 시선으로 바라보았다. 각자의 관점에 따라, 즉 어떤 이들에게는 기독교적인 성격이 너무 약하고, 다른 이들에게는 사회주의 성격이 약하며, 또 다른 이들에게는 지나치게 사법司法국가적인 방향으로 경도되어 있다고 비춰졌다.

공산주의자들뿐만 아니라 나치에 협력한 전력을 지닌 언론인들을 위시해서 많은 이들이 분단국가의 건설 자체를 반대했다. 이들은 소비에트연방이 양해하는 가운데 전체 독일의 문제가 해결되기를 희망했다. 보수적인 헌법학자들은 행정부의 권한과 기능이 너무 취약하고, 연방주의와 법치국가가 지나치게 강하고, "국가 긴급사태"에 대한 배려가 너무 부족하다며 비판했다.[174] 그러나 대다수의 헌법학자들은 이 기본법을 받아들이고 이를 법적인 토대로 삼아서 주석서와 논문 및 교과서를 집필했다.

헌법과 관련된 새로운 문헌으로는—약간의 주해가 덧붙여진 텍스트에 불과한 여러《문고판 주석서Taschenkommentare》들을 제외하고—먼저《본 기본법 주석서Bonner Kommentar》를 언급하지 않을 수 없다. 1950년에 가철본의 형식으로 시작한 이 주석서는 100여 명 학자들의 공동 작업을 통해 도합 15권으로 늘어났다. 이 책자는 역사적 배경을 다루는 내용을 포함해서 훌륭한 주석들이 담긴 보고임에도 한동안 발간이 중단되었다가 최근 출판사를 바꿔서 다시 안정적으로 재발간되고 있다.

헤르만 폰 망골트Hermann von Mangoldt가 집필한 주석서도 1950년부터 출간되기 시작했다. 처음에는 3권짜리 주석서였는데, 망골트의 뒤를 이은 프리드리히 클라인Friedrich Klein에 의해 도합 15권으로 예정되었으나 이후 발간이 중단되었다. 제4차 개정판(1999~2001, 3권짜리)부터는 크리스티안 슈타르크Christian Starck가 열정을 쏟아부어 새로운 개정판이 나왔다. 그 밖에 연방헌법재판소의 새로운 판례들을 중심으로 기본법을 설명하는 주석서(라이프홀츠-링크Leibholz-Rinck)와 중간급 분량의 실무 중심 주석서(하만-렌츠Hamann-Lenz)도 출간되었다. 그러나 1958년부터는 가철본으로 출판된 《마운츠-뒤리히 Maunz-Dürig 주석서》가 관련 시장을 지배한다. 현재는 모두 5권으로 도합 1만여 쪽에 달한다. 기본법의 맨 앞에 등장하는 세 개의 조항들을 설명해둔 《기본권의 건축 구조Grundrechts-Architektur》라는 책의 핵심 내용은 연방헌법재판소도 수용했다. 튀빙겐대학의 권터 뒤리히 Günter Dürig(1920~1996) 교수가 책의 집필에서 가장 큰 역할을 떠맡았다.

마지막으로 독일연방공화국 초기에 프란츠 L. 노이만Franz L. Neumann, 한스 카를 니퍼다이Hans Carl Nipperdey, 울리히 쇼이너 Ulrich Scheuner가 공동으로 집필한 총 6권의 총서 《기본권Die Grund-rechte》도 나름 큰 역할을 해왔다. 건국 후 초기 20여 년 동안 직접적으로 적용되는 기본권(기본법 제1조 제3항)을 다루는 책자에 대한 수요가 매우 많았기 때문이다.

대학 교재로서 새로운 헌법을 다루는 가장 인기 있는 책은 테오도르 마운츠Theodor Maunz(1901~1993)가 쓴 교과서였다. 당시 그는 다시 민주주의에 봉사하고 있었다.[*] 1952년부터 거의 매년 개정판이 나

---

[*] 나치 체제에 적극 협력한 대표적인 공법학자인 마운츠는 전후에도 계속해서 뮌헨대학 교수로 근무했다. 1957~1964년에는 바이에른의 문화부 장관을 맡기도 했는데, 과거 나치 전력이 불거져 장관직에서 물러났다. 1993년에 그가 죽은 후 극우 정

온 이 책은 동서독뿐만 아니라 베를린의 법적 상황 또한 간결하고 신뢰성 있게 설명해주고 있어서 법학부 학생이라면 당연히 모두가 갖고 있어야 할 기본서의 하나로 손꼽혔다.[175] 그러나 이 책에서 역사적·비교법적 또는 법 이론적으로 심화된 내용은 전혀 다뤄지지 않았다. 이 책은 국가를 제도로서 전제하고 여러 기본권을 통해 국가의 활동이 제한된다고 접근했다. 그러나 기본권은 연방헌법재판소의 뤼트-판결Lüth-Urteil(BVerfGE 7, 198) 이후 활성화되었으며 행정법, 민사법 및 형법에까지도 똑같이 "관철되어야" 마땅한 것으로 이해되기 시작했다. 그러나 국내정치적으로도 무대가 바뀌었고, 새로운 세대가 등장했으며, 1961년에 베를린 장벽이 건설되면서 동독과의 관계 또한 달라졌고, 서유럽과 미국의 공공질서에 대해 새롭게 눈을 뜨기 시작했다. 이에 따라 방법론적으로 더 까다로워진 여러 요구를 충족시키는 교과서를 찾는 수요 또한 커졌다. 이렇게 해서 등장한 것이 1967년에 콘라드 헤세Konrad Hesse(1919~2005)가 저술한 《독일연방공화국 헌법 개론서Grundzüge des Verfassungsrecht der Bundesrepublik Deutschland》이다. 이 책은 1995년에 마지막으로 제20차 개정판이 출간되었다.[176] 제목이 시사하는 바와 같이 이 책은 헌법을 규범의 핵심 가치와 입법적

당인 독일민족연합DVU의 당수 게르하르트 프라이Gerhard Frey가 "기본권 실효 제도"를 규정하고 있는 독일 기본법 제18조에 대한 그간의 자문과 DVU의 당기관지인 《민족신문National Zeitung》에 오랫동안 익명으로 글을 기고한 것에 감사하는 헌사를 남김으로써 마운츠 교수의 비밀 행적이 드러났다. 이 일이 있은 후 공법학자인 게르트 뢸렉케Gerd Roellecke는 "이에 모두가 침묵하고 있다"고 비분강개하면서 "독일에서 가장 권위 있는 헌법 주석서의 저자가 밤에는 극우정당 당기관지의 익명의 필자였다"는 격정적인 기고문을 남겼다.

결단을 절차에 합당하게 매개하는 통괄적인 윤곽 규범으로 이해하고 있다. 따라서 책에서 제시하는 모델은 더 이상 영조물 국가Anstaltstaat가 아니라 국가로 조직된 시민사회이고, 주된 방법론적 사고는 헌법이라는 틀 안에서 여러 법조문들과 사회적 갈등을 조화롭게 조율하는 것이었다. 이러한 사고는 본래 헤세가 1975년~1987년에 헌법재판관으로 재직했던 연방헌법재판소의 기본노선이기도 했다.

헤세의 책이 출판된 후 곧이어 에케하르트 슈타인Ekkehart Stein이 저술한 강의 중심의《국가법 교과서Lehrbuch des Staatsrechts》도 발간되었다.[177] 이 책은 국가조직법에서 시작해서 이어서 기본권을 다루고 있다. 그의 법 이론적인 지향점이 헤르만 헬러Hermann Heller라고 짐작되는 부분이다. 반면 콘라드 헤세의 지향점은 루돌프 스멘트와 프라이부르크대학의 동료들과 학생들이었고, 마운츠의 지향점은 영토, 국민, 국가권력이라는 전통적인 국가의 3요소였을 것이다.

2. 연방헌법재판소

독일연방공화국의 공법 전체가 지속적으로 발전하는 데 가장 큰 원동력이 된 것은 과거에도 그리고 지금도 여전히 연방헌법재판소다. 이미 오래전부터 지금의 연방헌법재판소와 유사한 전형태前形態가 존재했다. 예컨대 제국법원Reichsgericht은 개별 사건들에 적용되는 법률의 형식적 내지 심지어 실질적 합헌성을 부수적으로 심사했고, 바덴에서는 1863년부터 그리고 프로이센, 바이에른, 오스트리아에서는 1875년부터 행정법원이 행정 행위를 심사해왔다. 바이마르 공화국에서는

"공화국의 보호를 위한 국사재판소Staatsgerichtshof zum Schutze der Republik"[178]가 설립되었다. 하지만 일반 시민들을 위한 헌법소원 제도는 없었다.

나치즘을 직접 경험한 후 1920년대 체코슬로바키아와 오스트리아에서와 같이 광범위한 관할권(기본법 제93조)을 가진 헌법재판 제도를 도입하기로 결정한다. 이는 미국연방대법원Supreme Court을 일부 벤치마킹한 것이었다. 이때부터 시민들은 자신의 기본권을 침해하는 행정 행위나 법원의 판결, 심지어 특정 법률을 상대로도 헌법재판을 청구할 수 있게 되었다. 법관들은 재판에서 적용되는 법률이 헌법에 합치하는지 여부에 대해 진지한 의심이 있는 경우 연방헌법재판소에 위헌법률심판을 제청할 수 있게 되었다(기본법 제100조 제1항). 마찬가지로 연방의회Bundestag도 전체 의원의 3분의 1의 소수(2009년부터는 4분의 1로 변경됨)가 연방헌법재판소에 법률의 위헌성 여부를 심사하도록 청구할 수 있게 되었다.[*] 1951년부터는 헌법적으로 중요한 거의 모든 문제가 연방헌법재판소에서 다뤄지게 되었다. "칼스루에로 간다"[**]라는 표현이 이때부터 일종의 관용구가 되었다.[179]

민주적으로 선출된 입법자가 제정한 법률, 즉 주권자의 "최종 발언"이 헌법재판소에 의해 다시 파기될 수 있다는 사실은 민주주의 이론의 관점에서 보면 분명 문제점으로 남는다.[180] 그러나 이 같은 이론적 문제를 무시한 채 다른 여러 나라의 추세를 따랐다. 변화하는 상황

---

[*] 이것을 "추상적 규범통제"라고 부른다.

[**] 독일연방헌법재판소BVerfG가 독일 남부의 소도시인 칼스루에Karlsruhe에 소재하고 있는 것에서 비롯한 말이다.

속에서 다양한 사례에 맞게끔 헌법을 지속적으로 구체화하고 이를 계속해서 발전시켜 나가는 일을 나름의 자격을 갖추고 정치적으로 거리를 두고 있는 헌법재판소에게 맡겼다.

헌법재판소가 고도의 정치적인 사안들에서 확고하고 원칙에 충실하게 처리하는 모습을 자주 보여주자 헌법재판소의 명망은 더욱 커져 갔다. 이는 마치 형이상학이 퇴색한 속세의 공동체에서 신뢰할 만한 방식으로 중요한 법조문들을 해석해주고, 통제를 벗어난 의사형성 과정을 다시 붙잡아서 "완급을 조율"하고 진정시켜줄 기관을 필요로 하는 것처럼 보였다. 또한 헌법재판소는 헌법전의 텍스트들이 그것을 둘러싸고 있는 사회보다 더 개방적인 경우 자극을 주고 현대화하는 역할을 맡을 수도 있다. 연방헌법재판소의 초창기 20년 동안 행해진 다수의 결정, 특히 혼인법, 가족법 및 형법 관련 결정들이 이를 충분히 증명해줬다.

그러나 의회가 행한 모든 중요한 결정이 완전한 정당성을 획득하기 위해 칼스루에에 소재하는 연방헌법재판소가 심사하는 "좁은 바늘 귀"를 다시 통과해야 한다는 사실은 여전히 우려 사항으로 남아 있다. 의회는 더 이상 "최종 발언권"을 가지고 있지 않다. 헌법재판소는 한편으로는 미시적 차원에서 사회법, 공무원법, 공무원급여법 및 선거법에서 있음직한 불공정성을 제거하거나 복잡한 세부 사항들과 관련해서 새로운 규정을 제안하고 시한을 정하거나, 특정 법률 조항이 "아직은" 기본법과 합치한다고 경고하기도 한다. 다른 한편으로는 거시적 차원에서 논란이 큰 대외 정책상의 조약이나 EU(유럽연합) 조약들, 연방 군대의 투입, 유럽통합을 위한 추가적 조치 또는 통화 정책상의 위기 국면에서 정부 행위의 합헌성을 심사하고, 정부 행위를 의회의 협력 속에 묶어두기도 한다.

연방헌법재판소는 독일연방공화국의 역사에서 기본법의 건축 구조를 크게 바꿔놓았다. 즉 헌법재판소가 통제자로서의 역할에 그치지 않고 스스로 행위자임을 자처한 것이다. 이는 고전적인 민주주의 이론에서는 미처 예상하지 못한 일이다. 이렇듯 헌법재판소는 정치에 제동을 걸기도 한다. 하지만 의회로서도 불편한 결정에 뒤따르는 책임을 헌법재판소에게 떠넘길 수 있어서 정치적 부담을 상당 부분 덜어내는 측면도 있다.

이렇듯 헌법재판소가 강력한 지위를 누리지만, 물론 그 대가로 결정에 대한 상세한 이유를 밝혀야 하고, 1970년 이후로는 소수의견도 함께 공개됨으로써 언론과 학계의 비판에 놓이게 되었다.[181] 현재 3세대에 걸쳐서 많은 헌법재판관들이 거쳐 간 연방헌법재판소는 특히 합의체적인 구조 덕분에 전반적으로 진중하고 실용적인 기구로 인정받아왔다. 연방헌법재판소가 다른 나라뿐만 아니라 다른 법문화권에서도 훌륭한 본보기로서 미치는 긍정적인 영향은 이루 말할 수 없이 크다. 유럽적 차원에서는 룩셈부르크에 소재하는 "유럽사법재판소EuGH (Europäisches Gerichtshof)"와 슈트라스부르크에 소재하는 "유럽인권재판소EGMR(Europäisches Gerichtshof für Menschenrecht)"와의 관할을 둘러싼 경계 설정이 그간 나름 자리를 잡아왔다.[182] 그러나 여기서도 보다 강력한 민족국가적인 노선 또는 유럽통합을 더욱 지지하는 노선 사이에서 그때그때마다 선택함으로써 연방헌법재판소가 유럽 정책에 있어서도 상당한 영향력을 행사해오고 있다.

3. 법치국가와 기본권

나치 정권이 연합군에 패하고 이 정권이 자행했던 공권 박탈, 추방 및 대량학살의 실체가 백일하에 드러난 이후, 특히 망명이나 저항에 관한 논의 과정에서 전통적인 "법치국가"가 강조된 것은 지극히 당연한 일이었다. 법치국가가 의미하는 바는 본질적으로 명확했다. 즉 법관의 인적·물적 독립, 예외법원과 특별법원의 설치 금지, 이중처벌의 금지, 자의적인 자유 박탈로부터의 보호, 방어권의 보장, 특히 행정법원을 통한 자의적인 국가 작용으로부터의 보호였다. 국가는 인권과 시민권을 존중하고, 헌법 자체에서 정당성을 도출할 수 있는 범위 내에서만 법적 근거에 따라 개입할 수 있어야 한다. 이는 "다시는 안 된다never again"라는 격정이 담긴 슬로건과 함께 국가권력을 법제화하는 거대한 프로그램이었다.[183]

이 프로그램은 이미 헤센, 바이에른 그리고 라인란트−팔츠의 최초 란트헌법들에도 반영되었다. 그 후 기본법이 제정되었을 때 법치국가의 재건은 확실한 것이었다. 이때부터 각 란트와 연방 차원에서 사법司法이 제도적으로 정착되는데, 다섯 개의 전문법원들로 나뉘어졌다. 즉 통상적인 사법(민·형사 재판), 노동재판, 사회재판(새로이 신설됨), 재정財政재판 그리고 행정재판이 그것이다. 법관은 독립적이고 "법률과 법"에만 종속된다고 선언되었다. 새로이 설치된 연방헌법재판소에 예전의 국사재판Staatsgerichtsbarkeit을 통해 알려진 여러 기능—권한쟁의, 기관쟁송—뿐만 아니라, 이제는 기본권의 직접적 적용(기본법 제1조 제3항)을 관철시키는 방법을 강구하는 일까지 맡겨졌다.

또한 독일연방공화국에서 법치국가의 형성은 많은 협력자와 함께

해온 분업적 작업 덕분이었다. 우선 일반법원들은 패전 직후 연합군 점령 시기(1945~1949, 주권을 회복한 때는 1955년)에 이미 소송법적·실체법적인 문제들을 해명하면서 최초의 판결들을 내놓았다. 이후 점차 연방의 최고법원들이 개입하기 시작했다. 공법의 영역에서는 연방사회법원과 연방재정법원, 특히 연방행정법원이 나름 책임감을 갖고서 초기에 방향성을 제시하는 판결들을 선고해왔다. 1951년부터는 연방헌법재판소가 발전해가면서—이와 상충하는 내용이 알려진 것도 많지만—특히 "법적 청문"에 관한 기본권(기본법 제103조 제1항)을 십분 활용하면서 사실상 마치 "초超상고심Superrevisionsinstanz"처럼 되었다.

이들 법원 말고 입법자들도 공법을 법률로 확정하고, 낡은 소재들을 확대하고 새로운 소재들을 발굴하는 등 부단히 활동해왔다. 현행법에서 어떤 다른 법 분야도 공법만큼 질적·양적 측면에서 큰 성장을 이루지 못했다. 1960년에 최초로 연방 전체에 통일된 '행정법원법Verwaltungsgerichtsordnung'이 생겨났고, 1976년에는 연방과 각 란트의 '행정절차법Verwaltungsverfahrensgesetz'에서 최초로 행정법 총론에서 다루는 일부 내용의 성문화가 이뤄졌다. 국가는 시장경제질서라는 원칙을 표방하면서도 여전히 시장에 개입했다. 특정 고객층을 확보 내지 유지하거나(농업), 잉여시설을 감축하거나(풍차), 구조적으로 취약한 지역을 지원하거나(서독의 동쪽 국경선 인접 지역들), 새로운 산업 분야의 경쟁력을 높이거나 또는 새로운 문제들을 해결하기(개인정보의 보호) 위해서였다. 이와 동시에 "사회국가Sozialstaat"가 더욱 확대되었다. 심지어 1957년의 연금 개혁을 통해 근본적인 재편 작업이 이루어지기까지 했다.

이 모든 것은 자유로운 자극과 개입적 자극 사이에서 영구히 균형을 잡아가려는 국가 작용으로 이어졌다. 이것이 가장 의미심장하게 표현된 게 1967년 6월 8일 자로 발효된 '경제의 안정 및 성장 촉진에 관한 법률Gesetz zur Förderung der Stabilität und des Wachstums der Wirtschaft'이다. 이 법률을 통해 물가안정, 완전고용, 무역수지의 균형 그리고 경제성장이라는 네 가지 목표를 두고 이른바 "마법의 사각관계Magisches Viereck" 속에서 상호 조화와 접점을 모색했다. 하지만 얼마 지나지 않아 1973년부터는 별달리 효과가 없는 것으로 드러났다.

공법이라는 학문의 역할은 이 같은 정책들을 통해 큰 지각 변화를 겪어왔다. 기초지자체들의 차원에서부터 각 란트와 연방을 거쳐 유럽경제공동체에 이르기까지 여러 법원과 입법자들은 끊임없이 새롭게 생겨나는 법적 소재들을 넘겨받아 논평하고 처리해야 했다. 그들은 이 일에 자신들이 가진 능력의 상당 부분을 소진해야 했다. 한때 사법과 더불어 체제의 논리와 지도적인 개념들을 형성하는 일을 혼자서 책임져왔던 '행정법'이라는 학문은 예전의 기능을 상실했다.

구속력 있는 도그마틱을 개발하고 조정적인 역할을 떠맡아 달라는 절박한 호소에도 불구하고 행정법학의 적극적인 활동은 점점 더 줄어들었다.[184] 그 이유는 이른바 "(법익)형량법학Abwägungsjurisprudenz"이 새로운 문제 상황을 해결하기 위해 도그마틱적인 요청과 금지를 자주 무시했기 때문으로 짐작된다. "이것은 헌법에 위배된다"라는 상투적인 문구가 자주 남발되는 문제와는 별도로 헌법에서도 학문적 언명의 중요성이 줄어들었다. 조금이라도 중요한 문제에서 헌법 전문가들이 방송매체에 등장하는 일이 흔해졌다. 이들 헌법 전문가가 너무 많고, 실제로 마치 올라운드 플레이어처럼 활동하다 보니 이들이 자의적으로 처신한다는 부정적인 이미지 또한 커졌다. 각 정당마다 정당 내부에 "자체 헌법 전문가"를 두기도 했다. 1960년대에는 국법학자협회의 회원 수가 무려 10배 가까이 늘어났다.[185] 중구난방으로 떠들어대는 많은 목소리가 등장했으며 개별 문제에 집중하거나 포괄적인 논쟁을 벌이는 일이 거의 불가능해졌다. 이에 따라 "헌법학의 폐위"라는 말까지 나돌기도 했다.[186]

연방공화국의 수립이 진행되던 대략 1960년까지는 이러한 표현이 적절하지 않을 수도 있다. 헌법이라는 무대를 비교적 전체적으로 조망할 수 있던 당시에는 저명한 헌법학자들의 발언이 중요한 역할을 떠맡았다. 본에서는 에른스트 프리젠한Ernst Friesenhahn과 울리히 쇼이너Ulrich Scheuner, 튀빙겐에서는 귄터 뒤리히Günter Dürig와 오토 바호프Otto Bachof, 프라이부르크에서는 콘라드 헤세Konrad Hesse, 함부르크에서는 한스 페터 입센Hans Peter Ipsen, 괴팅겐에서는 루돌프 스멘트와 베르너 베버Werner Weber, 뮌헨에서는 테오도르 마운츠, 뮌스터에서는 프리드리히 클라인Friedrich Klein과 한스 율리우스 볼프Hans Julius Wolff, 쾰른에서는 헤르만 야라이스Hermann Jahrreiß와 한스 페터스Hans Peters, 베를린에서는 카를 아우구스트 베테르만Karl August Bettermann, 하이델베르크에서는 헤르만 모슬러Hermann Mosler와 에른스트 포르스트호프Ernst Forsthoff 그리고 한스 슈나이더Hans Schneider가 학계의 분위기를 지배했고, 이들의 발언 또한 크게 주목받았다.

이들이 법치국가에 기여했다는 점에 있어서는 논란의 여지가 적다. 권리 보호 체계를 완성해야 할 필요성이나 기본권의 중요성 그리고 법치국가의 제도적인 보장에 대해서는 어느 정도 의견이 일치했다. 특히 행정법과 행정소송법에서 이론과 실제가 상호작용하는 가운데 중요한 혁신이 일어났다. 이 혁신은 그동안 확립된 레퍼토리의 일부가 되었고, 그 중 일부는 법제화되기도 했다. 즉 이웃들 간 "인인隣人 소송"이나 경쟁자들 간 "경업자 소송"에서 원고적격의 보다 면밀한 규정, "혼합적" 분쟁들(공용 수용, 보조금 지급, 공법상 참여자와의 계약) 에서 권리구제 수단의 문제, 행정법원의 소송절차에서 여러 전형적인 소송 유형의 정리, 개별적인 계획 결정에 따른 권리 제한성의 확정, 행정재량에 대한 사법적 통제를 포함해서 불확정적인 법 개념과 재량 개념에 대한 보다 치밀한 구별, 일각에서 요구되어온 사전적인 "행정 심판" 제도의 마련(행정법원법 제68조) 그리고 행정청의 형량 결정에 대한 사법적인 '심사밀도'에 관한 중요한 문제 등이 그것이다.

이 같은 혁신의 배경에는 권력분립을 둘러싼 원칙적인 문제들이 놓여 있다. "법제화"를 통해 정치와 행정의 재량 영역이 계속해서 축소되어야 하는가? 지금이 행정과 정부의 행위를 마비시킬 정도로 "법치국가가 비대"해진 상황인가? 특히 연방헌법재판소에 너무 많은 권한을 부여함으로써, 연방헌법재판소가 기본권을 앞세워 의회가 제정한 일반법률을 무효화하거나 최종심급의 법원 판결을 뒤집을 수 있는 헌법소원을 통해 결국 모든 것을 지배하는 최상급법원이 될 수 있는 상황이 과연 타당한가? 이 같은 논쟁에 많은 학자와 실무자가 참여했다. 그중에는 정치적 결정들이 법정이나 의회에서 내려져서는 안 된다는 메시지가 담긴, 마치 1930년대에나 나올 법한 목소리도 들려왔다.

특히 날카롭게 대립한 사안은 법치국가와 사회국가가 동등한 서열의 헌법적 목표인지 여부를 둘러싼 문제였다. 에른스트 포르스트호프 Ernst Forsthoff가 1953년에 내놓은 논제는 크게 주목받는 동시에 또한 반박되었는데, 그는 "기본법이 정해둔 질서에 따르면, 법치국가는 가장 최우선이면서 모든 권리의 보장으로 무장武裝된 가치이다. 법치국가적인 헌법적 구성 요소들을 축소하면서까지 법치국가와 사회국가를 결합시키는 것은 기본법을 통해서는 불가능하다"[187]고 밝혔다. 그에 따르면 제한하고 보장하는 법치국가는 헌법 차원의 문제인 반면 배분하는 사회국가는 행정이 그때그때마다 달리 다뤄야 할 사안이므로 헌법으로서는 사회적인 국가목표 규정을 두는 것 말고는 더 이상 어찌할 도리가 없다고 보았다. 그는 헌법전의 텍스트상에는 "사회적 법치국가Sozialer Rechtsstaat"라면서 단어들을 결합시키고 있지만(기본법 제28조 제1항), 이 표현은 그 자체로 모순적이고, 따라서 "법 개념이 아니다"라고 주장했다.

포르스트호프의 이 논제에 학계의 다수가 반대했다. 이들은 헌법이 성립된 그간의 역사에서 드러나듯 헌법 스스로가 이들 두 요소의 결합을 바랄 뿐만 아니라, 헌법적 차원에서 사회국가를 몰아낸다면 그것이 정치적으로 그릇된 메시지로 비춰질 수 있다며 반박했다. 경제 기적과 중산층 사회가 조성되던 상황에서 학계의 다수는 사회적 요소들을 곧바로 헌법적 차원에서 "전개하고", 법치국가의 전통적인 보호 기능이 손상되지 않는 가운데 고전적인 법치국가를 사회적 요소들과 결합시키고자 했다.[188] 그러나 기본법에서 사회국가가 극히 부분적으로만, 그것도 다소 모호하게 규정되어 있기 때문에,[189] 기본법상의 "사회국가 요청"을 입법, 행정 및 사법에서 어떻게 구현할 수 있는지의 문제가 불거진다고 보았다.

이 문제는 본질적으로 모든 규범의 정립과 적용이 "기본법상으로 확정된 가치질서"에 기속되고 이 가치질서에 사회국가 요청이 포함되어 있다는 전제에 기초하여 이루어졌기 때문에 발생한 것이었다. 볼프강 아벤드로트Wolfgang Abendroth가 1953년의 논쟁에서 강조한 바와 같이, 상대적이고 실질적인 평등을 이루려는 사회국가 요청이 민주주의와도 직접적으로 연관된다는 사실을 당시에는 거의 인식하지 못했다.

이 논쟁은 또한 초기의 헌법 해석에서 중요한 쟁점들 가운데 하나인, 즉 기본법에 포함된(또는 내재하는) "가치질서"를 다뤘다. 이때부터 이 단어는 유례없는 인기를 누리게 됐다. 법의 외부에 놓여 있지만 동시에 법 시스템 안에 정착되어 있거나 정착시킬 수 있는 "가치질서"에 대한 주장은 다음과 같은 세 가지 이유에서 거의 불가피해졌다.

(1) 이 가치질서는 1920년대의 가치철학을 따랐고 이러한 방법으로 가치 상대주의에 대항하는 보루로서 또는 "그릇된" 가치들에 대항하는 보루로서 제1차 세계대전 패전 이후의 충격보다 1945년 이후에 훨씬 더 시급히 필요로 하는 보편적으로 수용되는 가치의 새로운 지평을 제시했다. 이와 관련해서 가톨릭 측에서는 자연법이라는 진부한 레퍼토리를 다시 끄집어낸 반면 개신교 측은 막스 셸러Max Scheler와 니콜라이 하르트만Nicolai Harmann의 계승자임을 자처하면서 가치철학을 선호했다.

(2) 이 가치질서는 당시 법률에의 복종Gesetzesgehorsam이라는 전통적인 관계를 청산해야만 하는 법률가들에게 순수한 법조문이 줄 수 없는 정신적인 휴식처를 제공했다. 당시 보편적으로 인정되던 "반反실증주의"는, 방법론상으로 1933년 이후의 그것과 혼동할 만큼 유사한데, "가치체계"를 통해 지지될 때에만 비로소 수용될 수 있다고 여겨졌다.

(3) 이 과정에서 요구되는 '체계'는 학문적인 체계 형성의 전통과

부합하는 학문성을 약속했다. 항상 법을 체계적으로 정돈하기 위해 노력해온 법학자들은 자신에게 주어진 본연의 소명이 이 '체계'에 놓여 있다는 점을 깨닫고 이를 더욱 높이 평가했다. 이는 독일에서 그간 특별하게 각인되어온 전통이기도 한데, 17세기와 18세기의 자연법 체계 및 19세기의 이상주의 철학에까지 거슬러 올라간다.

이로써 가치들을 언급할 뿐만 아니라 그것의 법적인 구속력이 입증되고, 자체적으로 모순 없는 하나의 체계로 만드는 데 성공하자 이제 이 가치가 거부할 수 없는 것이라는 사실이 확실해졌다. 국내적으로 여전히 불안정한 상황에서 이 젊은 연방공화국의 헌법학자들과 헌법 재판관들은 "가치질서"를 찾아 나섰고, 동일한 사고환경 속에서 탄생한 기본법 안에서 별다른 어려움 없이 이 가치질서를 발견하자 이제는 헌법적으로 응고된 확고한 공식이 되어버린 이 가치질서를 가지고서 작업해가기 시작했다.

연방헌법재판소는 1958년에 행한 뤼트 판결Lüth‒Urteil[190]*에서 이

---

* 사건의 개요는 다음과 같다. 1950년에 당시 함부르크에서 언론 관련 기구의 책임자로 있던 에리히 뤼트Erich Lüth가 영화제 행사를 앞두고 과거 나치에 적극적으로 협력했던 대표적인 영화감독인 파이트 할란Veit Harlan이 제작한 영화 상영에 반대하는 보이콧 운동을 주도했다. 이 같은 특정 상업제품에 대한 보이콧은 오래전부터 "선량한 사회풍속에 반하는" 행위로서 민법전BGB 제826조에 따른 손해배상 및 방해배제 청구의 대상으로 간주되어왔다. 1950~1952년 진행된 법원의 재판에서 뤼트 측이 패소했다. 그리고 1951~1954년 사회민주당 및 노동조합 등을 중심으로 법원의 판결에 항의하는 운동이 독일 전역에서 벌어졌다. 이어서 이 사건을 재판소원사건으로 다룬 연방헌법재판소의 판결이 1958년 1월 15일에 선고되는데, 연방헌법재판소

미 오래된 경향들을 하나로 묶어 전체 법질서가 기본법상의 가치질서와 합치해야만 한다고 결정했다. 이를 위해 기존의 법질서에 나름 유용하고 열려 있는 장소가 "가치 보완을 필요로 하는 개념들wertaus-füllungsbedürftige Begriffe"과 "일반조항들Generalklauseln"이었다. 연방헌법재판소는 이것들이 지닌 "제3자효Drittwirkung"*를 통해 사법私法 전체를 해당 가치체계와 연결시킬 수 있다고 보았다. 연방헌법재판소의 표현에 따르면, 기본법은 기본권 목록 안에 "가치중립적인" 규범이 아니라 기본권의 방어적 기능과 더불어 "객관적인 가치질서도 함께 정립해두었다." 이 판결은 이로써 전체 법질서가 기본법의 "가치체계" 안으로 틈입할 수 있는 문을 활짝 열어둔 것이 되었다.

이것은 법질서가 지향해야 할 표상으로서는 분명히 그 의도가 좋고, 내용적으로도 법치국가적인 그리고 자유롭고 민주적인 질서가 기대하는 지평에도 상응하는 바였다. 그러나 이로써 지금껏 알려지지 않은 일련의 방법론적인 문제점들이 불거졌다. 가치 자체에 대해 의심할 여지 없이 분명한 사회적 공감대가 아직 없었던 까닭이다. 행정법, 조세법 및 형사법에서 이를 보다 상세하게 구현하는 데 발생하는 어려움이나 중립적인 관찰자와 같은 인물을 내세우는 식으로 사적 자치私的 自治에서 나름의 윤리적 한계를 설정할 때 발생하는 어려움에 대해서는 완전히 침묵했다.[191] 이때부터 입법자가 사회 내에서 벌어지는 가치

는 함부르크 지방법원의 판결이 기본법 제5조 제1항 제1문을 통해 헌법소원 청구인인 뤼트에게 보장되는 기본권(표현의 자유)을 침해하며, 따라서 원심판결을 파기한다고 결정했다.

* 기본권이 주관적 공권으로서 국가를 상대로 주장하는 "대국가적 효력"을 가질 뿐만 아니라 사회 내 다른 사인私人(제3자)을 상대로도 주장될 수 있는 효력을 뜻한다.

지향적인 의견 충돌과 관련해서 결정을 내릴 경우 그 결과는 기본법의 가치체계를 척도로 삼아 평가하게 되었다. 즉 여기서 형성되는 기본권 도그마틱이 보다 더 확고할 수 있도록 비교적 추상적으로 표현된 기본권 안에서 하나의 '체계'를 찾으려는 시도가 이루어졌다.

이러한 가운데 특히 귄터 뒤리히Günter Dürig(1920~1996)는 헌법전의 텍스트로부터 최상의 헌법 원칙인 "인간의 존엄성" 그리고 최상의 기본권인 자유(기본법 제2조) 및 평등(기본법 제3조)이라는 삼각 구도를 발전시켰다.[192] 이 삼각 구도를 중심으로 특별한 기본권 보장과 헌법적 위상을 지닌 다른 "가치들"이 뒤를 잇게 된다. 이 가치들은 형량을 거쳐서 서로 관계를 맺는다. 일반법률은 가치체계의 내부에서 그것을 적용하면서 비롯되는 위상 문제로 인해 점차 무가치하게 되었다. 일반법률을 적용하기 전에, 먼저 그것이 합헌적으로 규정에 맞게 성립되었는지, 특히 그것이 내용적으로도 모든 가치체계에 부합하는지가 심사되어야 했기 때문이다.

공법학계가 이런 방법을 통해 적극적으로 협력하는 가운데 기존의 낡은 성문법을 현대적으로 해석하는 작업이 행해졌다. 다른 규범들은 기본법과 합치하지 않는다며 폐기되었다. 기존의 법질서는 과거의 제국 시대, 바이마르 공화국 또는 나치즘에서 유래된 규범들이 상당수였다. 성문법의 현대적 해석 작업은 그러한 과거의 법질서를 현대화하는 데 필요하고 환영할 만한 추동력이 되었다. 하지만 이로 인한 법질서의 액화液化 현상이 법의 토대 자체를 침식시키기도 했다. 유효한 실정법이 무엇인지를 해당 법조문보다도 연방헌법재판소의 결정에서 점점 더 확인할 수 있게 되었다.

이에 대해 에른스트 포르스트호프는 "헌법률의 재구성Umbildung

des Verfassungsgesetzes"¹⁹³에 대해 공격적인 어조로 비판했고, 뒤이어 카를 슈미트도 "가치들의 전횡Tyrannei der Werte"¹⁹⁴이라며 비판에 나섰다. 이들 두 사람은 입법에 담겨진 결단의 독자성을 강조하면서 법관들이 주장하거나 획득한 해석 권한을 비판했다. 이 같은 비판 속에는 방법론상의 문제의식 외에 카를 슈미트에게는 초기 연방공화국의 지향성에 대한 분노가, 에른스트 포르스트호프에게는 특히 연방헌법재판소에 대한 상당한 반감이 자리하고 있었다.

이후 많은 것들이 변해왔다. 연방헌법재판소는 "과거 수십 년 동안 유지해온 가치공식들과의 신중한 결별"을 고하면서도,¹⁹⁵ 사회 발전에 대해 보다 열린 자세를 갖춘 실용적인 노선을 계속해서 이어갔다. 법치국가와 사회국가는 헌법적 차원에서 순조롭게 잘 결합되었다. 이 두 원칙을 거칠게 대립시키는 것은 문제 상황과 부합하지 않는다고 보았다. 법치국가는 국가의 위법한 행위에 맞서 형식적으로 방어하는 것만으로는 실현되지 않고, 개인이 자신의 힘으로 방어할 수 없는 권리 침해로부터 국가가 개인을 보호하는 것과 같은 사회적 구성 요소들도 포함해야 한다는 것이다. 법치국가의 실질적인 측면은 "사적私的 영역Privatheit"을 방어할 수 있는 사실적(사회적 또는 기술적) 여건들이 결여된 곳에서도 드러난다. 급변하는 생활세계에 직면하여 법치국가에서 비롯하는 여러 요구를 지속적으로 "충족해야 한다"는 사실은 두말할 필요 없이 그 자체로 분명했다.

또한 1950년대 이후 유럽적 차원에서 새로운 기구들이 생겨나면서 법치국가의 맥락도 다소 옮겨갔다. 슈트라스부르크에 소재하면서 1959년부터 활동해오고 있는 유럽인권재판소EGMR는 1998년 이래 유럽이사회 회원국들의 구속에서 벗어나 47개 회원국들이 가입한

"유럽인권협약"의 침해를 이유로 시민들이 직접 소원訴願을 제기하는 일반법원으로 발전해갔다. "유럽적 법치국가"를 구현하려는 이 법원의 중요성은 더욱 커져가고 있다.[196] 1952년 원래 유럽석탄철강공동체ECSC를 위해 창설되어 룩셈부르크에서 자리해온 유럽사법재판소 EuGH는 1957년 이래 모든 유럽공동체들(현재는 EU와 유럽원자력공동체EurAtom)을 자신의 관할로 삼고 있다. 이 법원은 두 건의 중요한 판결을 통해 '유럽법'을 '국제법'에서 분리해냈고, 회원국들의 국내법에 대해서도 우위를 주장할 수 있는("Costa/ENEL", 1964) 독자적인 법질서를 만들어냈다("Van Gend &Loos", 1963). 이후 이 두 법원과 연방헌법재판소 간에 기본권 보호의 우선성과 효율성을 둘러싸고 약간의 긴장 상황이 벌어졌지만, 앞서 언급한 바와 같이 실용적인 방식으로 해소되었다.

"법치국가"와 "기본권 보호"라는 가치 아래에서 이 요청들이 전체 법질서 안에 얼마나 다양한 방식으로 침투되었는지는 한참의 시간이 흐른 지금에서야 역사적 회고를 통해 확인할 수 있다. 처음에는 여러 기본권이 입법자를 거치지 않고도 글자 그대로 직접 적용된다고(기본법 제1조 제3항) 생각했다. 하지만 결국 추가적으로 연방헌법재판소를 통한 구체화 작업이 필요했다. 1958년에 뤼트 판결이 행해지면서 일반조항들과 가치 보완을 필요로 하는 다른 공식들을 통해 기본권의 "제3자효Drittwirkung"라는 돌파구가 마련되었다. 그 밖에도 기본법 제2조 제1항이 정하고 있는 일반적 행동의 자유를 "포괄 규범Auffang-norm"으로 활용하고, 기본권과 관련되는 영역에 대한 '제한(공격)'이 발생할 경우 일반적으로 그 제한의 경계선을 앞당기는 방법을 통해 기본권 보호에서의 흠결을 메울 수 있었다. 그런 이후 직접적으로 연관되지 않은 기본권들의 "방사효(파급효)Ausstrahlungswirkung"라는 메타포와 "긴장지대Spannungsfeld"와 같은 통상적인 표현의 도움을 빌려 기본법의 엄격한 텍스트 구속에서 벗어날 수 있었다.

여러 상이한 기본권의 "전체적인 고찰"을 통해 새로운 기본권들도 개발되었다. 예컨대 망자의 명예 보호, 인격권 그리고 '개인정보 자기 결정권', 심지어 '안전에 관한 기본권'들이 고안되었다. 전체적으로 는 리하르트 토마Richard Thoma가 정립한 초기의 원칙들에 따랐다. 즉 기본권은 "법적 효력"을 가능한 한 "효율적으로" 전개해야 하고,[197] 기본권들 상호간에 "실제적인 조화praktische Konkordanz"가 이뤄져야 하며, 가능한 한 서로를 보호하면서 균형을 맞춰야 한다는 것이다(리 하르트 보이믈린Richard Bäumlin, 콘라드 헤세Konrad Hesse, 페터 레르헤 Peter Lerche).

이러한 균형은 "형량Abwägung"을 통해 이뤄졌다. 형량에서는 직관 에만 의존하거나 결과에만 연연해서 거기에 비중을 두는 경우가 적지 않았다. 이는 늘 법 이론적인 비판으로 이어졌다.[198] 마찬가지로 "비 례성Verhältnismäßigkeit"이라는 기본원칙의 적용에서도 그 척도는 여전 히 부정확했다. 즉 이 원칙이 원래는 경찰력의 행사에 따른 자유 제한 이 과연 주어진 사안마다 합당한지 여부를 가늠하는 일종의 처방전이 었는데, 이제는 기본권에 관련되는 모든 제한에서 적용되는 법치국가 의 기본원칙으로까지 확대되었다. 즉 자유 영역에서 필요하다고 인정 되는 것 이상의 불필요한 제한에 대해 가급적 한계를 설정하려는 것 이다.[199] 이를 위해 필요한 형량에서—자유주의적인 법치국가 모델 에 걸맞게끔—페터 슈나이더Peter Schneider가 밝힌 "의심스러울 때에 는 자유에 유리하게in dubio pro libertate"라는 원칙에 따라, 자유가 핵심 가치가 되어야 한다.

이미 1932년 카를 슈미트에 의해 강조된 바이마르헌법의 기본권 목록상의 "제도적 보장"은[200] 기본법이 적용되면서 다시 새롭게 수용되었다. 이는 특정한 사법私法상의 제도(혼인, 가족, 재산)에 "객관적인" 성격을 부여하고, 이로써 그것에 불가침성을 부여하기 위해서였다. 또한 이 제도들에서 쉽사리 변경되지 못하는 핵심 내용이 인정되었다 (사립학교, 대학교 및 연구기관, 방송국, 사회보장기구 등). 이로부터 국가의 여러 "보호의무"를 도출해낼 수 있고, 이로써 다시 이 제도들이 국가에게 재정적으로 최소한의 수준을 요구할 수 있다는 결론으로 이끌어졌다. 물론 이러한 보호의무가 고전적인 기본권의 측면에서는 원군援軍이 될 수도 있었을 것이다. 즉 기본권들이 작동하기에 실제의 공간이 매우 협소할 때 국가가 마땅히 사회적 급부나 보조금 지급을 통해 이 공간을 다시 넓혀야 하기 때문이다. (매우 어렵게 확정할 수 있는) "과소보호 금지Untermaßverbot"*에 따른 하한선에 이르지 못하면 보호의무가 침해된다고 보았다.

학계와 법원이 서로 협력하면서 성사되고, 여러 판결을 통해 더욱 공고해진 '법치국가'와 '기본권들'을 둘러싼 이 모든 변화는 특히 대략 1950~1975년에 벌어진 일이었다. 경제성장과 호황이 지속되는 국면에서는 "법치국가의 비용(대가)"에 관한 문제들이 쉽게 무시될 수

---

* 자유권적 기본권들에 대한 국가의 불필요하고 과잉적인 제한을 통제하는 심사기준인 "과잉금지원칙Übermaßverbot"과는 달리 국가의 기본권 보호의무에 있어서는 최소한의 보호 조치가 행해지고 있는지를 기준으로 삼아서 심사하는 "과소보호 금지원칙Untermaßverbot"이 적용된다.

있었다.[201] 경제 기적이 막을 내리고, 정확히는 1967년의 "작은 위기" 내지 1973년에 경제성장이 멈추고 나서야, 비로소 권리 보호에서 일정한 상한선을 설정해야 마땅한지 그리고 주어진 사안마다 합당한 차별화된 등급 분류가 필요한지 또는 "재정지원의 지속가능성"을 기본권 실현에서 내재적 한계로 삼을지 여부를 두고 숙고하기 시작했다. 이는 동시에 특정 입장에 따른 도그마틱한 결과에 크게 치중해온 데에서 벗어나 특정 주장의 현실적 타당성과 그 결과 및 부작용에로 시선을 돌려야 한다는 것을 뜻했다.

이 같은 시각 변화와 함께 경험사회학으로부터 보다 많은 조언을 얻게끔 자극이 주어졌다. 기본권의 객관적인 "제도적" 요소들을 강조하면서 깨닫게 된 것은 1970년 중반 이후 법치국가를 최대한 이용하고 기본권을 마음껏 전개하는 개인주의적인 관점의 전성기가 지나갔다는 사실이다. 기본권의 보다 강화된 객관화는 권리 보호 및 기본권의 신장伸張에 투입되는 수단의 한계효용이라는 경제적 문제로 이해될 수 있었다. 예컨대 대학 입학정원을 조정하는 등의 문제가 이에 해당한다(기본법 제12조 제1항 제1문).[202] 그러나 또한 정치적으로는 기민당CDU/사민당SPD 간 대연정 시기와 1969년 이후의 사민당SPD/자민당FDP 간 연립정부 정책에 대한 보수세력의 반격으로 해석될 수도 있었다. 이때 비용이 논거로 제시되었지만, 그것이 주된 원인은 아니었던 것으로 보인다.

즉 지금에서야 깨닫게 된 "성장의 한계", 1973년의 "오일쇼크" 그리고 당시 증가일로에 있던 국가부채는 기본권 도그마틱의 영역에 반동적인 효과를 불러왔고, 법원에서 주장되는 모든 희망 사항들이 충족될 수 없다는 경고로 이해되기도 했다. 예컨대 사립학교에 대한 국가의 재정 지원, 대학의 확충, 생계 보호를 위한 기본급여, 건강보험 급부 제한, 유치원 확충 및 기본권을 통해 지지되는 여러 청구권이 삭감된 다른 많은 분야들이 저간의 사정을 잘 보여주고 있었다.

4. 민주주의

1949년 이후 법치국가의 발전과 기본권의 신장을 비교해보면, 독일의 시민과 법률가들에게는 의회민주주의와 긍정적인 관계를 맺는 일이 매우 힘겹게 진행되었다. 의회민주주의와는 역사적 경험부터가 좋지 않았다. 제국의회는 1848년/1849년에 걸친 혁명이 좌절된 후 제2제국에서야 겨우 서서히 의회 본연의 모습을 갖추어가기 시작했다. 그러나 행동하는 정치에는 걸림돌로 간주되었고, 심지어 빌헬름 2세 황제는 의회를 "원숭이들의 소굴"이라며 조롱하기도 했다. 바이마르 공화국의 의회민주주의는 좌우 모두로부터 무수한 비난을 받다가 마침내는 스스로 작동 불능이 되고 말았다. 나치 정권은 전적으로 반민주적이었다. 진정한 민주주의가 비로소 총통국가Führerstaat에서 구현된다는 선동을 망치처럼 휘두르면서 독일 시민들을 겁박했다. 이런 점에서 나치 정권이 붕괴된 후 먼저 '법치국가'와 '자유권들'부터 복구하려 한 것은 지극히 당연한 일이었다.

　이러한 까닭에 국가 형태가 아니라 인간의 존엄성과 여러 기본권이 새로운 헌법의 맨 앞에 자리하게 되었다. 정치적으로 민주주의의 새로운 정립은 당연한 일이었지만, 기본법에서 이에 대해 여러 안전장치도 함께 마련해두었다. 즉 연방 차원에서 모든 형태의 직접민주주의가 배제되고,[203] 헌법의 핵심 내용은 (헌법 개정을 위한) 다수의 의사로도 변경될 수 없으며(기본법 제79조 제3항),* 연방헌법재판소는 의회가 의결한 법률의 무효를 선언하는 권한을 통해 헌법의 수호자가 되고, 의회를 상대로 하는 연방총리의 역할이 강화되고(건설적 불신임제도)** 그리고 군소정당들의 의회 진입을 어렵게 만들었다(5퍼센트 저지 조항).*** 그 밖에도 "입법비상사태"에 관한 규정을 마련하는 데 한 세대의 시간이 걸렸다.

그리고 민주주의는 "방어적"이어야만 하고, 민주주의의 적들에게는 어떠한 자유도 보장되어서는 안 된다는 사실이 부단히 강조되었다.[204] 이는 정당의 개념에 관한 규정, 정당에 대한 재정지원, (자유 위임이라는) 의회의원들의 특별한 지위(기본법 제38조 제1항), 특히 (다양하게 정의되는) 민주주의의 반대자들과의 투쟁에서 구체적인 결과들을 이끌어냈다. 이러한 사실은 정당과 의회의 차원에서, 공직에의 접근(취임)과 헌법 보호에서도 드러난다. 그 후로 두 차례의 정당 금지(기본법 제21조 제2항)가 있었다.[205] 먼저 1952년 나치 정당NSDAP의 후신 정당인 사회주의제국당SRP이 금지되고, 이어서 1956년에는 그 사이에 일련의 형사재판이 잇따랐던 서독공산당KPD도 금지되었

---

* 따라서 기본법 제79조 제3항을 "헌법개정금지 조항"으로도 부른다.
** 의회에서 다수결을 통해 새로운 후임 연방총리를 선출하고서야, 현직 연방총리를 불신임할 수 있도록 하는 제도를 말한다. 즉 새로운 대안이 마련되지 않고는 현 상황을 부정할 수 없다는 의미에서 '건설적'이라고 부른다.
*** 안정적인 의회다수의 형성을 위해 제2투표인 정당투표에서 5퍼센트 이상을 득표한 정당에게만 의석이 배정되어 의회 진입이 허용되는데, 이 5퍼센트 조항을 "저지(봉쇄) 조항Sperrklausel"으로도 부른다.

다.[206]

　이 사건들을 전체적으로 정리해보면, 단지 역사를 통해서만 해명할 수 있는 깊은 트라우마, 즉 끊임없이 지속되던 "정쟁"과 의회주의에 대한 뿌리 깊고 전반적인 혐오를 확인할 수 있을 뿐만 아니라, 이와 함께 냉전 시대가 연방공화국(서독)이 처한 상황에 미친 직접적인 영향 또한 확인할 수 있다. 냉전의 최전선이 독일 땅의 한가운데를 가로지르고 있고, 1948년의 베를린 봉쇄조치, 1953년 6월 17일에 벌어진 동독에서의 민중봉기 그리고 1961년의 베를린 장벽 건설 이후로 시민들의 정서가 지극히 예민한 상태였다. 자유가 지나쳐서 안정을 크게 위협한다면, 자유가 양보해야만 했다. '방어', '헌법 충실', '헌법의 적', '기본권의 실효(상실)', '공직 취임금지' 그리고 '정당 금지' 등이 익숙한 단어가 되었다. 이웃하는 오스트리아와 스위스에서는 이러한 내용이 아직 법률로 정해지지 않았을 뿐만 아니라, 학계에서도 이에 비견할 만큼의 열정을 쏟아붓지 않았다.[207]

　한편으로는 나치즘과 다른 한편으로는 냉전에 대응해야 했던 초기의 상황은 1960년대 이후로 점차 극복되어갔다. 서독이 유럽에 더욱 통합되어가고, 새로운 세대의 사회학자, 정치학자 및 법학자들이 미국의 대학들에서 공부하고 귀국하면서, 국내정치적으로도 무게중심이 바뀌었다. 1959년의 고데스베르크 강령*과 함께 사민당SPD은 이

---

* 1959~1989년에 유지되어온 독일사회민주당SPD의 강령을 말한다. 지금은 본Bonn의 한 구역인 당시 바트 고데스베르크Bad Godesberg에서 1959년 11월 15일에 개최된 사회민주당의 임시총회에서 시장경제와 란트 방위군을 수용하는 등으로 사회주의 노동자정당에서 대중정당으로 전환하는 새로운 강령 의결이 있었다. 이 고데스베르크 강령의 핵심 내용은 오늘날까지도 독일 사회민주당에서 그대로 유지되고 있다.

제 중도 성향의 시민들이 선택할 수 있는 대안으로 자리 잡았다. 이와 동시에 나치 전범들에 대한 청산 작업이 새로운 국면으로 접어들었다. 1961년 예루살렘에서 진행된 아이히만Eichmann 재판은 온 세계를 술렁이게 만들었고, 1961년에는 연방정부가 언론의 자유를 탄압한 유명한 사건으로, 자민당FDP 출신의 장관 4명이 물러나는 결과를 빚은 슈피겔 잡지 사건Spiegel-Affäre*이 발생했다. 1963년에는 아데나워 Adenauer 연방 총리가 자리에서 물러났다. 1965년에는 나치즘 하에서의 대학의 역할을 다루는 전국 순회강좌가 처음으로 개최되었다.[208]

이 사건들이 서로 별 연관성이 없어 보이지만 그것은 전후 시기가 막을 내리고, 시민사회에서 새 출발의 분위기가 만연하다는 확실한 시그널이었다. 시민사회는 이제 국가의사의 결정 과정에 참여하려고 하고, 민주적인 참여를 위한 새로운 형식들을 적극 모색하며, 더 많은 시민운동을 조직하는가 하면, 나치에 협력한 과거의 전력을 캐묻고, 베트남전쟁이 발발하자 지금껏 그저 고마운 보호세력으로 숭앙해온 미국을 처음으로 비난하기 시작했다.

---

* 1962년 10월에 독일의 저명한 시사 주간 잡지인 《슈피겔Spiegel》이 당시 나토NATO의 군사훈련인 Fallex62와 독일의 군사 정책에 대해 보도했다. 이로 인해 편집자들이 국가반역죄 혐의로 체포되고, 본사 건물이 압수수색을 당했다. 이후 시민들의 항의 데모가 이어지고, 보수적인 아데나워 정부의 위기로까지 비화되었다. 연립정부의 파트너정당인 자민당FDP 소속인 법무장관도 이런 상황을 사전에 전혀 몰랐기에 슈트라우스 국방장관에게 항의했고, 자민당 소속의 다른 장관들도 항의 차원에서 동반 사퇴했다. 이로써 슈트라우스 국방장관도 직에서 함께 물러났다. 이어서 체포된 《슈피겔》 잡지 관계자들이 구속에서 풀려났고, 재판에서는 증거불충분으로 무죄가 선고되었다. 이후 관련 사건에서 연방헌법재판소는 《슈피겔》 잡지사에 대한 압수·수색명령이 헌법이 보장하는 언론의 자유를 침해했다고 확인했다.

특히 '민주주의'라는 단어가 이제 결정점結晶點*이 되었다. 하이네 만Heinemann 연방 대통령은 선출 직후인 1969년 7월에 "더 많은 민주주의Mehr Demokratie"를 요청했으며, 마찬가지로 새로이 선출된 브란트Brandt 연방 총리 역시 1969년 9월에 이에 호응하면서 "더 많은 민주주의를 위한 도전Mehr Demokratie wagen"을 선언했다. 이렇듯 연방공화국이 전반적으로 새로운 지향성을 찾아가는 흐름 속에서 '민주주의'라는 단어가 도처에서 사용되는 일상적인 구호가 되었다. 이 단어는 여성운동에서 주장되는 새로운 역할 모델과 "반권위주의적인 교육"이라는 이념을 위시해서 기존의 가부장적인 가족 모델과의 결별, 노동자들의 경영 참여 관철,[209] '직원대표들'을 둘러싼 교회 내부의 논쟁, 학생자치와 삼분비三分比원칙**을 통한 대학평의회 구성에서의 새로운 질서 그리고 여러 정당의 공직선거 후보자공천 등에서 빠지지 않고 늘 함께 강조되었다.

달리 말해서, 서열과 고착된 권력관계가 존재하는 곳이라면 어디서든 더 많은 민주주의가 요구되었다. 이것이 한편으로는 더욱 명료하고 투명한 방향으로 나아가는 현대화의 추동력이기도 하지만, 다른 한편으로는 다수결을 통해 결정될 수 없는 문제들에서도 "모든 사람이 모든 일에" 참여할 것이 요구되고, 이로써 사실적인 불평등이 희석되는 등의 상당한 부작용을 불러일으켰다. 치자治者와 피치자被治者의

---

* 어떤 물질이 액체 상태에서 응고하여 결정이 될 때의 온도를 뜻한다.
** "삼분비원칙Drittelparität"은 대학 내 최고의결기구인 대학평의회의 구성에서 교수 집단, 교직원 집단, 학생 집단이 각각 3분의 1씩 동등하게 참여하는 구성 원칙을 뜻한다.

동일성을 강조하는 민주주의의 경향성을 띤 "기층基層민주주의Basis-demokratie"*라는 단어가 얼핏 이상적인 목소리로 들리기도 하지만, 이기적인 목적을 관철하기 위한 수단으로 오용되면서 이내 폐기되었다. 마찬가지로 '공개성Öffentlichkeit'을 주장하는 요구 역시 지나치게 남용되면서 무제한적인 공개성으로 인해 오히려 개인의 인격권이 손상되거나, 그저 "선동적 연설Fensterede"로 이어지곤 했다. 반면 이로써 원래의 결정들이 다시 비밀주의의 영역 안으로 숨어들기도 했다.

헌법학에서도 이러한 변화와 전개가 극복해야 할 도전이었다. 지금껏 헌법학은 무엇보다도 법치국가를 이룩하고 기본권과 그 안에 포함된 "가치체계"를 법질서 전체에 관철시키는 데 애써왔기 때문이다. 물론 헌법학이 선거법, 의회법, 정당 금지 및 "방어적 민주주의"와 같은 주제들에 결코 소홀한 것은 아니지만, 본이 다시는 "바이마르"가 되어서는 안 된다는,** 즉 민주주의가 실패해서는 안 된다는 방어적인 태도가 지배적이었다. 그래서 민주주의의 내용 자체보다도 울타리를 세워서 민주주의를 지키는 일에 더욱 급급했다. 민주주의 원리를 연방의회, 란트 의회 및 지자체의 대표기관들을 선출하는 과정에만 제

---

* 영어로는 "Basic Democracy"에 해당하는데, 사회의 토대, 즉 각 기초단위에서 자유롭게 의견이 형성되고 이것이 상향식으로 수렴되는 민주주의를 뜻한다.
** "본은 바이마르가 아니다Bonn ist nicht Weimar"는 표현은 원래 1956년 스위스의 언론인 프리츠 르네 알레망Fritz René Allemann이 쓴 책 제목에서 유래한다. 과거 바이마르 공화국의 불행한 전철을 다시는 답습하지 않으려고 서독 기본법의 아버지들과 정치인들이 골몰해온 강조점을 그대로 드러낸다. 1990년 동서독 통일 이후에 수도가 본에서 베를린으로 옮겨가고 지금은 "베를린은 본도, 바이마르도 아니다Berlin ist nicht Bonn, ist nicht Weimar"라는 표현으로 바뀌어 인용되고 있다.

한해온 데에서 벗어나서 사회의 보편적인 조직 원리로 받아들이려는 헌법학자들이 아직은 단지 소수에 불과했다.

그러나 이때부터 새로운 시각이 널리 확산되어갔다. 19세기부터 면면히 이어져오다가 제1차 세계대전 이후로 사실상 극복된 국가와 사회 간의 분리에 대해서도 이론적으로 의문이 제기되었다. 이제 국가는 사회보다 더 높은 곳에 자리하면서 공익을 책임지는 중립적인 세력이 더 이상 아니라, 사회가 스스로 만들어낸 하위체계로서 특별한 과업과 재정 능력을 갖추고 있는 존재로 인식된다. 입법이라는 것이 내용상으로는 법규범으로 응축된 다수의 의사에 불과하고, '공익' 또한 더 이상 윤리적 또는 정치적 엘리트들이 미리 정의해둔 확고한 '가치'가 아니라, 사회와 국가 안에서 여러 의사형성 과정들을 거쳐서 파악되는 결과물로 여겨졌다.

공공복리Gemeinwohl는 힘의 평행사변형 속에서 일정한 절차를 거치면서 '공익'으로 형성되었다. 이로써 사회 내의 여러 세력에 대해 헌법학이 지금껏 품어온 반감도 이론적으로 기댈 곳을 잃게 되었다. 이 사회적 세력들은 정당들과 마찬가지로 의사형성 과정에서 중요한 역할을 떠맡는 주체의 일부가 되었다. 이로써 국가는 민주적 절차에 따라 한시적으로 점유되고, 제도적으로뿐만 아니라 정신적으로도 끊임없이 쇄신할 것이 보장되어야 마땅하다고 여겨졌다. 특별한 관점에서 바라보자면 국가가 바로 사회 그 자체라는 메시지인 셈이다.

이러한 변화와 발전이 연방헌법재판소에 의해 지속적으로 촉진되어왔다. 연방헌법재판소는 자유롭고 공개적인 의사형성 과정이 민주주의의 생존에서 필수적이라는 점을 반복해서 강조해왔다. 연방헌법재판소는 그간의 수많은 결정에서 언론 및 방송의 자유, 예술의 자유 그리고 기본법 제8조가 보장하는 집회 및 시위의 자유를 다뤄왔다.[210] 이 결정들이 내려지기 전후로 시위와 반대시위, 연좌 농성 및 이외에 다수 대중을 주목하게끔 하는 수단들의 합법성을 다룬 법원의 판결들 또한 무수히 많았다. 이 결정들에는 그 효력을 가능한 한 넓고 효율적으로 전개할 수 있게끔 기본권이 해석되어야 한다는 사고가 근저에 깔려 있다. 이러한 사고는 그간 조심스럽게 확대되어온 개별적인 권리 보호와도 그 맥락을 같이 하는 것이다. 그러나 또한 이 같은 사고는 이제 더 이상 관헌 당국Obrigkeit에 의해 지배당하지 않고, 민주적인 방식으로 자신의 '국가'를 직접 건설하는 개방적인 시민사회, 즉 다원화된 "시민사회"에 관한 상념과도 밀접하게 결부되어 있었다. 여러 시민운동이나 시민단체에 가입하는 사람들의 숫자가 정당들의 전체 당원 수를 능가한 것은 이와 관련해서 매우 의미심장한 사건이었다.

1949년 이래로 학술대회가 많이 개최되었지만, 〈기본법상의 민주주의 원리〉를 주제로 삼아 본격적으로 다룬 적이 단 한 차례뿐이라는 사실에서 헌법학의 제도적인 나태함이 여실히 드러난다. 한 번뿐인 이 학술대회가 1968년 대학들뿐만 아니라 사회 전체가 큰 동요를 겪은 지 얼마 지나지 않은 1970년에 슈파이어에서 개최되었다. 당시 외교관이자 유럽법 학자인 베르너 폰 짐존Werner von Simson과 쾰른대학의 헌법학자 마르틴 크릴레Martin Kriele가[211] 발제를 요청받았다. 그 직후인 1974년 개최된 두 번째 학술대회에서는 〈의회정부제〉*를 주제

* 사실상 유사한 "의원내각제Cabinet System"인데도, 독일의 정계와 학계에서는 줄곧 그네들의 정부 형태를 의회 다수가 행정부를 구성하는 시스템, 즉 "의회정부제

로 다뤘다.[212] 이 두 차례의 학술대회에서 민주주의 원리가 국가와 사회에서 각기 상이한 요청 아래에 놓여 있기는 하지만, 서로 긴밀하게 얽혀 있는 이 두 영역을 묶어주는 기본사상으로 적용되어야 한다는 데 전적으로 의견이 일치했다. 또한 의회대표제 시스템에 대한 다른 현실적인 대안이 없더라도, 제2차 세계대전 이후로 직접민주주의에 맞서서 설치된 지나치게 엄격하고 높은 장벽들을, 예컨대 란트와 지방자치의 영역에서는 낮춰야 한다는 점을 분명히 했다.

따라서 사회, 정치 그리고 헌법학이 민주주의로 나아가는 도상에서의 성공적인 학습 과정이라고 그저 서술할 뿐만 아니라, 또한 이 학습 과정을 긍정적으로 평가할 수도 있다. 민주주의에 입각한 여러 관행들이 정착되고, 연립정당과 정권이 교체되는 일련의 테스트를 이겨내면서, 바이마르와 나치 시절부터 전래되어온 반민주적, 반의회주의적인 여러 유보들이 하나씩 제거되어갔다. 서유럽의 한쪽에서 "서독의 민주주의Bonner Demokratie"가 정치적으로 정착되면서 프랑스와 영국에 대한 여러 유보들과 의구심이 사라지고, 거꾸로 그곳에서도 또한 서독을 성공적인 민주주의로 인식하게 되었다. 미국은 당시에 어쨌든 통 크게 도움을 주는 나라로 여기면서 그저 경탄의 대상이었다. 여기에는 정치적 운영에서의 여러 긍정적인 경험들, 연방헌법재판소의 "민주주의 친화적인" 일련의 결정들과 법학계의 분위기 전환이 함께 작용했다.

이 같은 법학계의 분위기 전환에는 또한 세대에 특유한 요인들이 함께 작용했다. 1933년 이후에 임용된 대학교수들의 대다수가 1960

Parlamentarisches Regierungssystem"로 칭하고 있다.

~1970년에 은퇴했다. 이들의 후학들은 연방공화국(서독)의 초기에 학문적으로 성장하고는, 스스로를 법치국가 및 사회국가뿐만 아니라 민주주의와도 동일시했다. 이 시대의 법학교수들이 제각각 다른 생각을 펼치기는 했으나, 그러나 이들 모두가 확고한 신념을 지닌 민주주의자이고, 이 점이 바이마르 공화국과는 결정적으로 다른 차이점이었다.

5. 일반국가학에서 헌법학으로

독재로부터 성장해서는 전쟁에서 패하고 무참하게 무너져내린 한 나라가 다시 법치국가, 사회국가 그리고 민주주의에로 단계적으로 변화해가는 모습은 국가이론, 일반국가학 또는 헌법학의 변화 속에서도 확인할 수 있다. 연방공화국의 초기 20년 동안에 고전적인 '일반국가학'은 거의 침묵하는 상태였다. 바이마르 공화국 시대의 저작들을 거의 재탕한 것과 다를 바가 없는 짧은 책들(루돌프 라운Rudolf Laun, 프리드리히 기제, 한스 헬프리츠Hans Helfritz, 리하르트 토마Richard Thoma, 오토 쾰로이터, 에른스트 폰 힙펠Ernst von Hippel) 말고는 1952~1958년 출간된 한스 나비아스키Hans Nawiasky가 쓴 대작《일반국가학*Allgemeine Staatslehre*》이 고작이었다. 1928년 출간된 루돌프 스멘트의《헌법과 헌법전*Verfassung und Verfassungsrecht*》과 카를 슈미트가 쓴《헌법학*Verfassungslehre*》이 재판되고 한때 열띤 토론을 불러일으키는 텍스트로서의 저력을 보여줬다. 1934년 네덜란드에서 출간된 헤르만 헬러 Hermann Heller의《국가학*Staatslehre*》은 비록 당시 독일에서는 별로 주목받지 못했지만, 1960년대 후반에 거의 새롭게 재조명되었다고 볼수 있다. 이렇듯 지난 1930년대의 걸작들을 모두 다시 마주할 수 있게 되었다. 1925년 출간된 한스 켈젠의 《일반국가학Allgemeine Staatslehre》은 연방공화국 초기에 "이미 한물 간" 것으로 여겨져서 여기에는 포함되지 않았다. 반면 오스트리아의 학계는 무척 흥미롭게도 이 책을 마치 교의敎義처럼 떠받들고 있었다.

일반국가학이나 민주주의에 입각한 헌법학이 새로이 구축되기에는 시기적으로 상황이 좋지 않았다. 연방공화국은 여전히 "잠정적 상태Provisorium"*로 이해되고, 1961년부터 국경경비가 공식적으로 더욱 강화되면서는 전체 국가에서 몸통의 일부가 잘려나간 분단된 한쪽에 불과했다. 전체 독일은 그 자체로는 행위 불능의 상태이고, 동독과 서독은 상대방의 존재 자격을 부인하면서 다투고 있었다. 1964년 출간된 헤르베르트 크뤼거Herbert Krüger의 대작 《일반국가학Allgemeine

---

* 1949년 독일연방공화국(서독)이 새로이 출범하면서 당시의 분단 상황에서 완전한 헌법에다가 붙이는 'Verfassung'이라는 명칭을 포기하고, 분단된 동서독이 향후에 통일될 때까지 잠정적provisorisch으로 적용되는 헌법이라는 의미에서 '기본법Grundgesetz'으로 명칭이 정해졌다. 반면에 같은 분단 상황인데도, "대한민국의 영토는 한반도와 그 부속도서로 한다"는 영토 조항에서 확인되듯이 우리의 경우에는 제헌헌법 이래로 지금껏 '완전헌법'을 천명해오고 있다. 1990년의 독일 통일을 전후해서 기본법에서 본래 새로운 헌법의 제정이 예정되어 있음에도 불구하고, 통일과 관련한 기본법 개정이 있었을 뿐이고 지금도 여전히 '기본법'이다. 이 '기본법'과 더불어서 독일민족의 전체 역사를 통틀어서 처음으로 정치적 안정과 경제적 번영을 가져오고, 또한 동서독의 재통일을 이루었기에 통일 이후에도 이 기본법을 굳이 내치고 불확실한 새로운 헌법을 통한 리스크를 떠안을 이유가 없다는 데 당시 독일 사회의 다수가 공감한 까닭으로 설명되고 있다.

Staatslehre》은 비록 학문적 가치는 인정받았으나, 그 기본 입장에서는 구닥다리로 여겨졌다. 그러나 시민단체들을 적대시하지는 않으면서 이들을 공적 기구의 형태로 바로 전환시켰다. 그러나 크뤼거는 당시 학계의 주류에 속하지 못했다. 이후 1970년 출간된 《일반국가학》의 저자인 오스트리아 출신의 펠릭스 에르마코라Felix Ermacora도 마찬가지였다.

이러한 가운데 프라이부르크대학(아르놀트 베르크슈트래서Arnold Bergstraesser, 빌헬름 헤니스Wilhelm Hennis), 베를린대학(오토 하인리히 폰 데어 가블렌츠Otto Heinrich von der Gablentz, 에른스트 프랭켈Ernst Fraenkel, 오십 플레히트하임Ossip Flechtheim, 오토 주르Otto Suhr), 함부르크대학(지그프리드 란스후트Siegfried Lanshut), 하이델베르크대학(카를 요아힘 프리드리히Carl Joachim Friedrich, 알렉산더 뤼스토프Alexander Rüstow, 돌프 슈테른베르거Dolf Sternberger), 쾰른대학(페르디난트 A. 헤르멘스 Ferdinand A. Hermens), 프랑크푸르트대학(막스 호르크하이머Max Horkheimer, 테오도르 W. 아도르노Theodor W. Adorno, 카를로 슈미트Carlo Schmid, 이어링 페쳐Iring Fetscher) 그리고 뮌헨대학(카를 뢰벤슈타인Karl Loewenstein, 에릭 푀겔린Eric Voegelin, 쿠르트 존터하이머Kurt Sontheimer, 한스 마이어Hans Maier)에서 정치학이 다시 제자리를 잡고, 여러 "학파들"을 형성해가기 시작했다.[213] 1965년 사회학자 랄프 다렌도르프 (1929~2009)는 유명한 저서 《독일의 사회와 민주주의Gesellschaft und Demokratie in Deutschland》를 발간했다.

이들은 집중도에서 다소 정도의 차이가 있을지언정 모두가 미국 또는 영국에서의 경험을 대변하고 있었다. 미국과 영국에서는 '국가학 Staatslehre'이 전혀 생소하지만, 여러 다양한 의사형성, "의사결정

decision-making"과 선거법 문제 등에 방점을 두는 복합적인 정부가 꽤나 익숙한 풍경이었다. 나치의 구호이기도 했고, 또한 가톨릭의 사회 이론에서도 종파적인 의미를 지녔던 "공공복리Gemeinwohl"라는 표현에 갈음해서 그냥 건조하게 "공익Öffentliches Interesse"이라는 표현이 이제 그 자리를 차지하고 다른 "이익들"에 맞서서 관철되어야 했다. 그 밖에 정당 및 선거에 대한 연구가 시작되고, 여론조사가 비중 있는 요소가 되었으며, 텔레비전이 "제4의 권력"이 되었다.

이에 상응해서 헌법학에서도 새로운 이론적 관심이 생겨났다. 에른스트 포르스트호프의 저작으로 1971년 출간된 후 널리 읽힌 《산업사회의 국가Der Staat der Industriegesellschaft》는 고전적인 국가와의 이별을 고하는 체념적인 내용을 담고 있었다.[214] 그러나 이와 동시에 새로운 세대가 등장했다. 1971년에는 로만 헤르초크Roman Herzog가 쓴 《일반국가학Allgemeine Staatslehre》이, 1975년에는 마르틴 크릴레Martin Kriele의 《국가학 입문Einführung in die Staatslehre》이 출간되었다. 이 책들은 자유주의적이면서도 핵심에서는 헌법이 아니라 국가로부터 비롯하는 기본구조를 갖추고, 신중하고 개혁보수적인 내용을 담고 있었다.[215] 헌법을 통해 국가를 제한할 뿐만 아니라, 또한 국가를 구성하기를 기대하기 때문에 '헌법학Verfassungslehre'을 저술하는 것이 논리적으로 타당했다. 그러자 국가가 잠재적인 비상사태로 위축되었다. 하지만 이 상태 역시 1968년에 헌법의 울타리 안에서 잘 처리되었다. 시민들에게도, 역시 마찬가지로 헌법적 차원에서 저항권이 주어졌다 (기본법 제20조 제4항). 즉 헌법 외적인 공간에 놓여 있던 비상사태와 저항사태가 살짝 그 모습을 드러내고는 바로 헌법 안으로 옮겨진 셈이다. 지금껏 다행스럽게도 비상사태와 저항사태라는 두 가지 위기극복의 방식이 시험대에 오르는 일이 없었다.

1965~1975년 학생운동이 거세지면서 과거의 혁명, 민주주의 이론 또는 일반적인 법 이론 관련 서적들에 대한 이론적 관심 또한 커졌다. 많은 과거의 저작들이 "발굴되고", 새로이 번역되고 불법으로 복제되었다. 마르크스와 레닌뿐만 아니라 스탈린주의 하에서 지하로 사라졌던 소비에트 이론가들의 저작들이 다시 읽혔다. 특히 벨기에의 이론가 에른스트 만델Ernst Mandel(1923~1995)은 "트로츠키주의"를 다시 일으켜 세웠다.

드러나지 않은 채로 수면 아래에서 좌우 모두로부터 반자유주의적인 물결이 서로 맞부딪혔다. 이른바 "재야의 반대 세력들Außerparlamentarischer Opposition"은 지난 1920년대의 반의회주의적 사고를 다시 수용하고는, 서로 번갈아가면서 자리를 맡는 방식의 "평의회Rat" 모델을 구상하고, 하부의 토대와 보다 긴밀히 접촉하고 모든 결정이 민주적인 방식으로 행해지기를 희망했다. '저항'은 여러 방식으로 표출되었다. 특히 사물에 대한 폭력과 사람에 대한 폭력을 구별하는, 법치국가에서는 실로 통용되기 어려운 방식이 사용되었다.

이 논쟁에 가담해서 기고한 법학 논문들이 특히 1968년 창간된 법률 잡지인 《비판 사법司法Kritische Justiz》에 주로 게재되었다. 그러나 이 잡지에서도 1972년부터는 국가 이론과 관련한 논문들을 찾아보기가 어렵게 되었다. 일상정치에서 다른 주제들이 더 중요해졌기 때문인데, 결국 이렇다할 만한 장기적인 국가 이론이 새로이 생겨나지는 못했다. 좌파 자유주의 세력이 정통마르크스주의 세력에게서 밀려나던 시기도 간헐적으로 있었으나, 그것도 1985년 무렵에 소비에트연방 체제에 최초의 균열이 보이기 직전까지의 잠시뿐이었다.

현대적인 학문 이론과 언어적–규범적 문제들을 다루는 "분석철학"을 재발견한 것이 장기적으로는 큰 의미가 있었다. 이 분야는 오스트리아와 독일에서 그간 사라진 것들 중에서 많은 것들을 재발견했다. 빈 학파(모리츠 슐리크Moritz Schlick, 루돌프 카르납Rudolf Carnap, 오토 노이라트Otto Neurath, 한스 한Hans Hahn)의 학문 방법론, 은둔형 천재 루드비히 비트겐슈타인Ludwig Wittgenstein, 알프 로스Alf Ross, 헤르베르트 L. A. 하르트Herbert L. A. Hart 및 특히 한스 켈젠의 저작들이 그러했다. 한스 켈젠의 저작은 오스트리아에서 여전히 현재적이기는 하지만, 규범실증주의로 도그마화된 상태였다. 이 저작들이 모두 합쳐져서 전쟁 직후 시기의 철학적 전제들과는 결별을 고했다. 법률 해석에서 자주 은근히 강조되는 존재론적 전제들, 본질 논쟁 및 가치질서 토포이*와 비교해보면 오히려 언어적 정확성과 법치국가성에 더 큰 이득이 있다는 사실을 알아차리고 이를 높이 평가한 것이다.

켈젠이 오래전에 통찰했던 것들, 즉 의회민주주의, 법실증주의 그리고 인식이론적 상대주의가 상호 지지해 주는 관계에 놓여 있으며, 여기에 텍스트의 구속성, 해석의 합리성 및 평가 기준의 공개가 통합되어야 한다는 인식이 다시 활발해졌다. 1970년에 《법 이론Rechtstheorie》이라는 잡지가 새로이 창간되고, 이로써 법 이론학이 법철학과 나란히 새로운 법 분야로 정착된 것이 우연한 일은 아니다. 그동안 음지에 숨어 있던 "법 논리학Juristische Logik"과 "법학 방법론Methoden-

---

* 고대 그리스어로 '광장' 또는 '장소'를 뜻하는 Topos의 복수형이 Topoi인데, Topic이 이로부터 비롯된 단어다. 오늘날의 법학적 방법론에서 토포이는 사안과 관련되는 "여러 관점들" 내지 "관점들의 목록"으로 이해된다.

lehre"도 이제 다시 양지로 나왔다.

철학과 이론에 대한 새로운 관심은 국가와 헌법에 관한 여러 근본 문제에서도 유리하게 작용했다. 연방헌법재판소의 결정들과 영속적으로 결합되어 있는 고권 작용들의 "합헌성" 또는 "위헌성"에 관한 물음들이 의미론적으로는 이미 국가에게서 헌법에로 넘어갔다. 헌법적 사고가 국가적 사고를 뒤덮어버렸다. 헌법학계의 다수가 국가와 법질서를 동일시하는 켈젠을 따르지 않는 가운데 헌법적 사고가 일반적으로 지배적이라는 데 아무런 의심이 없었다.

이러한 까닭에 "국가를 망각"하는 것에 대한 우려의 목소리가 일각에서 터져 나왔고, 국가를 헌법질서가 붕괴될 때에, 즉 국가비상사태를 대비하는 예비적인 대용품 정도쯤으로나 여기는 데 경종이 울리기도 했다.[216] 즉 '국가법Staatsrecht'에서 '헌법Verfassungsrecht'으로 옮겨가는 분위기가 이미 완연하고, 이는 특히 외국에서 돌아온 저자들에게서 확연히 느껴졌다. 미국에서의 경험을 지닌 이전의 독일인들은* 일찍이 '헌법학'과 관련한 책들을 출간하고(카를 요아힘 프리드리히Carl Joachim Friedrich의《현대의 헌법국가Der Verfassungsstaat der Neuzeit》(1953), 카를 뢰벤슈타인의《헌법학Verfassungslehre》(1959), 페르디난트 A. 헤르메스 Ferdinand A. Hermens의《헌법학》(1965)), 반면 독일적 전통을 따르는 저자들은 변함없이 계속해서《일반국가학》책들을 저술했다(1964년에 헤르베르트 크뤼거Herbert Krüger, 1970년에 펠릭스 에르마코라Felix Ermacora, 1980년에 토마스 플라이너Thomas Fleiner, 1969년에 라인홀트 치

---

* 1933년 전후로 나치 정권의 박해를 피해서 독일에서 미국으로 떠나갔던 법학자들을 말한다.

펠리우스, 1971년에 로만 헤르초크, 1975년에 마르틴 크릴레Martin Kriele, 1984년에 한스 헤르베르트 폰 아르님Hans Herbert von Arnim, 1991년에 카를 되링Karl Doehring, 2009년에 부르크하르트 쇠베너 – 마티아스 크나우프 Burkhard Schöbener – Matthias Knauff).

1928년 출간된 카를 슈미트의《헌법학》이 이미 선점하고서 상반된 평가가 뒤섞여 있는 구역에 발을 담으면서 자신들의 책에다 '헌법학' 이라는 똑같은 이름을 붙일 용기 있는 저자들이 그리 많지 않았다(페터 헤벌레Peter Häberle의《문화학문으로서의 헌법학Verfassungslehre als Kulturwissenschaft》(1982), 괴르크 하페르카테Görg Haverkate의《헌법학》 (1992), 페터 헤벌레의《유럽 헌법학Europäische Verfassungslehre》(2006), 필립페 마스트로나르디Philippe Mastronardi의《헌법학: 좋고 정의로운 국가에 관한 학문으로서의 일반국가법Verfassungslehre: Allgemeines Staatsrecht als Lehre vom guten und gerechten Staat》(2007)).

이렇듯 적응이 지체된 데에는 의미론적인 문제들만 숨겨져 있는 게 아니었다. 이는 심지어는 고전적인 국가가 생활 형식Lebensform으로서 과연 존재하는지 여부의 문제이기도 했다. 구舊유럽의 국가 모델이 유럽의 국가연합체로, 또는 몇몇 국가기능을 떠맡기기는 했으나, 스스로도 (아직은) 국가가 아닌 독특한 방식의 구조물인 "유럽연합 EU"으로 넘어가는 과도기 또는 해체 경향에 놓여 있던 가운데, 여전히 국가, 국가법 그리고 국가학을 고수하려는 이들은 위와 같은 흐름에 맞서서 오늘날 점차 방어적인 입장에 처해 있다. '헌법'이라는 단어가 갖는 지평을 선호하는 이들은 기존의 국가에 대한 별다른 이론적 죄책감이 없이 새로운 형태의 "개방적인 국가성"과 국가와 유사한 유럽적인 결합 형태에 합류할 수 있고, 무엇보다도 특히 인권을 중시하는 세계질서를 입헌화하는 작업으로 나아갈 수 있다. 이 중요한 물음들에서 이론적 성찰뿐만 아니라 또한 실제의 정치적 발전이 뒤따를지는 여전히 미지수다.

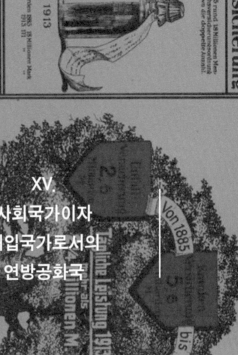
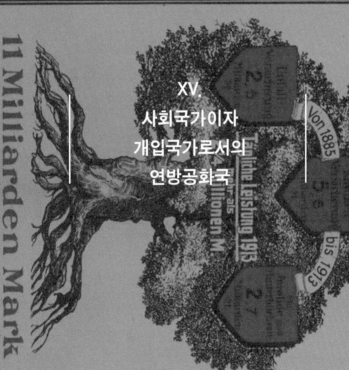

XV.
사회국가이자 개입국가로서의 연방공화국

1. 사회국가와 사회법

나치 정권이 군사적으로 그리고 실질적으로도 붕괴하고 나서 근근이 명맥을 유지해오던 사회보장, 기초지자체 등의 생계 배려 및 여러 복지단체의 일부 기능이 큰 어려움 속에서도 각 란트의 차원에서 다시 작동하기 시작했다. 1948년 화폐 개혁이 실시되고, 1949년 연방공화국이 수립되고 경제가 되살아나면서 사회보장시스템도 다시 회복되기 시작했다. 그리고 사회보장시스템은 이후 지속적으로 확대되어갔다(먼저 특히 전쟁희생자 배려, 전쟁피해 보상, 주택시장 규제, 빈민구제, 사회법원 설치). 1957년부터 노령연금이 부과 방식Umlageverfahren*으로

---

* 연금 제도를 설계하면서 "연금 급여지출을 어떻게 충당할 것이냐" 하는 재원조달 방식의 결정이 중요한데, "부과 방식pay-as-you-go"과 "적립funding 방식"으로 대별된다. 부과 방식은 그해에 필요한 연금지출을 그해의 보험료로 '부과'해서 충당

전환되어 역동성이 강화되면서 또한 은퇴자들도 보편적 복지를 누릴 수 있게 되었다.[217] 1961년에는 예전의 "생계 배려"가 현대적이고 보다 효율적인 사회구호로 대체되고, 1923년도에 제정된 '제국청소년복지법Reichsjugendwohlfahrtsgesetz'에 갈음해서 새로운 '청소년구호법Jugendhilferecht'이 제정되었다.[218]

이러한 일련의 확대 움직임이 실질적으로 가능해진 것이 "경제 기적"의 덕택이지만, 그러나 동서독 분단이 짙은 그림자를 드리운 가운데 이에 확고하게 공감대를 이룬 정치권이 지지해준 덕분이기도 했다. 이러한 확대 국면이 1973년까지 이어졌다. 이후 2010년 한 해의 예산만 해도 7,600억 유로로 달하는 이 육중한 사회국가를 실은 거대한 유조선이 이행법률Anpassungsgesetz*의 도움을 받으면서 계속해서 순항하고 있고, 점점 더 심각해져가는 인구 노령화의 위기를 극복할 만할 능력을 갖추고 있다고 적어도 믿고 있다. 각종 연금과 공무원연금 그리고 증가하는 의료보험 비용이 젊은 경제활동 인구에게 전가될 수밖에 없다. 1994년부터는 따로 독자적인 장기요양보험Pflegeversicherung이 신설되어 사회보장을 떠받치는 "다섯 번째 기둥"**으로 덧붙여

하는 방식이고, 적립 방식은 가입자별로 개인계좌(연금통장)를 만들어 여기에 자기의 보험료를 쌓아두고, 이것을 연금회사가 금융시장에 투자해서 이자를 발생시키면서 원리금을 불려주는 방식을 말한다. 양재진, 《복지의 원리》, 한겨레출판, 2002, 145쪽 이하 참조.

* 유럽연합 집행위원회에서 어떤 "지침"을 확정하면, 유럽연합의 회원국인 각 국가는 이 지침을 자국의 법질서에 반영하기 위해서 "이행법률Anpassungsgesetz"을 제정해야 한다.

** 독일의 사회보장시스템은 그간 '의료보험', '연금보장', '실업보험' 및 '산재보장', 이 네 개의 기둥으로 구성되었는데, 여기에 추가해서 '장기요양보험'이 다섯 번째

겼는데, 이조차도 노령에 뒤따르는 장래의 부담을 단지 일부만 덜어
줄 수 있을 뿐이다.

기본법상의 원칙이면서도 단지 일부 조항들에서만 언급되고 있는
사회국가Sozialstaat(기본법 제20조 제1항, 제28조 제1항 및 제14조 제2항)는
모든 입법기에 걸쳐서 제·개정되는 사회보장 관련 입법Sozialgesetzge-
bung을 매개로 실현된다. 사회보장을 위한 급부 시스템이 지속적으로
확대·변경 내지 제한되거나, 또는 보다 엄격한 조건들과 결부되어 전
체적으로 세계에서 가장 효율적일 뿐만 아니라 가장 값비싼 시스템으
로 개선되면서 그간 유지되어왔다.[219] 그리고 연방사회법원BSG을 정
점으로 하는 3심급의 사회법원들이 이러한 입법을 보다 정치하게 구
체화하면서 함께해왔다. 이 사회법원들의 법관들은 연방과 란트의 사
회행정 관련 실무자들과도 자주 협력해왔다. 또한 이들 법관의 상당수
가 사회법과 관련한 저자나 주석자로 직접 나서기도 했다.

따라서 사회법은 오랫동안 법 실무가 지배하는 영역으로 남아왔고,
오늘날에도 상당 부분은 여전히 그러하다. 공적·사적인 "생계 배려
(사회구호)", 아동과 청소년 지원, 전쟁희생자 지원 및 보험료 수입으
로 운영되는 대규모 사회보험 제도와 같이 서로 이질적인 부분들이
아직 완성되지 못한 채로 있는 '사회법'에 뒤늦게 합류했다. 노동관
계를 중심에 둔다면 사회보험은 노동관계의 부록쯤으로나 여겨지고,
그래서 사회보험은 민사법의 일부에 해당하는 노동법의 관할에 속하
는 것으로 비춰졌다. 사회보험의 강제적 성격을 강조한다면 차라리
공법에 해당하겠으나, 그것의 보험적 성격으로 인해 원칙적으로 세금

기둥이 되었다.

으로 운영되는 급부와는 구별된다.

대학들에서 '사회법'은 전형적으로 부차적인 교과목으로 간주되었다. 비로소 1960년대에 접어들어서야 사회법에 관해서 포괄적인 의미로 언급하는 것이 일반화되었다. 이때부터 사회법을 여러 기본적인 목적들이 결집된 것으로 간주하게 되었다. 이 목적들이 바로 미래를 위한 배려, 연대의식에 바탕하는 상이한 생활 형편의 균등화 그리고 "인간의 존엄성"에 근거한 최저생계의 보장이다. 다양한 사회 급부들이 서서히 하나의 전체로 통합되고, 헌법에서 이를 요청하고, 법원의 판결을 통해 활자화되고, 이제 별도의 독자적인 사회예산 항목을 편성하기 시작한 정치계가 또한 이를 장려해왔다.

이렇듯 새로운 시각과 함께 성문의 법전화를 위한 작업이 재촉되었는데, 1976년에 착수하고 한 세대가 지난 후에야 비로소 "사회법전 Sozialgesetzbuch"이 완성되었다. 이제 여론도 간과할 수 없을 정도로 어마하게 몸집이 커진 사회급부 시스템이 사회의 중심에 자리 잡게 되고, 그것은 생산적인 국민경제와는 마치 쌍둥이와도 같으며, 또한 국내의 평화와 안정의 보장장치이기도 하다. 그러나 이것이 특히 비용집중적인 까닭에 초고령화와 같은 인구학적 변화가 발생하는 시기에도 여전히 그 수준을 유지할 수 있을지 여부에 관한 우려 또한 내내 함께 제기되고 있다.

1970년대 이래로 법학 역시 이 과정에 적극 동참해왔다. 기터 Gitter, 폰 마이델v. Maydell, 아이헨호퍼Eichenhofer와 같은 일부 민사법학자들과 차허Zacher, 뤼프너Rüfner, 룰란트Ruland, 베커Becker, 슈납 Schnapp 등과 같은 다수의 공법학자들이 그러했다. 대학에서 '사회법'을 담당하는 정교수 자리가 신설되고, 여러 교과서가 출간되고, 사

법시험 규정에도 반영되었다. 유럽통합에 발맞춰서 또한 '유럽사회
법'도 생겨났다.[220] 다만 이러한 전개 양상이 직선적으로 진행되지만
은 않으면서, 실제의 그리고 선동으로 부풀려진 사회적 필요에 따라
그간 부침을 겪어왔다.

대학에서 정교수직 한 자리를 새로이 추가하면서 '사회법' 또는
'국제은행법' 중에서 어디를 우선할지는 결국 지적인 분위기가 결정
했다. 경제적인 측면에서 신자유주의가 득세하면서 '사회법'이 다시
찬밥 신세로 전락했다. 하지만 전 세계적인 금융위기와 EU의 여러 나
라에서 청년실업이 만연해지면서 상황이 다시 바뀌었다. 비록 사회보
장 급부가 경제를 지탱하는 주된 역할에 적합하지는 않더라도, 어려
운 시기를 견뎌나가는 가교로서 나름 기능하고, 재분배 효과를 통해
사회의 지나친 양극화를 제어하기 때문이다. 게다가 특히나 연금으로
생활해가는 고령자 세대에게는 인간다운 삶을 보장하고 있다.

2. 장기적인 개입

사회법은 우리가 "개입(간섭)국가Interventionsstaat"라는 매우 불명확한
단어를 갖고서 묘사하는 것 이상으로 훨씬 더 포괄적인 과정에 대한
하나의 예시일 따름이다. 개입국가는 19세가 끝나가던 무렵에 관찰
할 수 있었던, 경제적 자유주의에 따른 확고한 신념들과의 결별을 의
도하는 것이었다. 이러한 신념들(즉 개인과 정치적, 경제적 세력들의 자
유로운 발현, 자유무역)이 독일에서는 단 한 번도 완전하게 작동한 적이
없었다. 개입적인 국가의 위상은 지난 18세기에 모든 것을 보살피면

서 권위주의적인 복지국가 이래로 전통적으로 강력했고, 이는 또한 19세기의 전반부까지도 그래왔다.

1873년 무렵에 주식시장이 붕괴되는 등으로 심각한 경제 위기를 겪은 연후에 사회의 여러 진행 과정에 국가가 나서서 조율하면서 새로운 사고전환이 있었다. 특히 제국의회의 입법이 그러했다. 질병(1883), 산업재해(1884), 경제적 무능력 및 노령(1889)으로부터 노동자들을 보호하는 여러 사회보장을 마련하는 것부터 시작해서, 회사법, 지적재산권법, 은행감독, 수공업 및 소상공인들의 영업활동 감독, 공장들에서 야기되는 위험의 예방(여러 기술적 감시단체들) 그리고 생필품 등에서 '소비자'와 같은 새로운 목적 집단의 보호에 이르기까지 광범위한 입법을 통해서 국가가 일반적인 경제생활에까지 개입해왔다. 1911년 창립된 카이저-빌헬름-협회Kaiser-Wilhelm-Gesellschaft 와 같은 대규모 연구기관을 통해 국가가 학문 연구를 장려해오다가, 이제는 지금껏 자율적으로 운영되어온 대학의 연구에까지 의도적으로 개입하고 있다. 또한 여러 학술원에서도 여러 세대에 걸치는 장기 프로젝트의 발주가 늘어나고 있는데, 이로써 학문적 역량을 육성하는 동시에 또한 구속하기도 한다.

이때까지만 해도 그저 대략적으로 목도되는 현상에 불과한 "개입(간섭)주의Interventionismus"가 제1차 세계대전을 통해 엄청난 추진력을 얻게 되었다. 즉 전쟁이 발발하자 전쟁에 필요한 모든 물자의 생산을 장려하고 통제하기 위해 지금껏 전혀 알지 못한 사법과 공법의 혼합 형태가 새로이 생겨났다. 전쟁이 끝난 후 수백만 명의 시민들을 보살피고, 이들에게 다시 빵과 일자리를 안겨줘야 했기 때문이다. 당시에 바이마르 공화국의 위기관리 능력으로는 "비개입"의 시대로 되돌아갈 수 없었다. 권위주의적인 조정으로 일관한 나치즘 하에서는 상황이 더욱 심각했다. 즉시 "제국농민조합Reichsnährstand"[*]에 관한 규정을 만들고 농산물시장을 장악하고는 일자리 창출, 군비증강 및 군수물자를 생산한다는 핑계로 그나마 남아 있던 자유의 공간을 단계적으로 무자비하게 축소시켰다. 이때부터는 소비에트국가와 마찬가지로 투자, 연구 그리고 모든 종류의 물자 생산을 위한 목표의 기준이 되는 '계획'이 지배했다. 다만 그럼에도 불구하고 사유재산과 기업은 그대로 유지되었다.

1945년 이후에 네 곳의 점령지역 모두에서 전쟁피해의 보상, 일자리 창출과 주택보급, 전쟁피해자들의 부양 및 이와 관련되는 여러 기구의 재건이라는 문제가 새로이 불거졌다. 마셜 플랜이나 이제 서서히 행위능력을 다시 회복해가던 각 란트의 공적 수단과 같은 "위로부터의" 도움이 없이는 아무것도 할 수 없어 보였다. 처음에는 생존에 필수적인 모든 물자가 직접 배급되고, 시장은 단지 외부에서 정한 엄격한 조건 하에서만 기능했다. 경제 사정이 나아지고 나서야 비로소 대부분의 물자에 대한 관리가 해제되었다. 다만 주택시장만큼은 그 이후로도 오랫동안 관리가 필요했다. 이와는 반대로 농산물시장은 보조금 제도와 (역시 보조금이 지급되는!!) 생산규제를 통해 다시 이중으로 관리되는데, 이제는 유럽 전체적인 차원에서 시행되었다. 석탄

* 나치 체제 하인 1933~1945년 동안 그리고 1948년 공식적으로 해체될 때까지 존속했던 농민단체인데, 자체의 정관, 예산, 회비 및 공무원 신분을 가진 공법상의 단체로 농업과 농업 정책을 다루는 일종의 신분적 조직이었다. 약칭해서 RNST로 불려졌다. 이 RNST의 활동은 주로 농산물의 생산통제, 배분 및 가격 책정에 집중되는데, 그 소속 회원들의 사회적·문화적 권익 향상도 단체의 과업에 속했다고 한다.

및 철강 생산이 유럽석탄철강공동체ECSC를 통해 "유럽화"되고, 유럽의 대외관세가 개발도상국들로부터 값싼 물품들이 마구 수입되는 것을 막아줬다. 말로만 늘 '자유'를 떠들어대던 국내 및 유럽 차원의 기구들이 사실상de facto 사회 안에서 행해지는 삶의 광범위한 영역을 규제해왔고, 또한 간접적으로는 저작권법을 포함해서 사회법, 조세법, 보건위생법 및 소비자보호법을 통해서 그리고 영업 감시와 환경법을 통해서 사회 내에서 벌어지는 행위들을 조율해왔다. 수입 및 수출과 관련되는 유럽의 이해관계와 농업 보호가 가장 중요한 지표인데, 또한 교통안전, 보건 정책 또는 에너지 절약과 같이 공감대를 얻기가 비교적 쉬운 당면 목표들도 있었다(안전벨트 및 헬멧 착용 의무, 흡연 금지, 신제품의 백열등 사용 등). 연방과 각 란트의 차원에서 독일 국내의 여러 정부와 브뤼셀에 소재하는 'EU' 간에 행해지는 복잡한 의사형성 과정을 거쳐서 합의된 사항들이 장려되고, 제한되거나 또는 금지되었다. 시장에서 거래되는 거의 모든 제품과 용역서비스가 오늘날 고권高權을 지닌 당국의 허가와 감시를 통해 파악되고 있다.

 법과 법학에서는 이러한 일련의 과정들이 헌법과 행정법으로 하여금 그 토대를 보다 면밀하게 검토하고, 유럽의 이웃나라들과 비교하기를 강제한다는 데 그 핵심적인 의미를 갖는다. 민주적으로 구성되는 법치국가의 기본 모델은 헌법전에 각인된 바와 같이 국가와 사회 간의 영역 분리에 근거하고 있다. 분리된 이 두 영역 사이의 간극은 여러 기본권을 통해 결정된다. 기본권을 제한하는 행정부의 모든 조치에는 그 제한의 동기와 정도를 정확하게 규율하고 있는 의회의 법률이 필요하다. 이러한 제한을 둘러싸고 논란이 빚어지면, 마찬가지로 법률과 법에 기속되는 독립적인 법원들이 결정을 내리게 된다. 여기서 법원들은 해당 조치에 유효한 법적 근거가 있는지 그리고 행정청이 내세우는 이 법적 근거가 성문 및 불문의 상위법과 합치하는 가운데, 즉 법치국가 원리에 합당하게 적용되고 있는지 여부를 결정한다. 여기서 무엇보다도 해당 제한이 과연 필요한 것인지, 적절한지, 그리고 의도하는 결과와의 관계에서 "과잉적"인지의 여부가 심사된다.

이러한 기본 모델은 결코 사라지지 않는다. 경찰법, 영업법, 건축법 또는 공용수용법이 적용되는 일상생활의 많은 사례에서 예나 지금이나 여전히 적용되고 있다. 국가 활동의 핵심영역에 해당하는 고전적인 "위험 방지"도 포기될 수 없다. 그러나 행정실무 자체와 그것을 둘러싼 주변의 상황이 많은 부분에서 바뀌었다. 늦춰 보더라도 20세기 후반부터는 국가의 과업 범위가 "위험의 방지"를 넘어서서 더욱 커져왔고, 이를 위해 거의 모든 곳에서 사회 내 여러 세력을 동원해왔다. 즉 사회 급부와 관련해서는 공법상의 조직인 대규모 사회보험기구나 사회복지를 담당하는 연방 및 지자체의 행정부서들뿐만 아니라 교회와 각종 단체들, 여러 비인가 협회들 그리고 심지어 민간기업들도 이 시스템의 기반을 이루고 있다. 사회구호, 아동 및 청소년 지원, 의료기관, 장애인시설, 노인요양시설 그리고 그 밖의 많은 것들에서 이렇듯 비국가적인 기구들과의 공조와 협력이 없이는 전혀 기능할 수 없게 되었다.

이미 19세기 이래로 여러 기본적인 급부들(에너지, 상하수도, 우편, 도로 등 교통시설, 소방 및 재해 보호)을 위해 설치된 대규모의 공급시설 및 사회기반시설들도 마찬가지로 국가와 사회 간의 협력이 없이는 구축될 수도, 유지될 수도 없다고 여겨졌다. 앞서 언급했듯이 지난 1938년에 에른스트 포르스트호프가 "생존 배려"를 다루면서 국가가 제공하는 이 같은 기본적인 배려적 급부들에 개인이 종속되어 있는 여러 현상을 묘사했다. 이 같은 종속성이 (명백히 반민주주의적인 맥락에서) 시민들의 참여권을 통해 완화되어야만 한다고 강조했다. 이에 대한 후속 논쟁에서는 이러한 배려적 급부의 스펙트럼이 "사회기반시설"에 속하는 모든 급부들에로 확대되어,[221] 유치원, 학교, 모든 유형의 교육 시설과 문화 시설들뿐만 아니라 심지어는 "모두를 위해" 아무도 피해를 입지 않는 안전한 생활세계와 노동세계를 만들어가는 데에까지 넓혀졌다. 특히 마지막에 언급한 대목은 비록 그것이 절대로 도달할 수 없는 목표일 수 있겠으나, 국가가 부단히 적극적으로 개입하면서 활동하고 모든 차원에서 사회활동가들과 함께 협력해야만 한다는 상념만으로도 이미 나름 의미가 있다.

또한 그것은 예나 지금이나 대부분 사법상 또는 공법상의 계약에 기초할 때에만 가능한 것인데, 비공식적인 협력과 실제의 상호 보완을 통해서도 또한 가능하다. 이 밖에도 시민들은 여러 법률에 근거해서 무수히 많은 "급부들"을 제공받고 있다. 즉 사회법에 따른 급부뿐만 아니라, 또한 경제 촉진, 경작지 감소에 따른 보상, 목초지 관리, 생산능력의 감소, 대체에너지 혁신 또는 기타 미래의 신기술 등과 관련하여 지원 내지 보상을 위해 마련되는 헤아릴 수 없이 많은 다양한 급부를 제공받는다. 이로써 새로운 '급부행정법Leistungsverwaltungs-recht'이 생겨나고, 이는 기존의 '침익적 행정법Eingriffsverwaltungsrecht'과 여러모로 정합적으로 짜 맞춰져 있다. 이제는 이 둘 중에 어느 하나가 없이는 나머지 하나도 더 이상 생각조차 할 수 없게 되었다.

3. 행정법의 변화

이 같은 상황에 직면해서 행정법의 기존 도그마틱 또한 여러 대목에서 이에 호응해야만 했다. 행정법 도그마틱은, 기존의 전형적인 침익侵益적 또는 부담적 행정 행위 이외에, 먼저 수익적 행정 행위라는 새로운 형태에도 골몰했다. 물론 이 행위도 제3자에게 또한 부담을 주는 부수적인 효과를* 수반하는 것이다. 또한 개별 행위 외에도 장기적으로 설정되는 "행정법관계"도 등장하고, 이는 민사법상의 "계속적 채권·채무관계Dauerschuldverhältnis"**와도 비견되었다. 지금은 이로부터 비롯하는 급부장애에 관한 규정들까지 공법에서 받아들여졌다.

각종의 보조금을 행정법적으로 파악하기 위해서 급부의 근거인 수익적 행정 행위를 은행의 대출 보증과 같은 이행의 담보를 목적으로 하는 민사법상의 법률 행위Erfüllungsgeschäft와도 구별하면서(이른바 "2단계 이론"), 통일된 권리 보호를 보장하는 순수하게 공법적인 구조가 함께 제공되었다. 다시 개개인의 차원에서 보자면 또한 평등 문제가 대두되었다. 즉 주어진 유사한 사안인데도 어떤 이들은 다른 이들과는 달리 아무런 소득이 없이 빈손으로 돌아가거나, 어떤 공무원이 동일한 자격과 능력을 지니는데도 여느 동료와는 달리 승진하지 못하는 상황이 이에 해당한다(경원자競願者 소송). 여러 공공사업을 서로 수주

---

* 이로써 하나의 행정 행위가 여러 효과를 동시에 갖는다는 의미에서 "복효復效적 행정 행위"로도 부른다.
** "계속적 채권·채무관계"란 1회의 계약을 통해 반복적이고 장기간에 걸쳐서 행해지는 급부 내지 반대급부를 목적으로 합의된 채권·채무관계를 말한다.

하려는 경쟁에서도 이 사업을 공정하게 배분하고, 관련 부정부패를 방지하게끔 독일 국내와 유럽 차원에서 '공공조달법Vergaberecht'이 발전되어왔다.

실무계와 학계에서도 중요한 변화들이 있었다. 공항, 고속도로 및 철도 건설 그리고 밀집 주거지역 또는 자연을 훼손하는 사업과 같이 다수 당사자들이 참여하는 가운데 장기간이 요구되는 각종의 인·허가 절차가 이에 해당된다. 사업의 계획 단계에서부터 참여할 수 있게끔 입법자들이 발전시켜온 여러 참여 형식이 원래는 행정청의 내부에서 진행되어야 할 계획을 무수히 많은 당사자가 함께하는 공적인 사안으로 만들고, 심지어 지역적 차원에서 직접민주주의가 행해질 수 있는 가능성을 제공하기에 이르렀다. 이때부터는 구래의 전통적인 "계획들"(예산 계획, 건축 계획)을 훌쩍 뛰어넘어서 교통 계획, 경관 및 도시 계획, 복지 사업 계획, 청소년 지원 계획, 초·중등학교 및 대학 계획이 행정청의 일상 업무에 속하게 되었다. 1960년대까지만 해도 시장경제의 영역에서 이들 계획이 크게 강조되지는 않았다. 이는 무엇보다 나치 정권의 4개년 계획이나, 특히 동구권 공산주의 국가의 계획경제와 유사한 행태에 대한 시민들의 거부감이 컸기 때문이다.

하지만 현실을 부정할 수는 없었고, 학계에서도 점차 이에 호응해 갔다.[222] 이제 '계획Planung'이, 요제프 하인리히 카이저Joseph H. Kaiser 의 표현을 빌리자면, "우리 미래의 핵심 개념"으로 격상되었다. 1967 ~1978년 행해진 지방자치 차원에서의 행정구역 개편 작업에서 열광적인 호응과 함께 종종 현실과 괴리되는 계획들도 함께 수립되었다. 1967~1968년 불어닥친 최초의 경제 위기 국면에서 이제는 예측이 가능하게끔 글로벌한 조율이 필요하다고 권고되었다. 연방총리실 산하에 호르스트 엠케Horst Ehmke가 책임지고 이끄는 중앙계획실이 생겨났다. 그리고 '계획법'이 법학 교육과 관련해서 사법시험 과목으로 포함되었다. 그러나 순탄한 분위기가 사라지고, 많은 잘못된 계획들이 드러나면서 1976년부터는 다시 긴장감이 돌기 시작했다. 다만, 초·중등학교나 대학과 같이 고전적으로 사회 정책의 실험장소인 곳에서만 계속해서 영속적으로 '계획'되고, 관련 "개혁 작업"이 추진되어왔다.

공법학은 이런 모든 변화를 겪으면서 보다 세부적으로 차별화하면서 이에 호응해왔다. 새로운 강좌와 교수 자리가 만들어지고, 잡지와 총서들이 새로이 발간되고 관련 학회들이 새로이 생겨났다. 이미 바이마르 공화국 시기에 '공공경제법'[223]이 생겨났다. 이제는 이외에도 '사회법',[224] '환경법',[225] '지역개발계획 및 특수계획법',[226] '과학법',[227] '미디어 및 텔레커뮤니케이션법',[228] '에너지법',[229] '정보보호법',[230] 그리고 '기술법'[231]이 등장했다. 이들 법 영역은 체계적으로 조성된 새로운 창조물이라기보다는 너무나도 다양한 규범들의 꾸러미에 불과한데, 이제는 실제에 맞게끔 서로 경계 짓고 구별해내고, 영역마다 이를 주도하는 중심 사고를 개발하는 작업이 시도되었다. 이로 인해 현대의 행정법을 한눈에 파악하기가 더욱 어려워졌다. 이는 학문 연구자들의 전공이나 출판기관들이 보다 전문화되고, 각 법원의 관할 영역이 세분화되는 것에서도 드러난다. 이로써 현대의 법질서가 안고 있는 문제, 즉 "다중 규범성Multinormativität"의 문제로 확대되어 가고 있다.

한편으로는 1895년 이래로 오토 마이어Otto Mayer가 개발한 법 형식론의 기본구성 요소들에다가 단지 몇 개만 더 추가하는 것으로 오랫동안 만족해왔다. 앞으로도 계속해서 부담적 또는 수익적 행정처분이 행해질 것이고, 오늘날 점점 더 전자문서의 형식으로 바뀌어가고, 공법상의 계약들이 체결되고, 많은 계획이 수립되거나 조례와 정관이 제정되고, 단체Körperschaft, 영조물Anstalt 및 재단Stiftung의 구별 또한 여전할 것이다. 물론 아직도 도그마틱적으로 세련된 모습을 갖추지는 못하지만, 장기적으로 설정되는 행정법상의 관계가 이에 덧붙여졌다. 그러나 다른 한편으로 이들 법 형식을 얼핏 살펴보면, 핵심 영역에서 착각을 불러일으킨다. 다양한 맥락에서의 발화發話 행위와도 다르지 않게, 다른 상황에서 그 의미가 바뀌는 것은 겉보기에 변함이 없이 똑같이 보이는 법 형식들만이 아니다. 행정과 행정법 역시 마찬가지로 지난 수십 년 동안 국가와 사회 간에 달라진 상황만큼이나 근본적으로 변화해왔다. 우리는 사회적·기술적 측면에서 초고속적인 국면을 살아가고 있다.

자연과학적인 문제들에서는 국가적 또는 산업적 수단들이 대량 투입되면서 전 세계가 첨예하게 경쟁하는 가운데 관련 연구가 진행되고 있다. 기존의 지식이 낡은 지식으로 되어버리는 간격이 점점 더 짧아지고 있다. 이는 특히 새로운 지식들이 전자적 방식으로 곧바로 활용가능하기 때문이기도 하다.

그래서 우리가 현재 서 있는 지점이 대체 어디인가? 널리 알려져 있듯 인간이 빠른 속도로 움직이고 있을 때에는 자신이 서 있는 위치를 특정하기가 어렵다. 그래서 우리가 농경시대(1차 산업)와 그 이후에 등장한 산업화시대(2차 산업)에 이어서 후기산업화의 용역서비스시대(3차 산업)로 접어들었는지를 두고도 논의해봐야 할 듯싶다.[232] 다만, 행정에 관한 법이 한편으로는 그 적용 영역이 상당히 확대되었지만,

다른 한편으로는 기존의 모습과 도그마틱에 대한 신뢰 또한 상실했다는 점도 전혀 의심의 여지가 없이 분명하다.

먼저 기본권이 강조되는 전후 시기의 법치국가 및 사회국가적 맥락 속에서 행정을 전개한다는 것은 전체 행정법이 새로운 헌법에 짜 맞추어 재구성되어야 함을 뜻했다. 이제 행정법은 프리츠 베르너Fritz Werner의 유명한 표현대로 실제로 "구체화된 헌법konkretisiertes Verfassungsrecht"이 되었다. 이 표현은 이제 어디서든 목도되는 기본권 제한의 "비례성 원칙"을 포함해서 행정법 내부에서 기본권 보호를 보다 섬세하고 완벽하게 가다듬고, 새로운 보호법익들과 국가의 보호의무를[233] 개발하고, 기존의 행정법을 헌법합치적으로 해석하고 새로운 업무처리 방식들과 민사법상의 계약 형식들을 받아들이는 가운데 그간 고권적 작용을 통해 일방적으로 진행되어온 행정이 이제는 시민들 및 시민단체들과 함께 협력하는 행정으로 전환되어야 함을 뜻한다.

1972년 레겐스부르크에서 개최된 국법학자협회 학술대회에서 오토 바호프Otto Bachof(1914~2006)가 이런 변화들에 대해 총평을 내놓았다. 그는 헌법상의 법치국가적·사회국가적인 기준들이 행정법 안으로 틈입하고, 행정 작용에 대한 법치국가적인 통제가 더욱 세련되게 가다듬어지고, 급부행정법을 통해 법 형식들이 확대된다고 지적했다. 그는 행정법 도그마틱의 근본적인 쇄신이 꼭 필요하다고 보지는 않았다. 그에 비해 꽤나 젊은 빈프리드 브롬Winfried Brohm(1932~2012)은 현대화의 관점을 더욱 강조하면서 행정 계획의 수립 과정에서 새로운 참여 형식들을 도입하고, 행정부에 대한 보다 면밀한 의회 통제를 확보하며, "행정법상의 관계" 그리고 "급부장애"의 경우에 이에 상응하는 공법상의 권리를 보다 확대해야 한다고 주장했다.

이로부터 불과 4년 후인 1976년 최초로 행정절차에 관한 포괄적인 법 규정들이 연방과 각 란트의 여러 법률에서 거의 동시에 마련되었다. 실질적인 행정법으로서 그간 강학상으로 다뤄져온 행정법 총론에서 논란의 여지가 없는 부분들을 법률로 확정하는 것과도 함께 결부되어 진행되었다.[234] 이로써 지난 1930년대까지 거슬러 올라가는 그간의 노력들이 법률 제정과 함께 끝을 맺었다. 이제부터는 법률과 해당 주석을 직접 인용할 수 있게 되었다. 그리고 지금껏 결정적인 권위를 누려온 교과서들이 뒤로 밀려났다. 이 절차법의 개정은 입법자의 몫이다. 따라서 입법자는 공법과 사법 간의 경계를 더욱 넘나들면서 행정 실무상의 필요뿐만 아니라 "민주화"의 요구에도 호응해왔다.

이제 정보공개청구권과 청문권이 생겨나고, 집단소송에 관한 규정이 마련되고(행정절차법VwVfG 제17조~제19조), 전자적인 방식의 의사소통이 법률 안으로 들어오고(행정절차법 제3a조),[235] 이미 오래전부터 행정 실무에서 적용되어온 공법상 계약도 받아들여졌다(행정절차법 제54조~제62조). 그간의 복잡한 행정절차들을 몇 개의 편장編章으로 분리하고 절차상으로 다루기 쉽게 하고, 이와 동시에 모든 행정절차에서 업무처리의 지체에도 대항할 수 있게끔 했다(행정절차법 제71a조~제71e조).

앞서 언급한 이런 변화들은 원칙적으로는 오늘날도 여전히 기존의 여러 법 형식과 해당 절차들을 통해서 극복해낼 수 있다. 하지만 전체 상황에서 새로운 변화가 목도되고 있다. 우선 규율 밀도Regelungsdichte가 증가하고 있다. 이는 기초지자체, 각 란트, 연방 그리고 유럽적 차원에서뿐만 아니라 국제 조약에 대한 표준을 정하는(예컨대 환경 보호) 국제법의 일부에서도 목도된다. 이때 목표하는 바가 구체적으로 무엇이며 또는 위험 상황이 어떠한지에 따라서 기존의 전통적인 공법적 수단들—감독, 인·허가 유보 및 금지—을 사용하고, 또한 부담금이나 재정적 유인책을 통해서 간접적으로 조정하기도 한다. 계획하는 사업의 규모가 보다 방대할수록 관련 법 규정들이 더욱 많아지고, 이로써 이 사업에 반대하는 이들에게도 정식으로든 변칙적으로든 제동을 걸 수 있는 기회 또한 더욱 많아지는 법이다. 점점 더 세심하고 결과적으로는 안전을 위해 또한 성공적인 예방책들을 수립하고 있는 현대 산업사회가 "법제화Verrechtlichung"에서 한계치에 달했다는 인상이 더욱 굳어지고 있다. 이와 동시에 안전을 위한 예방책들이 강화될수록 한계효용이 낮아지고, 절차에 소요되는 비용 또한 증가하고 있다.

앞서 언급한 "다중 규범성" 역시 다음과 같은 문제점들을 예정하고 있다. 즉 복잡다기한 규범구조를 특정한 법적 분쟁에 딱 들어맞는 유일한 결정 차원을 내세워서 표현하기가 점점 더 어렵게 된다. 오늘날 공공 부문에서 발주하는 대규모 건축 사업을 둘러싼 법적 다툼이 때로는 족히 10년은 걸리고, 대기업과 은행 또는 보험회사 간의 손해배상소송이나 사람들이 범하는 여러 "오류들"을 형사법으로 처리하는 일도 이와 별반 다르지가 않다.

게다가 공법과 사법 간의 경계가 모호해지는 점도 이에 한몫을 거든다. 그것이 지난 19세기에 지녔던 의지이자 상념이기도 하지만, 법질서를 범주적으로 이렇듯 양분하는 게 오늘날 전적으로 통용되지는 않는다. 단지 다양한 여러 권리구제 수단을 밝히는 것으로 면피할 따름이다.

개입국가는 이제 그간 독점해온 고권적인 조정수단들을 사법私法적으로 조직된 여러 기구—공공 부문뿐만 아니라 민간 부문의 기구들

―와 나눠 가져야만 하고, 기대하는 '효과'를 확보할 목적으로 공법 상의 여러 법 형식들뿐만 아니라 회사법상의 법 형식까지 활용한다. 이 회사법은 또 한편 다시 조세법에 종속적이다. '목적'이 전체 법질 서를 관통하면서 법 형식에 관한 물음이 부차적이게 되었다. 물론 민 사법적으로 활동하는 행동가에게 기본권을 통한 자유 보호와 관련해 서 어떻게 의무를 지울 수 있는지가 여전히 물음으로 남는다.

이로써 규제의 "혼합 영역"이 생겨난다. 이것은 주로 헌법적으로 정당화되는 "보호 목적Schutzzweck"에서 도출된다(예컨대 투자자 보호, 환경 보호, 소비자 보호, 아동 및 가족 보호, 양성 평등, 소수자 보호 등등). 그러고는 이 보호 목적이 복잡한 규범질서 속에 자리 잡는다. 그러나 여기서 어떤 내적 통일성이나 '체계'는 찾아볼 수 없다. 많은 영역이 여전히 고권의 행사를 통해 규율되고 있지만 일부 다른 영역들에서는 "자율규제"에 내맡기고 있다. 자율규제라 하더라도 배려라는 명분으 로 다시 '규율'되어야만 한다. 이로써 여기서도 마찬가지로 보장을 통한 방임과 통제가 동시에 병행되는 혼합이 생겨난다. 이 같은 현상 에 상응해서 그렇기 때문에 헌법 규범과 구체적인 법 규정들 사이에 서 부담을 덜어주거나 구성적 역할을 맡아온 '총론'이 지닌 구성상의 빈약함이 또한 도처에서 목도되고 있다.

오늘날 여러 중요한 조정 활동이 헌법 규범들과의 연계로부터, 형 성되고 있는 원칙들로부터 그리고 "확립된" 판례의 연쇄사슬에서부 터 비롯하고 있다. 그래서 한쪽에서는 여러 다양한 규율 차원과 영역 에 적용되는 여러 특수한 도그마틱이 마치 정글처럼 무분별하게 뻗어 나는 것을 막으려면, 그간 체계적으로 형성되어온 행정법의 핵심을 유지해야 한다는 나름 이유 있는 호소가 터져 나온다.[236] 그러나 다른 한쪽에서는 현대의 행정법이 그간 오토 마이어의 전통을 고수해오면서 법치국가에서 여러 법 형식이 갖는 구속적 기능에 가치를 부여해온 낡은 행정법과는 거리를 둬야 한다고 주장한다. 이제 행정법은 더욱 강하게 '조정Steuerung'이라는 기능에 의해 주목받고 분류되고 있다.[237] 가장 중요한 경향들로는 오늘날 "민영화, 경제화, 디지털화, 유럽화 및 국제화"가 거론된다. 이것들은 법치국가가 전통적으로 요구해온 행정 행위의 법률 기속 외에도 "효율성, 수용성, 협력적인 태도, 유연성 그리고 실현 가능성"이라는 새로운 목표에도 부응해야 한다.[238]

실제로 이러한 표제어들과 함께 행정에 주어진 과제와 법에 대한 행정의 위상 또한 바뀌어간다. 이렇듯 '법'의 기능적 측면이 강하게 부각될수록 법이 자신의 고유한 가치를 더더욱 상실해가고 "목적하는 바로 이끌어주는" 다른 수단들로 대체될 가능성도 또한 더욱 커지기 마련이다. 법 형식들의 대체 가능성 또는 "자율규제"라는 명분으로 행해지는 법 형식의 포기와 함께 '총칙'*에 응축되어 있는 도그마틱의 조정 효과를 신뢰하기가 더욱 어려워지고 있다. 오늘날 여러 특

---

* 민법, 형법 등에서 해당 법 전체에 공통적으로 적용되는 주요 내용을 강학상으로는 '총론'이라고 부르고, 이 '총론'이 실제의 법전에는 '총칙' 내지는 '총강'으로 자리하고 있다. 이 '총칙'은 해당 법률이 모든 사람에게 공통되게 적용된다는 사실을 전제하기 때문에 근대의 평등사상과 수학적 사고의 반영으로도 설명된다. 그래서 여전히 불평등한 신분제 사회여서 '총칙'이 없이 모든 신분마다에 제각각 따로 적용되는 법규정을 가졌던 '프로이센 일반란트법'(1794)의 경우에 법조문 수가 무려 19,000개에 달했다. 따라서 총칙의 형성이 또한 법률의 대중화를 의미한다. 다른 한편으로는 이 총칙의 규정들이 지니는 고도의 추상성으로 인해 일반인들이 새로운 법률을 이해하기가 더욱 어렵게 되었다고도 지적된다.

별 규정들이 자주 '총칙'을 건너뛰고 곧바로 헌법적 정당화 근거와 직결되곤 한다. 아마도 이런 일이 앞으로는 더욱 잦아질 것이다. 이 특별 규정들에 대해서는 헌법재판소에 의한 심사가 가능하기 때문에 그간 학계와 실무에서 동의해온 도그마틱보다도 더욱 확실한 안정성을 제공할 것으로 보인다. 역사적으로 깊이 숙고한다고 해서, 물론 아무것도 "증명해내지는" 못하겠지만, 이로써 그 같은 사실들이 그럴 법하다고 여기게 만들 수는 있겠다.

입법을 통해 형법(1871), 민법(1896), 제국사회보장법(1911) 및 제국조세법(1919)에서 '총칙' 부분이 처음으로 마련될 적에, 일부의 법규정에 해당하는 총칙은 "괄호 앞으로vor die Klammer"[*] 끌어낸 부분을 어떻게 구성하는가에 전적으로 의존하고 있었다. 당시의 헌법(제국헌법, 란트헌법)에서는 이것이 전혀 문제가 되지 않았다. 부분적인 이유가 되겠지만 당시에는 기본권이 어떠한 내용적 방향성을 제시해주지도 않았고(제국헌법), 기본권의 직접적 효력이라는 것도 아직 없었던 까닭이다. 행정법 총칙도 이러한 상황 속에서 성립되었다. 여기에는 오토 마이어(1895)의 역할이 지대했다. 그는 모든 행정 행위의 기본이 되는 몇몇 전형적인 형태들을 골라내서는 그것들을 마치 생물표본처럼 재구성했다.

이러한 작업은 법원과 학계로 하여금 다시 구체적인 사례에 해당하

---

[*] "괄호 앞으로 끌어내다vor die Klammer ziehen"는 표현은 일반적으로 적용되는 규정을 여러 특별 규정들 앞에 위치시키는 입법 방식을 뜻한다. 흔히 법률의 편제상으로 제1장에다가 뒤이은 다른 장들에서 공통적으로 적용되는 내용들을 규정하는 것을 말한다. 오늘날 입법기술적으로 원칙적이고 공통적인 법 규정들이 개별 법률마다 총칙에서 자리하고 있다.

는 법 형식을 찾아내게 하고, 법원과 학계를 법치국가적인 규범 원칙들 아래에 놓이게 했다. 이런 의미에서 오토 마이어가 1924년에 언급했듯이 "헌법은 사라져도, 행정법은 여전히 남는다Verfassungsrecht vergeht, Verwaltungsrecht besteht"고 말할 수 있었다. 왜냐하면 그는 행정법의 세부 사항들이 아니라 기본적인 법 형식들을 의도했었기 때문이다. 물론 그간 다양하게 형성되어온 행정법에서 중심적인 조정 활동을 지금껏 총칙이 맡아왔는데 이제 그것을 헌법과 헌법 판례가 넘겨받게 된다면, 이로써 총칙이 갖는 조정 활동의 가치가 저하된다. 달리 표현하자면, 1900년 무렵에 형법, 민사법 및 공법에서 총칙이 수행했던 기능이 연방공화국(서독)이 수립되고서 초기 수십 년 동안 "기본법상의 가치질서"로 점점 더 강하게 이전되고 있다는 말이다. 그래서 오늘날 자신의 법적 지위를 강화하려는 이는, 이를 위해 대체로 더 이상 도그마틱상의 특정 문구 자체를 그 근거로 직접 내세우지 않으면서 그 문구에 따르는 결과가 헌법, 특히 여러 기본권에 부합한다고 주장하고 있다.

이로써 설득력이나 공개에 따른 효과가 증대되는 장점이 있지만, 헌법전의 조문들이 마치 뜬구름을 잡는 마냥 애매모호해지고, 이로써 추가 해석을 필요로 하는 명백한 단점을 갖는다. 이를 기구론적인 관점에서 설명하자면, 이로써 헌법 텍스트를 수호하기 위해 제도화된 기구인 연방헌법재판소와 헌법재판관들의 위상이 더욱 강화된다. 법학의 품 안에서 총칙이 탄생하고 그간 가다듬어져왔는데, 이로써 법학의 역할이 그만큼 중요성을 잃어가고 있는 셈이다.

4. 대학의 팽창

주로 고급 노동력에 의존하고 있는 산업국가는 끊임없이 교육 분야에 투자하고, 이를 관리해야만 한다. 그리고 이 산업국가는 사회 내의 여러 진입 장벽들을 제거하고, 여성의 교육을 장려하며, 사회가 요구하는 바에 걸맞게끔 교육기관들을 관리하고, 매년 들쑥날쑥 부침을 겪는 대학 입학정원을 조정해야 한다. 1960년대 독일의 대학 제도는 이러한 과업들을 제대로 감당해내질 못했다. 1964년 사람들이 이를 두고 "독일 교육의 참사"라고 외쳐댔고,[239] 이때부터 많은 것들이 바뀌기 시작했다.

1965년~1975년에 특히 "학생운동"이 다수 대중의 의식을 지배했었다. 대학들이 나치 정권과 그 과거청산을 다루기 위해 개설한 일련의 강좌들을 통해 학생운동이 미리부터 준비된 셈이고, 베트남전쟁으로 인해 미국을 직접 비판하고, 여러 지표에서 드러나듯이 전후 시기가 종료된 것을 '체감'하고 생활양식과 성별의 관계에 대한 전반적인 변혁이 함께 추구되었다. 이 학생운동으로부터 급진적으로 뻗어나간 한 분파는 테러집단(적군파RAF)으로 돌변하기도 했다. 반면 이렇듯 정치화된 이 세대의 대다수는 개혁적인 자극을 계속해서 이어나갔다. 이 학생운동이 그 파급효과에서 후속 세대로 하여금 긴장을 완화시킬 뿐만 아니라 또한 경직시키기도 해서, 또다시 더욱 보수적인 다음 세대를 불러온 사실은 아마도 일반적으로 목도되는 사회 발전의 변증법에 해당할 것이다.

1960~1980년 대학생들, 특히 여학생들의 수가 급증하면서 대학들이 보다 확대되는데, 1963~1978년 24개의 대학이 새로이 설립되는

등 단순히 양적으로는 팽창했다. 법학부 내지 법학 전공이 보훔, 만하임, 기센, 콘스탄츠, 레겐스부르크, 빌레펠트, 트리어–카이저스라우터른, 아우크스부르크, 브레멘, 하노버, 오스나브뤽, 함부르크, 바이로이트, 파사우에서 새로이 생겨났다. 또한 이후 10여 년 동안에 매우 집중적으로 여러 개혁 내지 개혁적인 시도가 잇따랐다. 1971~1984년에 일부 대학에서 "법률가 양성을 위한 통합 교육"*이 시범적으로 시행되고, 그것이 나름 성공적이었음에도 다시 중단되고 말았다. 이때 '기본과목'과 '선택과목'으로 따로 분류해서 강의가 진행되었다. 이 같은 기본사고는 오늘날까지도 그대로 유지되고 있다. 그러나 법학부의 학생 수가 많은 대규모의 대학들이 갖는 한계 속에서 이 개혁적인 시도들이 결국 무위로 그치고 말았다. 전문대학Fachhochschule에서도 따로 법률가 양성 교육을 실시해서 종합대학Universität의 부담을 덜어줄 수 있을 거라고도 기대했으나, 이 또한 별 성과가 없었다. 특

---

* 독일의 전통적인 법률가 양성 시스템은 그간 대학에서의 법학 교육과 대학 외부에서의 실무 교육으로 이원화되어왔다. 즉 1단계의 이론 교육은 대학에서, 2단계의 실무 교육은 대학 외부에서 진행되는데, 이에 상응해서 각각 제1차 사법시험과 제2차 사법시험이 실시되어왔다. 그러나 이론 교육과 실무 교육의 분리에 뒤따르는 문제점이 줄곧 제기되면서, 이를 통합하는 법률가 양성 교육이 새로이 모색되었다. 1971년에 법관법DRiG 개정과 함께 1단계와 2단계의 교육 과정을 하나로 통합하려는 시도가 콘스탄츠대학 등 7개 대학에서 시범적으로 행해졌다. 즉 기존의 제1차 사법시험을 학업 과정 중에 해당 대학들에서 실시하는 중간시험Zwischenprüfung이나 이와 유사한 학업 검증시험으로 대체하고, 기존의 제2차 사법시험에 갈음하는 졸업시험 Abschlussprüfung의 합격을 통해 최종적으로 변호사 자격이 부여되는 제도였다. 1980년의 법관법 개정으로 시범실시 기간이 5년 더 연장되다가, 1985년에 법관법이 다시 개정되면서 이 시범적인 통합 교육이 완전히 폐지되었다. 이 새로운 통합 교육을 "1단계 모델Einstufige Modell"로도 부른다.

히 이론과 실무를 통합하고 사회과학 쪽의 여러 관련 학문 분야를 법률가 양성 교육에 편입시키는 데에도 나름 큰 기대를 걸었다. 그러나 확정된 커리큘럼상으로 지속적인 정규교과목의 반열에는 올리지 못한 채 개인적으로 관심이 있는 학생들의 선택사항으로 내맡겨졌다가, 그 때문에 결국 1974년부터는 완전히 자취를 감췄다.

결국 여러 어려운 외부 여건 속에서, 특히 재정적 관점에서 "법학 교육의 개혁"이 영구 논제로 남게 되었다. 최근까지도 정치계와 경제계 쪽에서는 경제적 유용성을 분명하게 지향하는 대학 정책을 추진해왔다. 연구의 질적 수준 역시도 확보된 "제3의 재정수단Drittmittel"*의 금액 고하에 따라서 평가받게 되었다. 독일 전역의 대학들을 상대로 (종종 여기에 관심이 많은 호사가에 의해서 행해지곤 하는데) 매겨지는 "대학별 순위Ranking"로 인해 대학운영자들이 "최우수 등급Exzellenz"을 따내기 위한 전국적인 경쟁에로 내몰리고 있다.** 이를 통해 여러 학

---

* 여기서 "제3의 재정수단"은 대학들의 대대수가 공립으로 구성되는 독일에서 대학마다 제1의 재정수단으로는 매년마다 배정되는 정규 예산, 제2의 재정수단인 기본시설의 유지 등에 소요되는 투자금과는 별도로 제3자로부터 추가로 지급되는 재정수단을 뜻하는데, 주로 특정 대학이 추진하는 특별한 프로젝트나 특화된 연구 분야에 한시적으로 지급되는 지원금을 뜻한다.

** 최근 독일에서는 그간의 전통적인 대학 평준화 정책에서 탈피해서 이른바 "엘리트 대학"을 지향하는 가운데 지난 2004년부터 재정적 인센티브와 함께 "선택과 집중"을 통한 차별화된 재정지원이 적극 논의되어왔다. 이로써 "Exzellenzinitiave"가 진행되다가 2017년부터는 "Exzellenzstrategie"로 명칭을 바꾸고 계속해서 차별화된 지원 사업이 진행되고 있다. 이 사업은 크게 세 개의 분야, 즉 "미래 컨셉 사업", "최우수 클러스터 사업" 그리고 "학문 후속세대 사업"으로 구성되는데, 각 사업 분야마다 "최우수Exzellenz"로 선정된 대학의 해당 사업단에게 막대한 지원금을 따로 배정해왔다. 이러한 가운데 2006년에 제1차 선정 작업, 이어서 2007년에 제2차 선정 작업, 2012

문 분야에서 연구여건이 다소 나아졌을 수도 있겠으나, 전체적으로는 연구 및 이론의 수준이 향상되기는커녕 오히려 그 반대라는 게 관계자들의 일치된 견해다. 기초교과목들('법 철학', '법 이론', '법 역사', '비교법')이 큰 어려움에 처해 있고, 학업 속도에 대한 압력으로 인해 마치 고등학교식의 수업이 행해지면서, 종합대학교들이 마치 "전문대학처럼 되어가고Verfachhochschulung" 있다. 과거에 외국 법률가들의 마음을 크게 사로잡았던 매력적인 독일대학 모델이 점차 사라져가고 있다.[240]

공법에서는 이 같은 대학의 확장이 교원 수의 배가를 의미했다. 이는 또한 독일 국법학자협회의 회원 수가 늘어나고, 여러 출판물, 특히 주석서나 교과서의 종수種數가 늘어나는 데에서도 알 수 있다. 그러나 대학들 내부에서 공법이 개별적으로 지향해가는 분명한 프로필이 실제로 형성되지 못하고, 비록 시작은 좋았으나 많은 학생을 대상으로 운영하다 보니 각각의 고유한 프로필이 다시 퇴색해버리기도 했다.

년에 제3차 선정 작업이 행해졌다.

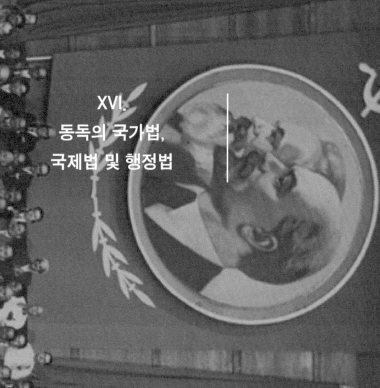

XVI.
동독의 국가법,
국제법 및 행정법

1. 정치의 기본구조

동독의 국가법, 행정법 및 국제법은 처음부터 국가정당인 독일사회주의통일당SED이 미리 정해둔 여러 조건에 크게 구속되어 있었다. 모든 차원에서 당의 지침을 제대로 따르는지 여부가 감시되었다. 학생의 선발뿐만 아니라 교원 임용, 학사 계획, 강의 교재 및 시험까지 정치적으로 관리되었다. 행정재판은 더 이상 존재하지 않고, 인민의 의사와 입법 간의 (허구적인) 동일성이 전제되기 때문에 헌법재판도 이미 이데올로기적으로 배척되었다. 또한 국가법에 대한 자유로운 논평역시 이로써 여러 분파적인 견해가 이끌어질 수 있는 까닭에 그저 낯선 일이었다. 그래도 학문적인 견해라는 게 있기 마련이어서, 그 뉘앙스는《국가와 법Staat und Recht》과《신新사법Neue Justiz》, 이 두 법률 잡지에 실리는 주목할 만한 글들을 통해 재구성해볼 수밖에 없었다.

  법 실무에서 특히 심각한 문제는, 앞서 언급한 바와 같이, 1958년의 바벨스베르크 회의Babelsberger Konferenz에서 당수뇌부에 의한 공격이 있은 후 행정법이 실제로 실종되어버린 일이었다. 동서독 간의 대치와 1953년 6월 17일에 있었던 민중봉기—당시에 폴란드와 헝가리에서도 마찬가지로—에 대한 두려움으로 점철된 이른바 "발터 울브리히트 시대"가 종지부를 찍었다. 1961년에 동독 주민들의 서독에로의 탈출을 막기 위해 장벽과 국경감시시설이 설치되고서, 내부적으로는 어느 정도 긴장을 완화시키는 효과를 가져왔다. 1968년 초에 독자적인 국가의 새로운 동독 헌법이 발효되었다. 이 헌법의 기본권 부분에서 약간의 희망적인 징표들이 놓여 있었지만, 1968년 8월 "프라하의 봄"이 진압되면서 이 실낱같은 희망도 다시 사라져버렸다.

1971년 5월에 에리히 호네커로 당서기장이 교체되면서, 먼저 내부의 안정을 의도하는 약간의 긴장완화와 개선책들이 모색되었다. 대외정치적으로는 유럽안보협력회의OSCE에 가입했다. 체제에 반대하는 그룹이 형성되더라도 나름 충분히 통제할 수 있다고 믿었던 까닭이다. 그렇지만 헬싱키 최종의정서(1975), 반체제 저항시인 볼프 비어만Wolf Biermann에 대한 시민권 박탈(1976), 마찬가지로 반체제 사상가인 루돌프 바로Rudolf Bahro가 저술한 《대안Die Alternative》 출간(1977) 그리고 1980년부터 폴란드에서 시작된 솔리다리티Solidarność 운동은 동독의 체제가 아래로부터의 압력을 오랫동안 버틸 만큼은 성장하지 못했음을 보여줬다. 여기에다 경제적 어려움까지 함께 겹쳐서 1983년에 서독으로부터 수십억 마르크에 달하는 차관을 빌리고, 이로써 위기가 잠시 완화되기는 했으나 완전히 극복하지는 못했다. 결국 소비에트연방이 1985년부터 글라스노스트와 페레스트로이카라는 개혁·개방 정책을 채택하고, 이로써 끝내 스스로 종말을 고하면서 그간

SED의 통치를 뒷받침해온 가장 중요한 지지대가 더 이상 버텨내지 못하게 되었다.

국가법 쪽에서는 1969년 이후에 두 권으로 묶인 헌법 관련 기록물 및 주석집이 출간되었다. 동독의 국가법을 다룬 최초의 교과서가 1977년에 출간되고, 1984년에는 재판이 나왔다. 이 두 저작 모두가 당연히 '당'에 의해 통제되는 가운데 출간된 공조와 협력의 산물이었다. 이 저작들에서 동독 초기에 분단 상황에도 불구하고 독일 전체를 하나로 파악해오던 그간의 정책에서 동서독의 실체를 인정하는 "두 국가 이론Zweistaatentheorie"으로 옮겨가는 작업이 이뤄졌다. 이로써 독일민족의 국가에 대한 모든 기억이 삭제되었다. 글 전체의 논조가 이어서 등장하는 독재적 상황과도 부합했다. 즉 투쟁적인 논조의 서문에 이어서 본문은 흔한 교과서들처럼 실증적인 서술 방식이고, 다만 자기네 동독의 체제에 대한 비판은 일체 없었다.

이와는 대조적으로 동독의 대학에서는 '부르주아 국가들의 국가법' 강좌가 또한 개설되었다. 이 교과목은 대외 정책의 변화에 민감하게 반응해야 했다. 핵심은 자본주의 세계가 어떻게 그리고 왜 몰락할 운명인지를 설명하는 데 있었다. 다소 세련된 저자들은 저술에서 자기 분야에서 기꺼이 현실화하고 싶은 여러 기구를 묘사하기도 했다. 그 밖에 이들은 또한 여느 일반인들이 쉽게 손에 쥘 수 없는 "적들"의 책을 가지고 연구할 수 있는 특권을 누렸다.

국제법도 마찬가지로 동독 주민들에게는 허용되지 않는 바깥세상을 그나마 내다볼 수 있는 기회를 제공했다. 국제법 역시 처음에는 냉전 시대에 SED의 정책과 함께했다. 초기에는 러시아어로 쓰인 교재 《국제법Völkerrecht》(1967)을 번역한 책으로 수업이 진행되었다. 그러나 그 후에 연방공화국(서독) 측과 "기본 조약Grundlagenvertrag"(1972)이 체결되고 새로운 기반이 제공되고, UN에 가입하면서(1972) 국제적으로도 인정받게 되자, 이로써 국제법이 활기를 띠면서 서독에서 이뤄지는 논쟁들에서도 나름의 연결점을 갖게 되었다. 1973년에 동독의 독자적인 국제법 교과서가 출간되고, 1981년에는 이 책의 재판이 나왔다. 이 책은 기본노선에는 변함이 없지만 정치적 변화에는 유연하게 반응했는데, 어쨌든 점점 더 고유한 역사적인 문건이 되어버렸다.

특히나 곤경에 처한 것은 일상생활에서 포기할 수 없는 행정법이었다. 행정법은 1958년 개최된 바벨스베르크 회의 이후 대학의 커리큘럼에서 사라졌다고 봤다. 이제는 국가법 속에 편성되어 '지도법Lei-tungsrecht'이라는 바뀐 명칭으로 재등장했다. 기실 이러한 유형의 법 분야는 농업 및 수공업 생산조합으로 구성되어 있고, 인민들이 소유하는 사업장들 또는 콤비나트들Kombinate의 법을 갖고서 동독 경제에 관한 계획이 수립되고 고권적으로 관리되는 데 있어서는 결코 포기할 수 없는 것이다. 이렇듯 "사회주의 계획경제"(1968년 동독 헌법 제3조)라는 법 분야를 다시 강의할 수 있게끔 1972년에 법 실무계의 요청에 호응해서 새로운 교과서의 집필이 주문되었다. 1977년에 '행정법' 강의가 허용되고, 그러고는 1979년에 국가가 운영하는 출판사에서 찍어낸《행정법》교과서가 출간되었다. 이 책의 총괄 편집을 "동독 국가학 및 법학 아카데미Akademie für Staats - und Rechtswissenschaften der DDR"가 떠맡았다.

그 내용이 전적으로 동독 행정당국의 요구에 맞춰서 편집되었기 때문에 개인의 권리적인 측면이 무시되고, 앞으로도 행정재판이 불필요하다고 강조되었다.[241] 행정에 대한 "민원 제도"와 관련해서는 동독 주민들이 자신이 바라는 바나 불만을 관청이나 당의 지부에 전달할 수 있는 권리[242]만으로도 충분하다고 보았다. 그럼에도 불구하고 카를 뵈닝거Karl Bönninger와 볼프강 베르네트Wolfgang Bernet와 같은 몇몇 저자들은 행정에 대한 사법적 통제가 필요하다는 생각을 고수했다.[243]

2. 여러 연구기관 및 정기간행물

서독에서는 대학이 교육을 담당하고, 연구기관은 법의 기초를 연구하면서 점차 다시 서로 협력하는 분위기가 정착해갔다. 이 일에서는 특히 막스-플랑크 연구소Max-Planck-Institut가 독일 전역의 곳곳에서 "외국 공법 및 국제법"(하이델베르크), "외국 및 국제사법"(함부르크), "유럽 법역사"(프랑크푸르트) 및 "외국 및 국제 형법"(프라이부르크) 관련 연구소를 운영하면서 먼저 앞서 나갔다. 반면에 동독에서는 "국가 및 법 아카데미"(바벨스베르크)와 베를린, 할레, 예나 그리고 라이프치히에 소재하는 법학부들 간의 이원주의가 더욱 첨예해지는 양상이 두드러졌다. 대학들은 주로 교육에 치중했다. 예컨대 공법에서는 '국가법', '행정법', '국제법'과 '부르주아 국가들의 국가법' 교과목에 각각 1명씩의 교원을 두었다. 교수들의 대다수가 같은 대학 출신이고, 서독에서처럼 교수직에 여러 명이 지원하거나 또는 지원 후에 임용이 확정되고 다른 대학으로 떠나는 것Wegberufung과 같은 경쟁이 원칙적으로 없었다.* 단지 연구기관과 대학들 간에 그리고 국제법에서는 관

---

* 독일의 대학 제도에서 오랜 전통적인 교원임용원칙으로서, 해당 대학에서 교수자격

련 전문가가 필요한 외무부로 자리를 바꾸는 정도가 고작이었다. 대학 교원의 대부분이 SED의 당원들인데, 다른 "블록 정당들Block-parteien"*의 당원들도 받아들여진 듯싶다.

"발터 울브리히트 독일 국가학 및 법학 아카데미Deutsche Akademie für Staats – und Rechtswissenschaft Walter Ulbricht"는 1971년에 "발터 울브리히트"와 "독일"이라는 단어를 빼고, "동독 국가학 및 법학 아카데미Akademie für Staats – und Rechtswissenschaft"로 개명되었다. "간부 양성을 위한 전문대학"인 이 아카데미에 끊임없이 새로운 교과 과정이 개설되었다. 특히 SED의 당 중앙위원회Zentralkomitee가 필요로 하는 용도의 연구기관이었기 때문이다. 이 아카데미도 마찬가지로 당 중앙위원회의 산하에 놓여 있었다.

앞서 밝혔듯이 SED가 허용하는 범위 안에서 법적 문제들을 둘러싼 여러 논쟁이 주로 두 개 법률 잡지의 지면을 통해 이뤄졌다. 1952~1991년에 발행된 잡지 《국가와 법Staat und Recht》은 근본적인 토론이 벌어지는 공간을 제공했다. 여기서는 "당의 지침"을 둘러싼 투쟁과 외국 및 서독에 대한 입장 그리고 역사적 "유산들"과 같은 몹시 까다로운 문제를 두고 끝까지 토론하고, 또한 중요한 신간 서적들에 대

논문Habilitation이 통과된 지원자는 같은 대학에서 최초 임용이 제한된다. 그러나 다른 대학에서 임용되고 이후 모교에 자리 잡는 것은 허용된다. 학위 통과자에 대한 관련 학계에서의 최소한의 객관적인 검증절차로서 긍정적으로 이해되고 있다.

* 순수한 야당이 아니라 집권정당과 함께 정당 블록을 형성하는 일종의 관제官製 정당들을 말한다. 이로써 당시 동독에는 집권정당인 SED 이외에 자유민주당LDPD, 독일기독교민주당CDU, 독일국민민주당NDPD 및 독일민주농민당DBD과 같은 블록 정당들이 활동하면서, 마치 복수정당제가 작동되는 것과 같은 외관을 갖추고 있었다.

한 비평도 함께 실렸다. 그런데 이 비평들에서도 여러 관계 요로에 감사하는 문구들이 넘쳐났고, 그리고 편집부의 엄격한 필터링 절차를 거쳐야 했다. 이와 비교하자면 《신사법*Neue Justiz*》(1946/1947~1990) 잡지는 훨씬 더 사법 실무 중심적이어서, 특히 여러 법원, 검찰청 및 변호사들에게 나름 도움이 되었다. 그러나 공법을 반영하는 거울로서는 《국가와 법》 잡지만큼의 성과를 내지는 못했다.

1989~1990년에 동서독이 통일되자, 동독 법학의 기반도 함께 붕괴되었다. 특히 이 나라의 국가법과 행정법이 이제 더 이상은 기능할 수 없게 되었다. 몇몇 극히 예외적인 경우를 제외하고는 이 법들을 더 이상 현행법으로 간주할 이유가 전혀 없었다. 동독과 관련되는 국제법의 특별한 요소들 또한 이제 지나간 역사가 되어버렸다. 법 역사 또는 철학사와 관련되는 견실한 몇몇 작업을 제외하고는 더는 쓸 만한 것들이 아무것도 없어 보였다. 법사회학 쪽의 경험적 작업들도 당시의 사회적 관계들을 역사적으로 회고하기에 흥미로운 문건쯤으로나 남거나 또는 "시대에 조건적인" 것이어서 곧 잊힐 운명이었다. 따라서 전공 서적들의 상당수가 쓸모없는 휴지 조각이 되고 말았다. 통일 이후에 교원의 재고용 여부에 관한 평가가 있었고, 이들 중에 상당수가 퇴직하거나 면직 당했다.[244] 로스토크와 그라이프스발트, 포츠담, 프랑크푸르트(오데르강변), 베를린의 훔볼트대학, 예나, 에어푸르트 그리고 드레스덴에서 법학부가 다시 문을 열거나 신설되고 동독 시절의 교원들 가운데 소수만이 다시 받아들여졌고, 서독 출신의 젊은 법학자들로 나머지 대부분의 자리가 채워졌다.

XVII.

유럽법 및 국제법

'유럽법Europarecht'[*]은 1945년 이후에 다양한 정치적 자극들을 통해 생겨난 초국가적인 법인데, 특히 "유럽적 과업들"을 갖고서 서유럽(브뤼셀, 슈트라스부르크, 룩셈부르크)에서 탄생한 여러 기구의 법이다.[245] 이 유럽법은 미리부터 계획된 구상에 따른 것이 아니라 시종일관 정치적 합의를 통해 형성되어왔다. 독일이 그 한복판에 놓여 있었던 지난 두 차례의 세계대전과 함께 모든 것이 파괴되고 나서야, 이미 수백 년 전부터 위험스런 생각으로 여겨져온 유럽통합이라는 상념이 이제 비로소 현실화되는 국면으로 나아갈 수 있었다. 미국에 의해 강력하게 뒷받침된 서유럽 재건 계획(마셜 플랜)이 여러 나라에게 공동의 행동을 재촉했다. 이제 막 탄생한 연방공화국(서독)은 먼저 전쟁의 뒤처리 문제, 점령에 따르는 지위 문제 및 독일의 분단을 둘러싼 논의에 골몰해야 했다. 이후 점차 유럽통합에 참여하다가 1957년에 체결된

---

* 이 유럽법이 우리나라에서는 주로 "EU법"으로 소개되고 있다.

일련의 "로마 조약들Römische Verträge"을 통해 유럽경제공동체ECC의 중요한 창립 멤버가 되었다.

발터 할슈타인Walter Hallstein이 언급했듯이 "법공동체로서의 유럽"으로 이끌어가게끔 지금껏 적용되어온 법 형식들을 전통적인 국가법, 특히 국제법에서 가져왔다. 국제경제법, 카르텔법 및 경쟁법도 이에 한몫을 거들었다. 이 대규모의 조약들은 어쨌든 주권국가들 간에 체결되는 국제법상의 조약이고, 기본법 제59조 제2항을 통해 국내법으로 전환·수용되어왔다. 그러나 시간이 흐를수록 유럽법이 나름의 고유한 규범 유형을 형성한다는 사실을 더욱 확실히 간파하게 되었다.[246] 국법학자협회가 이 주제에 관심을 갖고서 1959년과 1964년에 학술대회를 통해 다뤘고 유럽법을 법학 교육 과정에서 독자적인 교과목으로 채택할 것을 권장하는 목소리가 더욱 커졌다.

한스 페터 입센Hans Peter Ipsen이 이와 관련해서 방대한 글을 쓰면서 먼저 앞장섰고, 다른 이들도 뒤따랐다.[247] 여러 란트들의 법학 교육 관련 법률들에서 '유럽법'이 '일반국가학' 및 '국제법'과 더불어 선택과목군에 포함되었다. 그리고 유럽법을 다루는 박사학위 논문과 교수자격 취득논문들이 잇따라 나오고, 발행 부수가 꽤나 많은 유럽법 관련 법률 잡지들도 출간되었다. 10년이라는 짧은 기간에 새로운 법 분야가 탄생한 것이다. 유럽법은 오늘날 그 안에서 여러 세부 분야들로 다시 나뉘는데, 즉 국가 이론, 국가법, 보조금법, 경찰법, 정보보호법 그리고 통신법과 관련한 문제들이 논의되고 있다. 예컨대 소비자 보호, 사회 정책과 보건 정책, 형사 정책 및 형사 절차, 교통 제도, 에너지 관리에서부터 종교법에 이르기까지 국내법상으로 생각할 수 있는 거의 모든 논제가 이제 "유럽"과 관계를 맺고 있으며, 유럽법에 대한 지식이 없이는 이제는 더 이상 적절하게 다뤄질 수 없게 되었다.

브뤼셀과 슈트라스부르크에서 제정되는 법규범들 그리고 특히 룩셈부르크에 소재하는 유럽사법재판소EuGH의 판결을 통해 여러 기구와 규범 네트워크가 더욱 공고해지고 있다. 여기서 유럽 내 많은 나라가 서로 동질화되어가는 과정에서의 고유한 역동성이 목도된다. 이 동질화의 과정은 광대한 지역에 걸쳐 있는 정치적인 기상氣象 상황과도 같은 맥락에서 상대적·지속적으로 영향을 미치고 있다. 동질화는 이전에 소요되는 비용을 경감하고, 자국이 만든 표준을 관철시키는 국가들에게는 새로운 시장을 열어주고 있다.

"유럽연합EU"은 전래적 의미에서의 국가가 아니라 매우 상이한 여러 언어와 문화를 가진 다양한 형태의 국가공동체인데, 이에 저항하는 많은 흐름에도 불구하고 어쨌든 점점 더 국가와 유사해지고 있다. EU는 의회, 집행부 그리고 여러 법원과 더불어서 제도화된 기본구조들을 갖추고, 2009년부터 리스본 조약[248]이 발효되면서는 헌법까지 갖추면서 2000년에 제정된 "기본권 헌장Charta der Grundrechte"과 함께 "입헌주의화"의 과정에 대한 고전적인 기대까지도 충족시켜가고 있다. EU는 고유한 법인격을 갖고서 독자적인 외교, 국방, 경제 및 사회 정책을 추진해가고 있다. 이 가운데 아직 충족되지 않거나 또는 아예 충족될 수 없는 것들도 많고, 진행 중이거나 아직은 장기간의 협상을 통해 보다 구체화되어야 할 것들도 많다. 새로운 회원국들이 안고 있는 경제적·사회적 문제들도 분명하고, 아마도 수십 년간 더 노력해야만 해결될 수 있을지도 모른다. 전체 시스템의 몸집이 커지고, 따라서 상당한 재정적 수단을 함께 요구하고 있다. 그리스를 필두로 몇몇 회원국들에서 경제 위기가 불거지고 공동의 통화에 대한 신뢰가 흔들리기도 하지만, 이는 이 통화공동체가 주권의 포기를 통해서만 구축될 수 있는 제도적인 하부구조가 없이는 더 이상 기능할 수 없으며, 그러한 한에서 상당한 개선 작업이 필요하다는 사실 또한 분명하게 확인시켜주고 있다.

유럽 내 모든 나라의 공법학계가 그동안 앞에서 설명한 여러 과정에 대해 골몰해왔다. 이러한 가운데 여러 인상적인 결합 형식들이 소개되었다. 현재의 유럽이 국가연합Staatenbund과 같은 "국제법상의 연합체"가 아니라, 이미 초창기에 "미합중국" 모델에서 묘사되듯이 고전적인 연방국가도 아니라는 사실을 분명히 밝히려고 그간 노력해왔다. 오히려 대다수 학자는 EU를 "통합동맹Intetrationsverband", "연방적 동맹체föderaler Verbund", "국가동맹Staatsverbund", "헌법동맹Verfassungsverbund"으로 제각기 달리 표현하면서 새로운 내용을 가진 (국가연합과 연방국가 사이의) 중간적 형태로 취급해왔다. 이뿐만 아니라 "통합공동체Integrationsgemeinschaft", "초국가적인 연방주의Supranationaler Föderalismus", "개방적인 헌법국가Offener Verfassungsstaat", "형성 중에 있는 입헌주의Werdender Konstitutionalismus"와 같이 좀 더 포괄적으로 파악하려는 다양한 형식들은 유럽의 오랜 역사에서 유례가 없는 실체에 딱 들어맞는 합당한 단어를 찾으려는 힘겨운 시도들을 그대로 보여주고 있을 따름이다.

유럽 국가들이 미래를 위해 어떤 길을 선택해야 마땅한가라는 근본적인 물음을 다루고 있기에, 학계의 논쟁에서 서로 대립하는 여러 입장이 개진되는 것이 그다지 놀랍지는 않다. 유럽통합에 우호적인 한쪽에서는 통합을 위한 계속적인 행보의 필요성과 함께 이에 상응하는 만큼 개별 국가들의 주권적 요소들이 포기되어야 한다고 강조한다.

반면에 다른 한쪽에서는 개별 민족국가에게 여전히 주권이 유보되고 있다는 점과 EU의 조약적 성격 및 헌법국가의 전통적인 노선을 보다 강하게 강조하고 있다.

독일 연방헌법재판소는 지금껏 대체로 통합에 우호적인 결정들을 행해왔다. 그러나 또한 이 결정들에서 독일 연방의회의 권한이 여전히 보장되고 있는지를 일관되게 주시해왔다. 정치적 형태의 중대한 변경 등에서 이에 동의해야 하는 주체는 결국 언제나 그렇듯이 여전히 국민들에 의해 선출된 의회여야 마땅하다는 게 민주주의 이론상으로도 보다 일관적이다.

그러나 만일 정치적 다수가 결정한다면, 법적 형태의 변경이 허용될 수 있다는 사실 또한 의심할 여지가 없이 분명하다. 설령 개별 국가들이 갖고 있는 '주권'의 불가변성이 주장되더라도 이 같은 변경을 막을 수 없다. '주권'은 16세기 이래로 근대국가의 탄생을 함께해온 핵심 개념으로서, 이를 통해 국제법상의 여러 권한, 고용주로서의 성격, 통화주권 그리 군주적 통치의 기타 핵심 요소들을 나름 세련되게 조망할 수 있었다.[249] 그러나 이 개념은 역사적으로 변화 가능하고, 초국가적인 연합 및 글로벌 시대로 접어들면서는 그것의 전통적인 기능을 완전히 상실해버렸다. 특히나 이미 초국가적인 "국가권력"이 형성되고, (EU 자체가 갖는) 대외 국경, 내수시장 및 자체 통화를 보유하고 있는 오늘날의 유럽에서 이 같은 근본적인 변화를 앞에 두고 더 이상 모른 체할 수 없게 되었다.

여기서 간략하게 묘사되고 있는 '유럽법'과 여러 유럽적 기구들의 성립이 원래는 국제법적인 맥락에서 비롯한 것이지만, 70년대 이후로는 국제법에서 멀어졌다. 1945년 이후에서야 비로소 나치의 대외 정책과 전시국제법의 구속으로부터 서서히 해방될 수 있었던 국제법은 1945년에 개최된 포츠담회의와 함께 독일이 국제법상의 주체로 여전히 존재하고 있는지 여부의 물음과 직접적으로 맞닥뜨리게 되었다. 함부르크대학 소속의 국제법학자인 루돌프 라운Rudolf Laun(1882~1975)이 주도한 전후 최초의 국제법학자대회에서 이 실존적인 물음이 집중적으로 다뤄졌다. 대다수 학자가 서쪽에 자리하고 있는 독일의 분단국가에서의 "제국의 지속적 존립Fortbestand des Reichs" 테제를 지지했다. 이로써 국제조약법을 그대로 보존하고, 국제사회에서의 행위능력을 전반적으로 유지하고 또한 제국의 자산과 부채를 인수하고, 향후에 재통일을 주장할 수 있는 청구권을 잃지 않으려고 했다. 게다가 이로써 비록 "무장해제"된 상태이기는 하지만, 여전히 실존하는 공법상 법인의 자격으로 점령 당국들을 상대로 뭔가를 주장하고자 의도했다. 예컨대 1955년까지 연방공화국(서독)의 주권을 제약해온 점령연합군의 지위에 대한 해석이 필요한 경우가 그러했다.

반면에 이에 반대하는 주장, 즉 일반국가학에서 국가의 핵심 요소인 국가권력이 붕괴되고, 영토가 분단되고, 전승국들에게 "최고 권위Supreme Authority"가 이양되었다는 주장은 어떻게든 법적인 연결점을 찾아서 이를 고수하려는 의지에 비하자면 별로 무게감이 없었다. 독일의 서쪽에 자리하고 있는 분단국가(서독)가 "제국"을 거의 점령한 것마냥 주제넘게 "단독 대표권Alleinvertretungsanspruch"을 요구하고 있다는 동독 법률가들의 주장은 더더욱 수용되지 못했다.

그래서 처음에는 "독일의 문제들Deutschlandfrage"에 완전히 몰입되어 있었다. 킬에 소재한 "국제법 연구소"와 지금은 하이델베르크로 옮겨서 "막스-플랑크 연구소"로 이름을 바꾼 베를린의 "카이저-빌헬름 연구소"와 같은 주요 연구기관들이 다시 활동을 시작하고, 최초의 강좌요강이 인쇄되고, 모든 국제법학자가 일자리를 다시 찾았다. 일부는 대학의 교수로 또 다른 일부는 외무부의 자문역이나 직원이 되었다.

그러나 1960년 전후로 다시 상황이 바뀌었다. "독일의 문제들"이 여전히 미해결인 채로 그대로지만, 이제 연방공화국이 전 세계가 인정하는 주권국가로 등장하면서는 국제법 전체로 다시 시선을 돌릴 수 있게 되었다. 전후의 유럽 국제법과 경제법이 이제 "고유한 유형의 유럽법"으로 변모하고, 독자적인 서술 방식을 모색하기 시작했다. 그래서 1960년 무렵에 포괄적인 내용을 담은 새로운 국제법 교과서[250]와 모두 3권으로 묶인 《국제법 사전》[251]이 거의 동시에 발간될 수 있었다. 특히 이 《국제법 사전》을 통해 이 전공 분야의 전 세계적인 네트워크가 다시 형성되었다. 이때부터 모든 대학의 법학부에서 한두 개의 교수직 자리를 유럽법과 국제법에 할당하는 것이 법률가 양성 교육에서 표준이 되었다. 이에 발맞춰서 교과서들의 종수種數도 증가했다. 대학들이 신설되는 국면이던 1970년 이후가 특히나 그랬다. 그러나 유감스럽게도 이 전공 분야는 그저 순수히 숫자상으로만 확대되는 것에 그쳤다.

이렇듯 "정상화"로 나아가는 길이 얼핏 보기에 순조로웠지만, 국제법상의 독트린에서도 계속해서 "독일 정책Deutschlandpolitik"*에 의해 좌지우지되고 있었다. 동독은 1961년에 계속되는 주민들의 탈출을 막으려고 국경을 폐쇄했다. 국제무대에서 동독의 고립을 의도한 할슈

---

* 당시 서독의 대동독 정책을 이르는 표현이다.

타인 독트린Hallstein-Doktrin과도 서서히 결별하기 시작하면서는 동독도 마침내 독립 국가로서 널리 인정받기에 이르고, 이로써 전체 독일과의 연결점이 철저히 단절되었다.

1969년부터 연방공화국(서독)이 새로이 동방 정책을 추진하면서 동서독 간에 기본 조약Grundlagenvertrag이 체결되고, 폴란드, 러시아, 체코슬로바키아와도 조약을 체결하면서 학문 연구를 위한 새로운 분기점이 형성되었다. 그리고 UN과 그 산하기구에 가입하면서 생겨난 더 많은 분기점이 여기에 덧붙여졌다. 이와 함께 특히 1989/1990년의 통일 이후에, UN 평화유지군 및 NATO 대응군 참여와 관련해서 여러 법적인 문제들이 다시 불거졌다.

회고해보자면 국제법이 그때그때마다 당시의 시대 상황에 이중적인 방식으로 대응해왔음을 알 수 있다. 16세기와 17세기 이래로 국제법은 자연법, 국가 이론 및 정치학과 밀접하게 연결되고 이론적 성찰이 행해지는 공간이었다. 그러나 이와 동시에 대외 정책에서 실무 지향적인 유능한 조언자이기도 했다. 이후 수세기 동안 이 같은 상황이 계속되어왔다. 자연법이 시들해지면서 종종 "철학적인" 형법과 연결되기도 했던 독일의 국제법학은 19세기가 끝나가던 무렵부터는 자신의 전공 분야를 단호하게 공법 쪽으로 자리매김하고, 심지어 부분적으로는 '대외국가법Außenstaatsrecht'으로 스스로를 이해하기도 했다. 제1차 세계대전 이후로 국제법학자들의 대다수는 베르사유 조약상의 여러 조건과 제약 사항들로부터 독일을 보호하고 국경 문제를 정리하는 것이 자신들의 과업이라고 여겼다. 나치 정권 동안에 그리고 동독에서는 자국 정부를 국제법적으로 지지하는 것이 당연한 과업이자 의무로 간주되었다. 그러나 연방공화국(서독) 쪽의 학문 분야들에서는 이 같은 희망사항에 부응할지 아니면 여기에 반대할지가 모든 관점에서 자유로웠다. 다만 다뤄지는 소재들이 계속해서 더욱 전문화되고 증가해온 까닭에 물론 현행의 국제법학이 그간 맺어온 법 이론, 국제법의 역사 및 정치학과의 연결이 다소 느슨해졌다.

XVIII.

독일의 재통일

1. 외부적인 경과

국가법과 국제법은 분단된 독일 땅에서 전개되어온 그간의 변화와 발전을 상이한 관점에서 예의주시해왔다. 동독에서는 SED(독일사회주의통일당)가 정해둔 당의 지침이 있고, 그것이 모두를 구속하는 가운데 사소한 변형쯤만이 허용되었다. 서독에서는 폭넓은 논의가 검열이 없는 가운데 이뤄졌지만, 그때그때마다의 정치적 다수의 의견이라는 혼란스런 소용돌이에 휩쓸렸다는 사실도 의심의 여지가 없이 분명하다. 냉전 시대의 초기부터 서로 양보하지 않고 대립해온 두 진영에서 1960년대 중반부터는 타협하려는 목소리가 들려왔고, 그것이 결국 기본 조약의 체결로 이끌어졌다. 이때부터 서독에서도 서서히 (분단 현실을 인정하는) "두 국가 이론"을 받아들이면서, "접근을 통한 변화"를 위해 더욱 박차를 가하기 시작했다. 동서독 양측의 정치 엘리트들은 서로에게 너무도 낯선 존재였다. 이들 모두가 내부적으로는 영토와 이데올로기의 분단이 앞으로도 꽤 오랫동안 지속될 거라고 여기면서 각오를 다져가고 있었다.

1989/1990년의 동독 붕괴가 그토록 급속하게 진행될 거라고는 동서독의 학자들 대다수가 전혀 예견하지 못했다. 그렇지만 그간의 상황을 예의주시해온 몇몇 관찰자들에게는 이미 오래전부터 만일 소비에트 제국이 전체적으로 해체된다면, 동독의 SED 정권도 더 이상은 버틸 수 없을 거라는 사실이 분명했다. 동독 내부적으로는 사회주의 계획경제가 자본주의적인 서독과의 경쟁을 더는 감당해낼 수 없었고, 그저 엄청난 국가부채를 숨기는 데 급급했다. 이와 동시에 이미 오래전부터 활동해오던 정권의 반대자들이 교회 주변이나 평화활동가, 환경운동가, 예술가 및 작가 그룹에서 꾸준히 늘어났다. 특히 1976년에 있었던 대표적인 반체제 저항시인 볼프 비어만Wolf Biermann의 시민권 박탈 및 국외추방 이후로 그 활동이 더욱 활발해졌다. 1975년에 핀란드의 헬싱키에서 개최된 유럽안보협력회의OSCE에서 합의된 최종의결서*를 동독 역시도 승인하고는, 이로써 여러 기본권이 부인되는 현실을 따지고 드는 논거가 되었다. 서독 주민들이 비참한 생활을 겪고 있으며 계급 간의 갈등이 격화되고 있다는 주장을 끊임없이 반복해봤자, 이제는 아무도 믿지 않게 되었다. "서독 쪽의 텔레비전 방송"에서 매일마다 이와는 다른 화면들이 송출되고 있었던 까닭이다.

---

* 1975년 8월 1일에 35개국 정상회담에서 승인된 헬싱키 최종의정서에서는 이전의 유엔총회 결의 제2645호에 포함되지 못했던 "인권존중원칙"이 명문화되었다. 동독이 이 최종의정서에 서명하면서, 이때부터 독일 땅에서 동서독 두 국가의 존립이 국제적으로 인정되었다.

결국 "접근을 통한 변화Wandel durch Annäherung" 정책이 추진되면서 양 독일 사이에 그어진 국경선도 점차 흐릿해졌다. 그나마 남아 있던 동독 정권의 취약한 정당성마저도 모두 소진되어버리자, 주민들의 인내심도 이제 한계점에 달했다.

2. 국가법과 국제법에 주어진 여러 과제

SED가 급속하게 몰락해가는 과정들 그리고 그간 늘 국제정치와 조율해야만 했던 서독 측의 이에 대한 여러 대응을 여기서 짧게나마 상기해볼 필요가 있겠다.[252] 놀랍게도 1989년 11월 9일에 베를린 장벽이 무너지고, 많은 동독 시민이 서쪽으로 마치 봇물이 터지듯이 밀려들자 그해 12월에 SED가 요란한 굉음과 함께 붕괴되었다. 1990년 3월 18일에는 동독 최고인민회의Volkskammer가 처음으로 자유선거를 통해 구성되었다. 동독의 서독에로의 편입Beitritt을 두고 실시될 국민투표—개정 전의 서독 기본법 제146조[*]—를 피하기 위해 지난 1952년에 이미 폐지된 동독의 여러 란트가 존재한다고 가정하고, 개정 전의 기본법 제23조[**]를 통해 연방공화국(서독)에로 편입하게끔 했다. 이로

---

[*] 1990년 9월 23일에 연방의회Bundestag에서 통일 조약Einigungsvertrag이 의결되면서 기본법 전문前文을 포함해서 여러 조항이 개정되거나 삭제되었다. 개정 전의 기본법 제146조는 다음과 같다. "이 기본법은 독일민족의 자유로운 결정으로 제정되는 헌법이 발효되는 그날부터 효력을 상실한다."

[**] 1990년 9월 23일에 연방의회에서 통일 조약의 의결과 함께 삭제된 기본법 제23조는 기본법이 먼저 당시 서독의 여러 란트에 적용되고, 독일의 다른 지역에는 편

써 숙원이던 통일이 완수되었다. 원래는 다행스럽게 통일을 이루고
이를 종결짓는 최후의 봉인이 되어야할 기본법 제146조는 통일 과정
에서 활용되지 못한 채로 미래를 위한 타협적이고 불분명한 내용으로
새로이 바뀌었다.[*]

또한 이러한 일들과 가장 밀접하게 관련되는 전공 분야인 국가법과
국제법에도 여러 요구가 집중해서 몰려든 시기이기도 했다. 정치와
법학이 여러 차원에서 서로 협력하는 동시에 또한 경쟁했다. 국제적
차원에서도 통일된 전체 독일에게 기존의 여러 국제 조약과 회원국
지위의 연장 등과 관련해서 새로이 규율해야 했다. 즉 UN과 NATO
에서부터 동독의 부채 지급을 명시하고 있는 기타 국제법상의 조약들
이 그러했다. 특히 제2차 세계대전 이후의 전승국 네 나라와의 관계
를 새로이 형성하는 일이 또한 그러했다. 이 문제는 1990년 9월 12일
에 체결된 "2+4조약"을 통해서 사실상 해결되었다. 독일 내부에서는
1990년 5월 18일에 이미 "통화, 경제 및 사회 통합에 관한 국가 조약
Vertrag über die Schaffung einer Währungs –, Wirtschafts – und Sozialunion"

입 이후에 기본법의 효력이 발생한다고 정하고 있었다. 앞서 1957년에 자르란트
Saarland가 주민투표를 통해 서독의 영토로 편입된 적이 있었다. 기본법 제23조를 통
해 동독의 다섯 개 란트가 서독에 편입되고, 독일 통일과 함께 제1차 세계대전 이후
에 상실된 예전 독일 영토의 더 이상의 편입이 없으리라는 점을 이웃하고 있는 폴
란드 등에게 재차 확인해주려는 의도로 제23조가 삭제되었다. 이후 1992년의 기본
법 개정으로 삭제된 제23조가 "유럽연합 조항"으로 거듭나서 기본법에 다시 삽입
되었다.

[*] 즉 독일 통일과 함께 제146조는 다음과 같이 개정되었다. "독일의 통일과 자유를 완
수한 이후에도 전체 독일민족에게 적용되는 이 기본법은 독일민족의 자유로운 결정
으로 제정되는 헌법이 발효되는 그날부터 그 효력을 상실한다."

의 체결이 선행적으로 이뤄졌다. 이 밖에도 "신탁청Treuhand"을 통한 동독 산업재산의 청산 작업, 동독 주민들을 비밀리에 사찰해온 "국가보안부MfS(Das Ministerium für Staatssicherheit)"* 문서들의 인수 작업, 특히 동독 당국에 의해 수용된 재산의 원상회복 등과 관련하여 무수히 많은 세부 사항도 함께 규율해야만 했다. 그러나 1945~1949년에 소비에트의 군정통치 하에서 행해진 동독 주민들에 대한 재산 수용조치Enteignung는 원상회복의 대상에서 제외되었다. 독일 연방헌법재판소뿐만 아니라 유럽인권재판소도 이 조치를 더 이상 문제 삼지 않았다.[253] 이에 당사자인 동독 주민들이 한동안 계속해서 분노하기도 했다.

3. 통일의 방식

이처럼 통일이 극적으로 진행되던 와중에 1990년 4월 27일 베를린에서 개최된 특별학술대회에 독일의 국법학자들이 한자리에 모였다. 발제를 맡은 요헨 A. 프로바인Jochen A. Frowein, 요제프 이젠제Josef Isensee, 크리스티안 토무샤트Christian Tomuschat 그리고 알브레히트 란델츠호퍼Albrecht Randelzhofer 교수가 통일과 관련되는 독일 내부 및

---

* 약칭해서 '슈타지Stasi'로도 불리던 이 '국가보안부'는 정보기관이자 동시에 비밀경찰이었고, SED의 주된 통치수단으로 기능했다. 이 슈타지에는 정규 직원만 9만 명이 넘고, 비공식적인 정보원들도 십수 만 명이었으며, 40년 동안 비밀사찰을 통해 확보한 문건의 양이 무려 111킬로미터에 달했다고 한다. 통일 직후인 1991년에 광범위한 주민 사찰을 통해 그간 슈타지가 확보해온 문건들의 공개 및 관리를 위한 법률이 제정되고 이를 주관하는 행정청이 새로이 설치되었다.

국제법적인 측면들을 다뤘다. 더 이상 지체할 시간이 없다는 데 한목소리였다. 바로 하루 뒤에 유럽 내 여러 나라의 국가 및 정부 수반들이 독일 통일에 동의했다. 그 후 수주일 동안에 모든 대외정치적인 문제들, 특히 이때까지도 존속하고 있던 소비에트연방의 동의 문제도 깔끔하게 해결되었다.[254] 동서독 간의 "통일 조약Einigungsvertrag"이 세 차례의 협상 끝에 체결되어 양측이 이에 비준하고, 브란덴부르크, 메클렌부르크-포어폼메른, 작센Sachsen, 작센-안할트 그리고 튀링겐이 개정 전의 기본법 제23조에 의거하여 연방공화국(서독)에 편입되었다.

이 모든 과정에서 국가법학과 국제법학이 선구자적인 역할을 했다고는 말할 수 없을 듯싶다. 이들 학문 분야는, 수십 년 전과 마찬가지로, 정치와의 관계에서는 그저 외부의 동반자일 뿐이다. 이들 학문 분야는 학문적 자긍심을 이유로 그리고 시장에서의 평가 때문에라도 그간 학문의 객관성이라는 이상을 표방해왔지만, 그러나 의도적으로 또는 무의식적으로 정치적인 시대정신을 따랐고, 일이 벌어지고 나서야 사후적으로ex post 논평하고 분석해왔다.

정치적으로 심각한 문제로 불거진 사안들 가운데 하나가 개정되기 이전의 기본법 제23조를 통한 통일 방식의 선택과 관련한 결정이고, 다른 하나는 동독 지역에서 1952년에 폐지된 여러 란트를 재건하는 세부 사항과 관련된 것이었다. 특히 택지와 농지, 공장 및 사업장을 시민들에게 반환하거나 재취득하는 문제는 동독의 전체 시민들에게도 해당되는 사안이었다. 그래서 통일 직후인 1991년에 기센에서 개최된 국법학자협회 학술대회에서는 동독과 연관되는 형법, 기본권 및 인권과 관련한 여러 후속 문제들뿐만 아니라 재산권 문제와 그것의 반환 문제가 함께 논의되었다.[255] 그런데 여기서 갑작스럽게 지난 1945년 이후에 제기되었던 진부한 주장들이 다소 변형된 모습으로 재등장했다. 즉 자연법을 다시 받아들여야 한다거나, 보편적 법으로서의 성격을 지닌다면서 서독 쪽에서 연원하는 법을 잣대로 삼아서 동독의 법을 비판하고 있다거나, 다른 "가치 시스템"에 속하던 동독의 군인들과 공무원들을 공직에서 계속 고용해야 하는지를 둘러싼 논쟁*, 과거사의 진실을 제대로 규명해야 한다는 입장과 가해자와 피해자의 인격권이 보호되어야 한다는 입장이 서로 강하게 대립했다.

어떤 문건들을 기밀로 하고 어떤 것들이 공개되어야 하는가? 보다 구체적으로 설명하자면, 동독의 국가법학자, 행정법학자 및 국제법학자들이 거의 예외 없이 과거에 독일사회주의통일당SED 당원이고, 이들의 상당수가 "국가보안부"의 비밀정보원이었는데, 통일 이후에도 그대로 대학에 남아서 자기가 맡아온 교과목을 계속해서 가르쳐도 되겠는가? 1945년부터 대략 1950년까지 서독에서 벌어졌던 일을 본보기로 삼는다면,** 동독 쪽의 거의 모든 교수들이 통일된 독일에서도 교수직을 계속해서 유지할 수 있을 법했다. 그렇지만 이번에는 같은 시기에 "부르주아적인" 교수들을 제거했던 과거 동독의 본보기를 따

---

* 자세한 내용은 통일 이후에 구舊동독 공직자들의 재임용 심사 등의 문제를 본격적으로 다룬 독일 연방헌법재판소의 이른바 '대기자 결정Schleifen-Urteil'을 정리해둔 아래 논문을 참조하기 바람. 이종수, 〈통일 이후 구동독 공직 종사자들의 계속고용 등 지위 문제―독일연방헌법재판소의 '대기자 결정'(BVerfGE 84, 133 ff.)〉, 《통일과 헌법재판(2)》, 헌법재판연구원, 2017, 45쪽 이하.
** 과거 나치 정권에 협력했던 법학 교수들의 대다수가 패전 이후에도 그대로 서독의 대학들에 남았던 일을 지칭한다.

랐다. 동독의 법학부 교원들과 "국가 및 법 아카데미"에 소속했던 연구원들 거의 모두가 "청산"되었다.[256]

1990년과 1991년에 개최된 국법학자협회 학술대회는 국가에 봉사하는 기능과 비판적인 기능의 관점에서 국가법과 국제법의 면모를 여실히 드러냈다. 즉, 국가법과 국제법은 정치의 동반자로서 그간 짐을 함께 져왔다. 베를린 장벽과 국경감시시설이 붕괴되었다는 행복감과 더불어서 많은 이들에게 지지를 호소했다. 여러 비판적인 유보들이 비록 비현실적이기는 하지만 가능할 수도 있었던 다른 모든 선택지 ―예컨대 국가연합을 통한 통일 방식, 통화공동체를 통한 동독의 반 ⁴⁄₄자치권 인정, 새로운 란트들의 란트헌법에서 동독적 요소들의 보존 등―의 배제를 의도했다. 비록 서독이 전반적으로는 협조적이면서도, 또한 독선적인 태도를 보였고, 어쨌든 서독의 정치적 다수는 동독의 이데올로기적인 잔재들을 모두 없애버리고 싶어 했다. 동독 측은 이에 대해 침묵하거나 분노로 대응했다. 몇몇 중심인물들은 곧바로 새로이 창당된 좌파정당Links-Partei에 몸담아서 활동하거나 변호사가 되고, 다른 이들은 은퇴하고 자신의 비망록을 쓰기도 했다. 어쨌든 공법과 관련해서 논란의 여지없이 분명한 점은, 이제는 사라져버린 SED 정책의 법 형식 및 계획경제와 결부되었던 동독의 실증적인 국가법과 행정법이 더 이상 실무에 적용되지도 않고 학생들에게 가르칠 필요도 없다는 사실이었다. 그러나 국제법과 법 역사의 경우에는 사정이 다소 달랐다.

4. 대학들의 개편과 신설

앞에서 언급한 모든 일이 구동독의 공법 이론과 연구에 흔적을 남겼다. "독일 국가학 및 법학 아카데미"는 그 산하기구인 공법연구소 및 국제법연구소와 함께 문을 닫았다. 이 아카데미가 원래 있던 포츠담의 그 자리에는 브란덴부르크의 두 번째 대학이 새로운 교직원들과 함께 들어섰다. 브란덴부르크의 첫 번째 대학은 프랑크푸르트(오데르 강변)에 설립된 비아드리나대학(1506~1811)이었는데, 1991년부터 폴란드와 긴밀하게 협력하는 가운데 다시 설립되었다. 1950년에 폐과된 예전 로스토크대학의 법학부도 마찬가지로 1991년에 다시 문을 열었는데, 2008~2012/2013년에 고전적인 법률가 양성 교육을 다시 그만둬야만 했다. 이와 동시에 새로이 문을 연 그라이프스발트대학에서 법률가 양성 교육이 계속될 수 있었다. 마찬가지로 할레-비텐베르크, 예나 그리고 라이프치히에서 법률가 양성 교육과 공법의 전통이 계속될 수 있었다. 1991년에 설립된 드레스덴대학의 법학부는 단지 10년 동안만 고전적인 형태를 유지하고, 이후로는 석사학위 과정의 교육기관으로 지속되고 있다. 1999년에는 에어푸르트에 국가학 학부가 새로이 생겨나고, 막스 베버 학당Max-Weber-Kolleg과 공동으로 공법강좌를 개설해오고 있다. 아마도 가장 중요한 대대적인 개편이 이뤄진 곳은 베를린에 소재하는 프리드리히-빌헬름대학, 즉 다른 이름으로는 훔볼트대학이 되겠다. 이 훔볼트대학은 현재 독일 내에서 최고의 대학들 가운데 하나로 손꼽힌다.

XIX.
세계화 그리고
국가의 미래

세계화(글로벌화)는 지난 수십 년 동안에 가장 많이 사용되고, 또한 그만큼 많이 닳아버려서 식상해진 단어들의 하나가 되어버렸다. 이 단어는 공간의 밀집, 정치·경제적인 상호의존, 세계인구와 전체 생태계 그리고 마지막으로 하나의 종種으로서의 인류와 관계를 맺어왔다. 그만큼 그 안에 담고 있는 내용이 너무도 다양해서, "세계화"라는 집합명사가 이제는 알맹이가 없는 "빈 공식Leerformel"으로 간주될 정도다.[257] 그럼에도 불구하고 이 단어가 사용되는 핵심 분야들이 여전히 존재한다. 세계화는 지구상의 거의 모든 곳이 인류에 의해 탐사되고 이제 그것을 묘사할 수 있게 되고, 오늘날 많은 정보, 금융 및 상품들이 지구 전체를 돌면서 유통되고 있으며, 인류가 지구별에서 함께 더불어 살아가고 있고, 종의 다양성, 삼림과 바다, 식량 및 천연자원과 같은 지구의 여러 자원을 함께 나누고 있으며 또한 기후변화에 공동의 책임이 있다는 인류의 자각이 점점 커져가고 있음을 드러낸다. 인류가 서로 동질감을 느낄 가능성은 가까운 마을공동체에서 지역, 국가 그리고 대륙을 넘어서 이제 세계공동체에까지 이르고 있다. 모든 인간은 다중적인 역할을 행하면서 살아가고들 있고, 이들 각각의 역할에 대해 거기에 상응하는 법질서가 마련되어 있다.

1. 첫 번째 세계화

법에서 세계화라는 현상 및 그것으로 인해 비롯하는 결과들이 전적으로 새롭지만은 않다. 세계화의 첫 번째 국면은 15세기가 끝나가던 무렵이라고 말할 수 있겠다. 15세기 후반과 16세기에 포르투갈과 스페인 사람들이 지구 한 바퀴를 다 돌고 아메리카 대륙을 발견하면서 세계에 대한 경험치가 획기적으로 확대되고, 그것은 또한 천문학에서 1543년의 "코페르니쿠스적 전환"을 있게 한 필수적인 사전 작업이기도 했다.[258] 이때부터 지구가 태양의 주위를 돌고 있는 공 모양의 행성이고, 배를 타고 한 바퀴를 돌아서 항해하거나, 탐사하거나, 소유할 수 있는 대상으로 확실하게 인식되었다. 잘 알려진 바와 같이 지구를 소유한다는 것은 16세기부터 19세기까지 유럽의 팽창이 이뤄진 수백 년 사이에 벌어진 일이다.[259]

　이는 또한 보편적인 자연법이 발전해가는 중요한 계기가 되었다. 왜냐하면 지구가 지리학적으로 하나의 단일체가 되고 나서는 보편적인 법적 단일체로 나아가는 것 또한 가능해 보였기 때문이다. 프란시스코 드 비토리아Francisco de Vitoria의 강의록 《인디언론De Indis》과 《전쟁법에 관하여de iure belli》, 네덜란드의 후고 그로티우스가 쓴 《항해의 자유Mare liberum》(1609) 및 대작 《전쟁과 평화의 법De iure belli ac *pacis*》(1625), 영국의 존 셀든John Selden이 쓴 저작 《해양의 봉쇄와 지배*Mare clausum seu de dominio maris*》(1635) 등과 같이 16세기에 신학과 법철학에서 "살라망카 학파Salamanca Schule"가 꽃을 피우게 된 데에는 식민지를 서로 먼저 차지하려던 강대국들의 초창기 행보가 분명히 크게 영향을 미쳤다. 서유럽의 세습군주들이 먼 바다와 전략적으로 중요한 여러 상업 요충지를 자기 소유물로 만들려고 약탈해가면서 경쟁자로 서로 맞부딪히자, 이제는 국제적인 법적 토대가 필요하게 되었다. 당시 새로이 형성 중에 있던 국제법은 일찍부터 자연법의 특수 분야로 분류되어왔는데, 따라서 자연법과 국제법 둘 다 보편타당성에 기초하고 있었다. 이 두 법은 기독교도뿐만 아니라 이교도들에게도 마땅히 적용되는 것이었다. 비록 모든 이교도는 아니더라도 이들의 문화 수준이 높고 유럽적 관점으로는 같은 "눈높이"에서 협상할 수 있다면 적용이 가능하다고 보았다. 이러한 의미에서 전래의 '만민법*ius gentium*'이 "국가들 간의*inter gentes* 법"으로 바뀌었다. 그들이 경제적으로나 군사적으로 서로 싸우고, 또한 상대방의 선박을 나포하기도 했으나, 국제적인 법질서의 바깥에 놓여 있는 "인류의 적"인 탐욕적인 해적들에 대해서는 공동으로 선을 그으면서 멀리했다.[260]

2. 두 번째 세계화

근대 초기에 자연법과 국제법이 성장할 수 있었던 중요한 원인이 앞서 첫 번째 세계화에 근거하고 있다면, 그것이 오늘날의 두 번째 세계화와는 도대체 어떤 관계에 놓여 있을까? 폭넓게 이해하자면, 두 번째 세계화는 18세기가 끝나갈 무렵부터 시작된 산업혁명이 속도를 더해서 계속해서 진행되고 있다. 노년의 괴테Goethe가 묘사했듯이 "기계장치들Maschinenwesen"이 그 이후로 모든 통신수단과 교통수단을 장악해 버렸고, 20세기에서 21세기로 넘어가는 과도기에 전자적인 통신 및 저장 방식이 개발되면서는 실제로 글로벌 사회로 확대되어갔다.

이로써 현대의 국제법에서는 다음과 같은 쟁점들이 집중적으로 논의되고 있다. 즉 이러한 방식으로 새로운 세계질서의 입헌화가 이뤄질 것인지, 인권이 보편적으로 적용되어야 하는지 아니면 각 문화마다 다소 변형된 모습으로 달리 적용되어야 하겠는지, 정치범죄와 전쟁범죄에 적용되는 포괄적인 '국제형법'이 이미 존재하는지 또는 앞으로도 더욱 손봐야 하는지 여부를 둘러싼 논쟁들이 그러하다. 이러한 여러 숙고를 통해 여러 사회과학과 법 이론에서 구속력을 갖는 '세계법Weltrecht'이[261] 새롭게 탄생할 수 있을지가 아직은 미지수다. 이를 위해서는 불문不文의 문화적 신념이라는 공통의 토대가 반드시 필수적이라고 생각된다.

사실 지금껏 행해져온 변화들만으로도 그저 숨이 막힐 지경이다. 어디서든 "탈경계화"가 벌어지고 있고, 즉 "유비쿼터스"와 같이 특정한 장소성이 사라지는 경향이 벌어지고 있다.[262] 모든 것들이 감시되고, 사진으로 찍히고 데이터로 저장될 수 있다. 뉴스, 주가 등락, 재정수단 및 모든 유형의 서비스 급부들이 이제는 초 단위로 전 세계의 차원에서 서로 교환되고 있다. 극복해야 할 공간들이 점점 더 줄어들고 있다. 나중에는 공간이라는 것이 더 이상 필요 없을지도 모르겠다. 이것이 그간 역사적으로 성장해온 부분사회의 규범 질서에 어떤 결과를 초래할지는 여전히 알 수 없다. 공간에 따르는 제약이 완화되거나 아예 없어진다면, 국가의 영토적 기반 역시 그 의미를 상실하게 된다. 또한 전쟁에서도 점점 더 "고정된 특정 장소가 없이", 은폐해서나 또는 무인 무기들과 무인 감시시스템을 통해 군사작전이 수행되고 있다.

국제 상거래, 전자적 네트워크에 의한 통신, 금융거래 및 미디어를 통해 많은 이들이 동시에 시청하는 스포츠경기 중계 그리고 그 밖의 많은 것들이 그간 국가들을 서로 구획해온 국경선 너머에서 벌어지고 있다. 여기서 지켜져야 할 규범은 그것이 비록 국가에 의해 제정하지는 않더라도, 어쨌든 '법'으로 구성된다.[263] 이 규범들이 전 세계적으로 활동하면서 기존의 모든 통제로부터 벗어나 있는 각종 협회들 Gesellschaften에 의해서 제정된다. '판결'은 이들 스스로가 선택하는 중재기구에서 행해진다. 국가 단위의 기존 사법司法이 이처럼 매우 복잡한 대규모의 사건들을 앞에 두고서 신속하게 결정을 내리기에 충분히 적합하지가 않고, 또한 아마도 이에 요구되는 전문성을 갖추지 못한 때문이기도 하다.[264] 이렇듯 비국가적인 권리구제수단을 활용함으로써 또한 공동비용을 절감할 수 있다. 분쟁으로 불거진 사건들을 다루는 여러 규범과 결정은 이러한 방법으로 17~19세기에 많은 저항에도 불구하고 그간 관철되어온 국가의 권력 독점으로부터 벗어나고 있다.

기존의 범주에서 보자면 이는 한편으로는 자유의 성취를 의미하고, 즉 법적으로 말하자면 사적 자치의 확대에 해당한다. 다른 한편으로는 이로써 개개인들이 온 세상에 펼쳐져 있는, 무수한 계약들이 서로 얽혀 있는 그물망 안으로 그저 내던져진 셈이다. 여기서 개인이 자신의 권리를 보호받기가 매우 어려울 수 있다. 특히나 규정상으로 재판관할권이 낯선 언어를 사용하는 먼 외국에 있기 때문이다. 개개인은 이제 소비자로서 등장할 뿐이지, 정치적 참여권을 지닌 시민의 모습이 아니다. 이 같은 정치적 참여가 존재하지 않는 독재국가들에서는 해당 정권이 기술적 능력을 갖추기만 한다면, 또한 의사소통 네트워크의 자의적인 차단이 추가로 위협받고 있다.

지금 분명히 전 지구적 차원에서의 해결책이 절실한데도, 개별 국가들의 필요성이나 자국의 천연자원을 지켜내려는 이기심으로 인해 국제사회에서 심각한 갈등과 대립이 불거지고 있는 것은 특히나 드라마틱한 모습이다. 세계 인구가 증가하면서 생활공간이 더욱 협소해지고, 공동재화의 소비가 늘고, 인간들 다수에 의해 동·식물들의 생활공간 또한 훼손되고 있으며 기후변화는 이미 오래전부터 더 이상 회복 불능의 상태에 놓여 있다. 국제법상의 조약들을 통해 이 같은 위험을 막아보려는 존중할 만한 여러 시도가 여러 경제적·정치적 이해관계들에 의해 반복해서 제동이 걸렸다. 근본적이고 획기적인 변화는 아직도 눈에 띄지 않는다. 이를 위해서는 인류 전체의 집단적인 공감대가 필요한데, 그러려면 자원들을 마구 약탈하고, 이로 인한 생태학적 결과들을 익명의 세계공동체에게 전가시켜온 그간의 행보에서 벗어나야만 한다. 이에 대한 공감대가 서서히 커지고 있다는 사실이 또한 목도된다. 그렇지만 당장 목전에 다가서 있는 여러 위험에 효과적으로 대응하기에 아직 시간이 충분한지가 여전히 미지수다.

3. 민족국가의 미래

이러한 시나리오 속에서 전통적인 민족국가의 과업영역도 바뀌어간다. 외부의 적들로부터 보호하고, 국가 내부의 반목과 내전을 막는 일이 국가에게는 가장 오래된 과업인데, 오늘날의 전자적인 무기기술을 통한 전쟁과 산발적인 게릴라 공격의 가능성에 직면해서는 국가에 주어진 과업이 전혀 새롭게 달라진다. 국지적인 갈등들조차도 전혀 해소되지 못한 채로 곧바로 글로벌한 이슈로 불거지고 있다. 이에 대응하려는 미래의 국제법은 이제 막 형성되는 과정에 놓여 있다. '국제법'은 문명화의 과업과 새로운 전쟁 형태를 저지하는 작업에 새로이 착수해야 한다. 또한 짐작하건대 과거의 뉘른베르크 전범재판 이후로 그랬듯이, 이제 개개인에게도 '국제형법'이 적용되는 등으로 더욱 확대될 것이다. 신성하고 "불가침적인" 세습군주는 이제 더 이상 존재하지 않는다. 자국의 이익을 군사력을 통해 관철시키려고 전쟁을 일으키는 정치인들이 국제형법의 적용을 받게 되고, 잠재적인 범죄인으로 간주되고 있다.

그러나 국제사회가 진행되고 있는 시나리오를 바꾸는 가장 극단적인 사례가 단지 전쟁만이 아니다. 주요 정치인들은 이제 더 이상 대사나 사절단을 통해 먼저 의사 교환을 하지 않고, 바로 직접 서로 연락을 취한다. 전 세계의 지도자급 인사들은 서로를 이미 "잘 알고" 있다. 여기서 모든 관계자가 해당 국가로부터 이를 위해 합당한 자격을 부여받은 것은 결코 아니다. 개별 국가의 직업외교관들 말고도 예컨대 EU의 여러 기구나 국제법에 의해 설립된 무수히 많은 기구와 같이 국제적인 연합체에 속한 공무원들도 등장한다. 그리고 이들뿐만 아니라 또한 여러 비정부기구들NGO과 글로벌한 대기업들 및 전자적 네트워크, 즉 글로벌한 규제나 규제 완화에 나름의 이해관계를 갖고 있는 모두가 여기에 해당한다. 이로써 국경선으로 구획된 영토 안에서 해당 국가가 갖는 절대적인 최종적 결정 권한을 이제 더 이상 언급할 수 없게 되었다.

이 같은 사실에 발맞춰서 국가 내부에서도 국가의 역할이 변화하고 있다. 인구가 늘어나고, 이로 인한 재정상의 과부담으로 인해 국가의 기능수행이 한계에 봉착하면서, 여러 국가가 민영화를 통해 그 기능의 일부를 사회로 다시 되돌려주고 있다. 우편, 철도, 통신, 주거보안, 사립학교, 대학교 및 노후 보장의 일부가 그 대표적인 사례들이다. 이것들의 거개가 보다 나은 경쟁과 보다 높은 효율성을 논거로 앞세우지만, 공공부문 예산상의 높은 부채가 본래의 이유이다.[265] 그리고 흑자가 발생하면 그 즉시로 반대의 경향이 나타난다. 예컨대 지자체로 다시 환원되기도 한다. 그러나 공공 부문의 과업들이 사회로 넘겨지면, 공법상의 권리 보호 형식들도 사법私法으로 이전되거나, 이 과업을 수행하는 개인을 국가가 나서서 감시해야만 한다. 그래서 오늘날 이를 두고 "규제된 자율Regulierte Selbstregulierung"로 일컬어진다.[266] 많은 분야에서 국가가 더 이상 미리 직접 규율하지 않고, 민간이 스스로 조직한 것을 단속하고 있을 따름이다. 아마도 장차에는 전통적인 '입법학Gesetzgebungslehre'이 그간 맡아온 자리를 '규제학Regelungs-wissenschaft'이 대신해서 차지할지도 모르겠다.[267]

여기서 그 어떤 새로운 법적 형태들이 생겨나더라도, 안전과 질서의 보장, 교통 규제, 에너지 및 상수도 공급, 하수 처리 그리고 소음, 먼지, 광선 및 독소로부터의 보호, 즉 한마디로 여러 위험으로부터 일상을 보호하는 고래의 과업들이 변함없이 수행되어야 마땅하다. 이외에도 에너지 공급, 중앙에서 관리하는 보육 및 교육 시설, 의료 혜택 및 넓은 의미에서의 일상의 정보 제공도 마찬가지로 국가에서 절대로 포기되어서는 안 된다. 많은 시민들은 이를 위해 기꺼이 세금을 낼 마음가짐을 갖추고 있다. 시민들이 필요로 하는 여러 급부나 그 결핍에 대해서 책임을 물을 곳은 결국 지자체 또는 지방정부다. 사람들이 이 같은 기본적인 보장들과 보호 행위를 모두 싸잡아서 '국가'—기초지자체, 광역지자체, 란트, 전체 국가—라고 부르든 또는 그렇지 않든지 간에, 명령하고, 제한하고, 허가하고 또는 금지하는 공법과 형법상의 규범 꾸러미가 여전히 공고한 핵심으로 남아야만 한다. 설령 비국가적인 그리고 국제적인 법이 보다 확산되고, 이와 동시에 사회가 사법私法을 통해 몇몇 기능들을 (다시) 스스로 규율할지라도 그러하다.

4. 헌법국가의 미래

그동안 국가가 떠맡아온 고전적인 기능들이 다른 곳으로 옮겨지거나 또는 다른 행위자들에게 이전되는 것이 타당하다면, 이제 세계공동체에서 헌법국가의 미래에 대한 물음이 제기된다.[268] 헌법, 아니 전체 공법이 "세계화의 도전" 앞에 놓여 있다.[269] 20여 년 전부터 이와 결부되는 여러 변화가 보고되고 있으며,[270] 이러한 변화에 잔뜩 희망을 품고 중재하는 마음으로 "개방적인 국가성"에 대해 말하는 것에도 이제 익숙해져 있다.

카를 슈미트가 선포한 "국가성의 종말"[271]과는 달리 오늘날 개방성이 강조되고 있는 것은, 여러 방면에서 서로 협력하고, 복잡하게 얽히고 종속되어 있음에도 불구하고 지금껏 그래왔듯이 국가는 개인들이 맺어가는 여러 관계에서 하나의 고유한 단위로 그리고 이들을 보호하는 지붕으로 여전히 남아 있고, 앞으로도 그렇게 남아야 마땅하다는 사실을 뜻한다. 이는 마을, 지역, 국가마다에 주어진 과업과 초국가적인 과업 사이에서 그리고 이 과업들에 상응하는 권한과 기구들 간의 균형을 어떻게 제대로 확보하는지가 관건이라는 사실을 전제하고 있다.

여러 다양한 권한으로 인해 여전히 불안정한 상태의 균형이라 할지라도, 이것이 법학의 모든 분야에서 앞으로 해결해 가야 할 숙제인 셈이다. 해당 분야는 사법私法 이론에서부터 새롭게 이해되고 있는 행정법을 거쳐서 헌법학과 국제법에까지 이른다. 여기서는 늘 사회의 자기실현을 위한 자유공간과 구속이 문제될 뿐만 아니라 실제적인 보호와 권리 보호가 또한 문제로 다뤄져 왔다. 현대 국가의 정당성은 인권이 존중되고 보호되는지 여부뿐만 아니라, 장차 세계화의 맥락에서 그동안 국가가 떠맡아온 자리를 대신해서 차지하게 될 여러 기구의 신뢰성에도 달려 있다. 왜냐하면 근대 초기에 국가가 형성되었던 이유가 바로 이 보호 과업에 놓여 있었다. 이들 새로운 기구가 이 같은 보호 과업을 충족하지 못한다면, 관련자들이 연대해서 이 기구들에게 재정지원을 계속해야 할 값어치가 없겠기 때문이다.

그러나 무엇보다도 이들 기구는 그 기능화에서 불가결한 정당성을 "인정Anerkennung"을 통해서 획득하지는 못한다. 따라서 기존의 국가로부터 이제는 "초국가적인 공간들"로 넘겨지는 민주적인 의사형성절차의 이전이라는 대형 프로젝트가 인권과 시민의 보호와도 불가분하게 결합되어 있다.[272] 이러한 방법으로 지금껏 잘 검증되어온 메커니즘의 활동반경을 더욱 넓히면서, 이 일에 점점 더 많은 행동가를 참여시켜야 한다.

다른 이들은 이와는 달리 이미 오늘날 존재하고 있는 네트워크가 바로 "글로벌 거버넌스Global Governance"를 뜻하고, 지금의 국제사회를 미래의 규범 질서로 설명하기도 한다. 물론 이 규범 질서 또한 여전히 불완전해 보인다. "보다 더 민주적"이고 인권을 보호할 수 있을 때까지 점차 개선되어야 한다. 유럽 중심적인 세계질서는 더 이상 존재하지 않고, 새로운 "팍스 아메리카나Pax Americana"—이것이 바람직한지조차도 모르겠고, 그렇게 되지도 않을 것이 분명해 보이지만—는 모든 다른 문화들과 적어도 그 문화권을 대표할 수 있는 유력인사들을 참여시키는 가운데 이들과 협력하고, 논의하고 숙고하면서 함께 해결책을 찾아낼 수 있다고 희망하고 있다.[273]

이 같은 해결책은 "정의롭고 공정한" 결과가 나오기에 우호적이어야 하고, 그 정당성은 해당 시민들demoi을 가급적 많이 참여시키는 것과도 관련되어 있다. 여기서 다루고 있는 문제들은 그 논의 범위가 무척 넓어서, 특히 사회학, 철학,[274] 정치학과 법학[275]과 같은 거의 모든 학문 분야와도 연관되어 있다. 논의 대상이 그러한 까닭에 논쟁 역시 글로벌하게 진행된다. 이 논쟁에서는 국가가 새롭게 사고되기 때문에 국가의 모습이 바뀔 수도 있고, 심지어는 그간 역사적으로 형성되어 온 전래의 국가 형상이 아예 사라져버릴 수도 있다. 다만 적어도 우리가 미래의 노선을 제대로 인식하고만 있다면, 국가의 형상이 그렇듯 쉽사리 사라질 것 같지는 않아 보인다.

그간의 역사적 경험에 따르면 이렇듯 구조를 새롭게 리모델링하는 데에는 많은 세대에 걸친 힘겨운 노력이 필요하다. 제도와 사고 방식 그리고 기대감은 비교적 서서히 변화한다. 여러 것이 함께 뒤섞이기도 하고, 과도기도 있을 것이고, 또한 실패로 끝나는 실험들도 더러 있기 마련이다. 따라서 학문적으로 회의적인 관점에서는 "인터넷상의 가상 국가", "전자민주주의", "글로벌 시민사회" 또는 "코스모폴리탄적 민주주의"와 같은 현재 논의되고 있는 제안들이나 희망하는 모습들이 결코 오랫동안 지속될 거라고 예상하지 않는다. 그렇지만 지적으로 숙성되어가는 이러한 일련의 과정들이 우리네 생활세계의 급속한 변화에 동반하는 현상으로서는 그 자체로 매우 흥미롭다. 이 과정들이 향후에 주도적인 해석 모델을 위한 원재료를 구성할 수도 있겠다.

그리고 이러한 여러 모델은 인류가 그간 사고해온 역사 속에서 비축해온 여러 아이디어로부터 자양분을 얻는다. 그래서 방법은 두 가지다. 그 하나는 고전 텍스트들을 계속해서 새롭게 파악하는 가운데 이로부터 무언가 유용한 것들을 면밀하게 추려내고는, 아직 미처 파악하지 못하고 있는 현재를 해석하는 데 활용할 수 있게끔 그것을 새롭게 응용하는 것이다. 다른 하나는 저자들이 자신의 문화적 전통에서 벗어나지 않은 채로 새로운 경험적 기반 위에서 새롭게 사고하려고 시도하는 것인데, 그러나 문화적 삼투 현상으로 인해 저자들 자신이 속한 전통에 짙게 물들어 있어서 이로부터 완전히 벗어나기가 힘들다.

"세계화"가 실제로 무엇을 뜻하든지 간에, 오늘날 정치학, 사회학 및 법학에서 각각의 이론이 갖는 지적인 판타지를 위한 가장 강한 자극이 이로부터 나온다는 사실만큼은 분명하다. 원하든 또는 원치 않든지 간에 세계공동체가 이미 한 배에 올라타 있다.

이 책에 담겨 있는 여러 전망은 공법이라는 학문의 역사를 바라본 것들이다. 그러나 역사적으로 성장해온 근대 초기의 국가와 그 위에 구축된 19/20세기의 주권적 민족국가가 이제 너무도 크게 변화한 까닭에 국가법적으로 그리고 국제법적으로도 완전히 다른 윤곽을 갖고 있다. 반면 국가가 그 명칭이야 어떻든 간에 일상에서 비롯하는 많은 이들의 다양한 요구를 만족시키고, 이와 동시에 일상에서 벌어지는 여러 위험도 방어해야 한다면, 국가를 구성하는 "공적"인 법, 즉 공법도 그 성격이 바뀌게 된다. 앞에서 서술한 바와 같이 공법은 사법 및 형법과도 복잡하게 얽히게 될 터이고, 유럽의 안팎에 놓여 있는 법질서에서도 마찬가지일 것이다.

만약 이러한 방법으로 그간 분명하게 구분되어온 공법의 역할이 끝난다면, 이로써 오늘날 상당히 분리되어 진행되고 있는 사법, 형법 및 공법 각각의 법 역사의 재통합으로 이어질지도 모를 일이다. 어쩌면 이것이 보다 사리에 맞을 법도 하다. 연구의 대상이 되는 여러 생활 사실들에서 지금껏 각각의 전공 분야 간 경계선이 지켜진 적이 결코 없었기 때문이다. 이런 이유로 기존의 낡은 강의 방식에서 벗어나 전체의 생생한 법질서라는 맥락에서 법과 법 변천의 기능을 조사하는 방식으로 넘어가는 연구 전망의 전환은 매우 환영할 만한 일로 보인다. 그러면 국가와 헌법, 행정과 행정법은 다시 일반적인 법 역사에서 제각기 당연한 연구 대상이 될 것이다. 일반적인 법 역사는 가능하다면 지금 당장이라도 지배와 자유, 국가와 사회의 상호작용에 연구를 집중해야 한다. '국가'의 질서 정립 활동은, 규범적 측면에서 보면 인간들의 삶을 규정짓는 결정적인 요인들의 하나에 불과하다. 더 큰 부분을 차지하는 나머지는 개개인의 결정, 모든 유형의 집단 또는 비국가적인 기구들에 의해 그리고 대부분 사법私法의 형식으로 처리되고 있다.

법의 역사는 이러한 상황에서 규범적 사고와 인간의 행동이 서로 어떻게 상호작용하는지를 알아내는 데 집중할 수 있다. 우리가 정보를 추론하고 해석하면서 파악할 수 있다고 믿고 있는 역사적 과정들은 무수히 많은 행동과 언어 행위를 통해 생겨난 것들이다. 또한 행동과 언어 행위는 다시 정신사나 이념사의 일부이고, 이것들 역시 역사적(사회적 및 경제적) 조건들과 밀접하게 맞물리지 않는다면 그 자체로는 불완전하다. 이는 마치 실제의 역사를 서술하면서도 해당 사건에서 그 행위자나 주요 인물들이 생각했던 바가 빠져 있는 것과 같다. 이미 벌어진 일보다 생각이 먼저 앞서 수도 있지만, 회고적으로 관찰함으로써 비로소 겉보기에 혼란스러운 사실들을 밝혀내는 경우도 드물지 않다.

20세기에서 21세기로 넘어온 현재의 시점에서 국가의 과업 변화, 다국가성 및 초국가성을 성찰하는 것은 그 자체가 이미 변화 과정의 일부이다. 어느 정도 거리를 두어야 이론이 그동안 어떻게 실제의 발전 과정을 미리 준비해왔는지, 사회의 다수가 이 변화를 어떻게 받아들이고 해석했는지, 그리고 몇몇이 어떻게 변화를 끝내 부인하고 자기 생각을 고집하여 방구석으로 밀려났는지를 보다 분명하게 알 수있다. 역사학이 그저 독자적인 해석에 지나지 않는다거나 출처의 신빙성에 대해 제기되는 모든 의혹에도 불구하고 "역사의 종말"은 없다는 사실만큼은 변함이 없으리라고 본다. 사회적인 삶의 양식들, 경제 그리고 일반적인 권력관계들이 끊임없이 변화하기 때문에 우리가 텍스트, 언어규칙 그리고 관습을 통해 구축해온 법이라는 건축물도 끊임없이 적응하고 변화하는 과정 속에 놓여 있다. 미래의 세대들은 우리가 지금껏 행해온 바와는 다르게 통치할 것이다. 이를 위해 그들 또한 마찬가지로 영리하게 규제적인 법을 사용할 것이고, 다양한 추상화 단계의 여러 법규범들을 필요로 할 것이다. 미래사회에서도 갈등이 결코 없을 수 없다. 규범성과 규범의 단절은 상호 제약적이다. 이로부터 미래에 어떤 규범들이 생겨날지 우리는 모른다. 그러나 우리는 미래의 법규범들도 우리가 역사적 경험을 통해 법규범들에 그동안 덧붙여온 문명화의 힘을 그대로 펼치기를 바라고 있다.

주석

[1] Michael Stolleis, Europa, HRG, 2. Aufl. Bd. 1, Berlin, 2004, 1439~1441. Jürgen Osterhammel, Die Verwandlung der Welt. Eine Geschichte des 19. Jahrhunderts, 2. Aufl. München, 2009에서는 이러한 지평을 압도적으로 뛰어넘는 국제적 시각을 보여준다.

[2] 프랑스의 역사가 페르낭 브로델Fernand Braudel(1902~1985)은 《장기 지속longue durée》에서 이렇게 설명하고 있다. 그의 주요 작품인 *Das Mittelmeer und die mediterrane Welt in der Epoche Philipps II*, 3 Bde., Frankfurt, 1990 참조.

[3] Kurt Flasch, Das philosophische Denken im Mittelalter. Von Augustin zu Machiavelli, 2. Aufl. Stuttgart, 2000.

[4] Peter Landau, Gratian (von Bologna), in: Theologische Realenzyklopädie 14 (1985), 124~130; Anders Winroth, The Making of Gratian's Decretum, Cambridge, 2000; Christoph Link, Kirchliche Rechtsgeschichte, 2.Aufl. München, 2010, § 6.

[5] Christoph Link, Kirchliche Rechtsgeschichte, 2.Aufl. München, 2010, § § 10 ff.

[6] Michael Stolleis, Gelehrte und politische Editoren mittelalterlicher Texte um 1600, in: Jacques Krynen/Michael Stolleis (ed.), Science politique et droit public dans les facultés de droit européennes (XIIIe–XVIIIe siècle), Frankfurt, 2008, 613 ff.

[7] Richard Potz/Eva Synek unter Mitarbeit von Spyros Troianos, Orthodoxes Kirchenrecht, Eine Einführung, Freistadt, 2007.

[8] 기본적으로는 Ernst H. Kantorowicz, *The King's Two Bodies. A Study in Medieval Political Theology*, Princeton 1957 (dt. 2. Aufl. München 1990) 참조. 현재 진행되고 있는 논의에 대해서는 Gerhard Dilcher/Diego Quaglioni (Hg.), Die Anfänge des öffentlichen Rechts, Bd. 1: Gesetzgebung im Zeitalter Friedrich Barbarossas und das Gelehrte Recht, Bologna, 2007, Bd. 2: Von Friedrich Barbarossa zu Friedrich II., Bologna, 2008, Bd. 3: Auf dem Wege zur Etablierung des öffentlichen Rechts zwischen Mittelalter und Moderne, Bologna, 2011 참조.

[9] Notker Hammerstein, Jus und Historie, Göttingen, 1972.

[10] Georg Waitz, Deutsche Verfassungsgeschichte, 7 Bde., 1844~1878 (Neubearb. Bd. 1~4, 1865~1885).

[11] 전체를 살펴보려면 Dietmar Willoweit, Deutsche Verfassungsgeschichte. Vom Frankenreich bis zur Wiedervereinigung Deutschlands, 7. Aufl. München, 2013, § 3 참조.

[12] Filippo Ranieri, Romanistik/Rechtsgeschichte, in: Der Neue Pauly (hg.v. Manfred Landfester), Bd. 15/2, 2002, Sp. 960~970 (m. Bibliographie); Dieter Simon, Rechtsgeschichte, in: Axel Görlitz (Hg.), Handlexikon zur Rechtswissenschaft, München, 1972, Bd.2, 314~318; Michael Stolleis, Rechtsgeschichte, Verfassungsgeschichte, in: Hans-Jürgen Goertz (Hg.), Geschichte. Ein Grundkurs, Reinbek, 1998, 340~361 (m. Bibliographie); Franz Wieacker, Methode der Rechtsgeschichte, in: Adalbert Erler u.a. (Hg.), Handwörterbuch zur Deutschen Rechtsgeschichte (künftig HRG), Bd. III, 1984, Sp. 518~526; Franz Wieacker, Ausgewählte Schriften, Bd. 1: Methodik der Rechtsgeschichte (hg. v. Dieter Simon), Frankfurt, 1983; Link (Anm. 4).

[13] Willoweit (Anm. 11) § 1, II. 1.

[14] Hans Maier, Die Ältere deutsche Staats- und Verwaltungslehre (Neuwied/ Berlin 1966, 2. Aufl. München, 1980, Taschenbuchausgabe München, 1986), München, 2009 (H. Maier, Ges. Schriften, Bd. IV).

[15] Max-Planck-Institut für europäische Rechtsgeschichte (Frankfurt a. M.)에서는 이러한 유형의 논문 10만여 편을 목록별로 정리하여 소장하고 있다. 이에 대해서는 웹사이트 (www.rg.mpg.de) 참조.

[16] 이에 대해 더 조사하고 싶으면 Michael Stolleis (Hg.), Staatsdenker in der Frühen Neuzeit, 3. Aufl. München, 1995 참조.; ders., Juristen. Ein biographisches Lexikon, 2. Aufl. München, 2001; Gerd Kleinheyer/Jan Schröder (Hg.), Deutsche und Europäische Juristen aus neun Jahrhunderten, 5. Aufl. Heidelberg, 2008 참조.

[17] Michael Stolleis, Geschichte des öffentlichen Rechts in Deutschland. Erster Band 1600~1800, München, 1988; Zweiter Band 1800~1914, München, 1992; Dritter Band 1914~1945, München, 1999 (학생용으로 제본); Vierter Band 1945~1990, München, 2012. — 지금까지 번역된 책은 다음과 같다.: Bd. I (frz., ital.), Bd. II (engl., chines., ital., frz.), Bd. III (engl., chines.). 이와 함께 출판된 책으로는 Michael Stolleis, Staat und Staatsräson in der frühen Neuzeit. Studien zur Geschichte des öffentlichen Rechts, Frankfurt, 1990 (ital. Stato e ragion di stato nella prima età moderna, Bologna, 1998); ders., Konstitution und Intervention. Studien zur Geschichte des öffentlichen Rechts im 19. Jahrhundert, Frankfurt, 2001; ders., Recht im Unrecht. Studien zur Rechtsgeschichte des Nationalsozialismus, Frankfurt, 1994, 2. Aufl. 2006 (engl. Law under the Swastika, Chicago 1998, frz. 2012) 참조.

[18] Manfred Friedrich, Geschichte der deutschen Staatsrechtswissenschaft, Berlin, 1997.

[19] Andreas Kley, Geschichte des öffentlichen Rechts der Schweiz, Zürich/St. Gallen, 2011.

[20] Willoweit (Anm. 11); ders., Reich und Staat. Eine kleine deutsche Verfassungsgeschichte, München, 2013.

[21] Kurt G. A. Jeserich/Hans Pohl/Georg-Christoph von Unruh (Hg.), Deutsche Verwaltungsgeschichte, Bd. I-V, Stuttgart 1983~1987 und Registerband.

[22] Dig. 1.1.2; Inst. 1,1,4.

[23] Dilcher/Quaglioni (Anm. 8).

[24] 여기에 대해 향후에는 클라우스 뤼데르센Klaus Lüderssen, 클라우스 슈라이너Klaus Schreiner, 롤프 쉬프란델Rolf Sprandel 및 디트마르 빌로바이트Dietmar Willoweit가 연구프로젝트 결과물로 발행한 Konflikt, Verbrechen und Sanktion in der Gesellschaft Alteuropas, 10 Bde., Köln-Weimar-Wien, 1999~2006 및 이와 동시에 출판된 국가 이전의 형법이라는 주제에 관한 전공 시리즈 참조.

[25] Karl S. Bader/Gerhard Dilcher, Deutsche Rechtsgeschichte. Land und Stadt – Bürger

und Bauer im Alten Europa, Berlin-Heidelberg, 1999, 688 ff. (Dilcher).

[26] Hermann Conring, Der Ursprung des Deutschen Rechts, Frankfurt, 1994 (De Origine Iuris Germanici Commentarius Historicus를 번역한 작품, Helmstedt 1643).

[27] Philipp Knipschild, Von Stammgütern. Tractatus de fideicommissis familiarum nobilium, Ulm, 1654.

[28] Michael Stolleis, Juristenstand, in: HRG, 2. Aufl. Berlin, 2011, 1440~1443.

[29] Horst Dreitzel, Protestantischer Aristotelismus und Absoluter Staat. Die Politica des Henning Arnisaeus (ca. 1575~1636), Wiesbaden, 1970, 412 f.; 그리고 Christoph Strohm, Calvinismus und Recht. Weltanschaulich-konfessionelle Aspekte im Werk reformierter Juristen in der Frühen Neuzeit, Tübingen, 2008 참조.

[30] Jürgen von Stackelberg, Tacitus in der Romania, Tübingen, 1960; Else-Lilly Etter, Tacitus in der Geistesgeschichte des 16. und 17. Jahrhunderts, Basel, 1966; Kenneth C. Schellhase, Tacitus in Renaissance Political Thought, Chicago, 1976.

[31] 2013년에 현재 남아 있는 〈금인칙서〉가 세계문화유산으로 지정되었다.

[32] 여기에서 "Kapitulieren"은 편장編章으로 정리되어 있는 문서가 구속력이 있다고 인정함을 뜻한다.

[33] Martin Heckel, Deutschland im konfessionellen Zeitalter, Göttingen, 1983.

[34] 제국의회의 마지막 무렵에 이 제국 결의를 통과시키거나 결정을 직접 의결했다.

[35] Barbara Stollberg-Rilinger, Das Heilige Römische Reich Deutscher Nation. Vom Ende des Mittelalters bis 1806, München, 2006.

[36] Gerhard Köbler, Historisches Lexikon der deutschen Länder. Die deutschen Territorien vom Mittelalter bis zur Gegenwart, München, 1988, 7. erw. Aufl. 2007.

[37] Klaus Bleek, Adelserziehung auf deutschen Ritterakademien, Frankfurt, 1977; Norbert Conrads, Ritterakademien der frühen Neuzeit. Bildung als Standesprivileg im 16. und 17. Jahrhundert, Göttingen, 1982.

[38] Sebastian Faber/Ludwig Müller, Beständige Informatio facti & Juris wie es mit den am Keiserlichen Hof wider des H. Römischen Reichs Statt Donawerth außgangenen Processen/und darauff vorgenommenen Execution/aigentlich und im Grund der Warheit beschaffen seye, o. O. 1611.

[39] 이에 대해서는 Ingolf Pernice, Kommentierung des Art. 5 Abs. 3 GG, in: Grundgesetz

Kommentar, hg. v. Horst Dreier, 2. Aufl. Bd. I, Tübingen, 2004, 715 ff. 참조.

[40] Wilfried Nippel, Mischverfassungstheorie und Verfassungsrealität in Antike und Früher Neuzeit, Stuttgart, 1980.

[41] Christoph Link, Dietrich Reinkingk, in: Staatsdenker, 3. Aufl. 1995, 78~99.

[42] Rudolf Hoke, Johannes Limnaeus, in: Staatsdenker, 3. Aufl. 1995, 100~117.

[43] Chemnitz = slaw. Stein = lat. Lapis. 이에 대해서는 Rudolf Hoke, Hippolithus a Lapide, in: Staatsdenker, 3. Aufl. 1995, 118~128 참조.

[44] Kjell Â. Modéer, Gerichtsbarkeiten der schwedischen Krone im deutschen Reichsterritorium, Stockholm 1975, 423 ff., 458 ff.

[45] Immanuel Kant, Zum Ewigen Frieden, 1795, Erster Zusatz, 2.

[46] Miloš Vec, Zeremonialwissenschaft im Fürstenstaat. Studien zur juristischen und politischen Theorie absolutistischer Herrschaftsrepräsentation, Frankfurt, 1998.

[47] Arthur Nussbaum, Geschichte des Völkerrechts, München–Berlin, 1960; Wilhelm G. Grewe, The Epocs of International Law, translated and revised by Michael Byers, Berlin–New York, 2000; Karl–Heinz Ziegler, Völkerrechtsgeschichte, 2. Aufl. München, 2007.

[48] Hasso Hofmann, Hugo Grotius, in: Staatsdenker, 3. Aufl. 1995, 52~77; Robert Feenstra, Grotius, in: Stolleis (Hg.), Juristen, München, 2001, 265~268.

[49] Ernst Reibstein, Deutsche Grotius–Kommentatoren bis zu Christian Wolff, in: ZaöRV 15(1953/1954), 76~102.

[50] Merio Scattola, Das Naturrecht vor dem Naturrecht. Zur Geschichte des *ius naturae* im 16. Jahrhundert, Tübingen, 1999.

[51] Hans Blumenberg, Die Genesis der kopernikanischen Welt, Frankfurt, 1975 (Taschenbuchausgabe in drei Bänden, Frankfurt, 1981).

[52] Wolfgang Reinhard, Geschichte der europäischen Expansion, 4 Bde., Stuttgart, 1983, 1985, 1988,1990; Jörg Fisch, Die europäische Expansion und das Völkerrecht. Die Auseinandersetzungen um den Status der überseeischen Gebiete vom 15. Jahrhundert bis zur Gegenwart, Stuttgart, 1984.

[53] Thomas Hobbes, The Elements of Law, Natural and Politic, 1650, Epistola dedicatoria.

[54] Barbara Stollberg-Rilinger, Der Staat als Maschine. Zur politischen Metaphorik des absoluten Fürstenstaats, Berlin, 1986.

[55] Lorraine Daston, Wunder, Beweise und Tatsachen. Zur Geschichte der Rationalität, 2. Aufl. Frankfurt, 2003.

[56] Notker Hammerstein, Samuel Pufendorf, in: Staatsdenker 3. Aufl. 1995, 172~196; Klaus Luig, Christian Thomasius, in: Staatsdenker 3. Aufl. 1995, 227~256; Marcel Thomann, Christian Wolff, in: Staatsdenker 3. Aufl. 1995, 257~283.

[57] Wolfgang Naucke, Kant, in: HRG, 2. Aufl. Berlin, 2012, Bd. 2, Sp. 1580~1585.

[58] Diethelm Klippel, Politische Freiheit und Freiheitsrechte im deutschen Naturrecht des 18. Jahrhunderts, Paderborn, 1976.

[59] Karl Härter (Hg.), Deutsches Reich und geistliche Fürstentümer (Kurmainz, Kurköln, Kurtrier), Frankfurt, 1996 (= Repertorium der Policeyordnungen der frühen Neuzeit, Bd. 1, hg. v. Karl Härter und Michael Stolleis).

[60] Michael Stolleis, Veit Ludwig von Seckendorff, in: Staatsdenker 3. Aufl. 1995, 148~171.

[61] Cornelia Vismann, Akten. Medientechnik und Recht, Frankfurt, 2000.

[62] Maier (Aufl. von 2009, Anm. 14) 특히 222 ff. 참조.

[63] Peter Preu, Polizeibegriff und Staatszwecklehre, Göttingen, 1983, 123 ff.

[64] Johann Christian Pauly, Die Entstehung des Polizeirechts als wissenschaftliche Disziplin, Frankfurt, 2000.

[65] Günter Heinrich von Berg, Handbuch des Teutschen Policeyrechts, Hannover, 1799 (1. und 2. Teil), 1800 (3. Teil), 1803 (Zusätze), 1804 (4. Teil), 1806 (3. Teil und 6/1), 1809 (6/2 und 7. Teil).

[66] Robert von Mohl, Polizei-Wissenschaft nach den Grundsätzen des Rechtsstaates, 2 Bde., Tübingen, 1832/33; 2. Aufl. erweitert um das System der Präventiv-Justiz oder Rechts-Polizei, Tübingen 1844/45; 3. vielfach veränderte Aufl. Tübingen, 1866.

[67] Adolf Laufs, Johann Jacob Moser, in: Staatsdenker 3. Aufl. 1995, 284~293; Wilhelm Ebel, Der Göttinger Professor Johann Stephan Pütter aus Iserlohn, Göttingen, 1975; Christoph Link, Johann Stephan Pütter, in: Staatsdenker, 3. Aufl. 1995, 310~331.

[68] 국고國庫가 법적으로 독립된 국가기관의 형태로 등장하면서, 백성들은 국가나 군주

의 심기를 건드리지 않고 국고를 고발할 수 있게 되었다(국고 이론Fiskustheorie).

[69] 이에 대한 자세한 내용은 Ernst Rudolf Huber, Deutsche Verfassungsgeschichte seit 1789, Bd. 1, Stuttgart, 1957; Dietmar Willoweit, Deutsche Verfassungsgeschichte, 7. Aufl. München, 2013 참조.

[70] Robert von Mohl, Die Geschichte und Literatur der Staatswissenschaften, 3 Bde., Erlangen, 1855~1858, Bd. 2, 239.

[71] Gerhard Schuck, Rheinbundpatriotismus und Politische Öffentlichkeit zwischen Aufklärung und Frühliberalismus, Stuttgart, 1994; Naoko Matsumoto, Polizeibegriff im Umbruch. Staatszwecklehre und Gewaltenteilungspraxis in der Reichs- und Rheinbundpublizistik, Frankfurt, 1999.

[72] 대학과 언론기관 및 "여러 동맹국가에서 적발된 혁명적 책동"을 조사하는 중앙관청의 설립에 관한 연방의 결정, 1819년 9월 20일. Ernst Rudolf Huber (Hg.), Dokumente zur Deutschen Verfassungsgeschichte, Bd. 1, Stuttgart 1961, Nr. 31~33 참조.

[73] 4. postume Auflage, 1840, besorgt von Karl Eduard Mörstadt.

[74] Michael Stolleis, Zweikammersystem, HRG V (1998), 1833~1835; Joachim v. Wedel, Zur Entwicklung des deutschen parlamentarischen Zweikammersystems, Berlin, 2011.

[75] 이 점에 있어서는 Hans Schneider, Der Preussische Staatsrat 1817~1918, München-Berlin, 1952; Übersicht bei Patricia Conring, Staatsrat, in: HRG IV (1990), 1832~1836 참조.

[76] Henning Uhlenbrock, Der Staat als juristische Person. Dogmengeschichtliche Untersuchung zu einem Grundbegriff der deutschen Staatsrechtslehre, Berlin, 2000.

[77] 고전적으로는 Robert von Mohl, Die Verantwortlichkeit der Minister in Einherrschaften mit Volksvertretung, Tübingen, 1857 참조.

[78] Dieter Simon, Die Unabhängigkeit des Richters, Darmstadt, 1975.

[79] Thomas Ormond, Richterwürde und Regierungstreue. Dienstrecht, politische Betätigung und Disziplinierung der Richter in Preußen, Baden und Hessen 1866~1918, Frankfurt, 1994.

[80] Michael Stolleis, Hundertfünfzig Jahre Verwaltungsgerichtsbarkeit, in: Deutsches

Verwaltungsblatt, 2013, 1274~1280.

81 Robert von Mohl, Staatsrecht des Königreichs Württemberg, 2 Bde., Tübingen, 1829, 2.Aufl. 1840.

82 August W. Rehberg, Die Erwartungen der Deutschen von dem Bunde ihrer Fürsten, Jena, 1835, 43~63.

83 Jörg-Detlef Kühne, Die Reichsverfassung der Paulskirche. Vorbild und Verwirklichung im späteren deutschen Rechtsleben, Frankfurt, 1985, 2. Aufl. 1998.

84 August Ludwig v. Rochau, Grundsätze der Realpolitik. Angewendet auf die staatlichen Zustände Deutschlands, I. Teil Stuttgart, 1853, 2. Teil 1869.

85 '법학'을 뜻하는 용어가 'Jurisprudenz' (iuris predentia) 또는 'Rechtsgelehrsamkeit'에 서 이후에 'Rechtswissenschaft'로 바뀐 것은 1800년 무렵에 칸트 철학과 당시 부상 하고 있던 자연과학의 영향을 받아서였다. 이에 대해서는 Benjamin Lahusen, Alles Recht geht vom Volksgeist aus. Friedrich Carl von Savigny und die moderne Rechtswissenschaft, Berlin, 2013, 85 ff. 참조.

86 Joachim Rückert, Autonomie des Rechts in rechtshistorischer Perspektive, Hannover, 1988, 56 ff.

87 Rudolf von Jhering, Vertrauliche Briefe über die heutige Jurisprudenz, 6. Brief 1866.

88 Hermann Schulze, Die Krisis des Deutschen Staatsrechts im Jahre 1866. Nachtrag zur Einleitung in das Deutsche Staatsrecht, Leipzig, 1867, Vorwort.

89 Franz von Liszt, Lehrbuch des Strafrechts, Berlin-Leipzig 1881, Vorwort. 그의 반대 자에 대해서는 Daniela Westphalen, Karl Binding (1841~1920). Materialien zur Biographie eines Strafrechtsgelehrten, Frankfurt, 1989 참조.

90 Dietrich Tripp, Der Einfluß des naturwissenschaftlichen, philosophischen und historischen Positivismus auf die deutsche Rechtslehre im 19. Jahrhundert, Berlin, 1983, 151 ff.

91 Carl Friedrich von Gerber, Grundzüge eines Systems des deutschen Staatsrechts, Leipzig, 1865 (2. Aufl. 1869, 3. Aufl. 1880).

92 Ernst Landsberg, Geschichte III/2, 830. 이에 대해서는 Carsten Kremer, Die Willensmacht des Staates. Die gemeindeutsche Staatsrechtslehre des Carl Friedrich von Gerber, Frankfurt, 2008 참조.

[93] Paul Laband, Staatsrecht des Deutschen Reiches, Tübingen I 1876, II 1878, III/1 1880, III/2 1882 (2.Aufl. 1888, 3.Aufl. 1895, 4.Aufl. 1901, 5.Aufl. 1911 ff.). – Paul Laband, Deutsches Reichsstaatsrecht, Tübingen, 1894, 6. Aufl. 1912. (sog. kleiner Laband).

[94] Heinrich Triepel, Völkerrecht und Landesrecht, Leipzig, 1899; ders., Unitarismus und Föderalismus, Tübingen, 1907; ders., Reichsaufsicht, Berlin, 1917. 또한 Ulrich M. Gassner, Heinrich Triepel. Leben und Werk, Berlin, 1999 참조.

[95] Georg Jellinek, Verfassungsänderung und Verfassungswandlung. Eine staatsrechtlich-politische Abhandlung, Berlin, 1906; Paul Laband, Die geschichtliche Entwicklung der Reichsverfassung seit der Reichsgründung, in: Jahrbuch des öffentlichen Rechts 1 (1907) 1~46; Rudolf Smend, Ungeschriebenes Verfassungsrecht im monarchischen Bundesstaat, in: Festgabe f. Otto Mayer 1916, in: ders., Staatsrechtliche Aufsätze, 4. Aufl. Berlin, 2010, 39 ff.

[96] Norbert Ulrich, Gesetzgebungsverfahren und Reichstag in der Bismarck – Zeit, unter besonderer Berücksichtigung der Rolle der Fraktionen, Berlin, 1996.

[97] 게오르크 옐리네크Georg Jellinek(1851~1911)는 19세기 말에 가장 중요한 국가법학자들 중에 한 사람으로서 1891~1911년 동안에 하이델베르크에서 강의했다. 이에 대해서는 Klaus Kempter, Die Jellineks 1820~1955, Düsseldorf, 1998; Stanley L. Paulson/M. Schulte (Hg.), Georg Jellinek-Beiträge zu Leben und Werk, Tübingen, 2000 참조.

[98] 기본적으로는 John C. G. Röhl, Wilhelm II., 3 Bde., München, 1993, 2001, 2008 참조.

[99] Michael Stolleis, Der Mordfall Heinze und die Lex Heinze, in: Bernhard Greiner u.a. (Hg.), Recht und Literatur, Heidelberg, 2010, 219~235.

[100] Michael Stolleis, Die Entstehung des Interventionsstaates und das öffentliche Recht, in: ders., Konstitution und Intervention. Studien zur Geschichte des öffentlichen Rechts im 19. Jahrhundert, Frankfurt, 2001 (stw 1526), 253~282.

[101] Toshiyuki Ishikawa, Friedrich Franz von Mayer. Begründer der *juristischen Methode* im deutschen Verwaltungsrecht, Berlin, 1992.

[102] Walter Pauly, Verwaltungsakt, in: HRG V (1998), 875~877; Markus Engert, Die

historische Entwicklung des Rechtsinstituts Verwaltungsakt, Frankfurt, 2002.

[103] Friedrich Franz v. Mayer, Grundzüge des Verwaltungs−Rechts und −Rechtsverfahrens, 1857; ders., Grundsätze des Verwaltungs−Rechts: mit besonderer Berücksichtigung auf gemeinsames deutsches Recht, sowie auf neuere Gesetzgebung und bemerkenswerthe Entscheidungen der obersten Behörden zunächst der Königreiche Preußen, Baiern und Württemberg, 1862. Zu ihm Ishikawa (Anm. 101).

[104] Ernst von Meier, Das Verwaltungsrecht, in: Franz von Holtzendorff (Hg.), Encyklopädie der Rechtswissenschaft, Leipzig, 1870, 693~746.

[105] Georg Meyer, Das Studium des öffentlichen Rechts und der Staatswissenschaften in Deutschland, 1875.

[106] Edgar Loening, Die konstruktive Methode auf dem Gebiete des Verwaltungsrechts, in: Schmollers Jahrbuch, Bd. 11 (1888), 117~145.

[107] Vittorio E. Orlando, Principi di diritto amministrativo, Florenz 1891; ders., Primo trattato completo di diritto amministrativo italiano, Mailand, 1897.

[108] Otto Bachof/Winfried Brohm, Die Dogmatik des Verwaltungsrechts vor den Gegenwartsaufgaben der Verwaltung, in: Veröffentlichungen der Vereinigung der Deutschen Staatsrechtslehrer 30 (1972), 193 ff.

[109] Link (Anm. 4) § 26; Michael Stolleis, Kirchenregiment, landesherrliches, in: HRG, 2. Aufl. Bd.2, Berlin, 2012, 1826~1828.

[110] Gerhard Anschütz, Die Verfassung des Deutschen Reichs vom 11. August 1919, 14. Aufl. Berlin, 1933 (Nachdruck Darmstadt, 1960). 또한 이에 대해서는 ders., Aus meinem Leben, hg. u. eingeleitet von Walter Pauly, Frankfurt, 1993 참조.

[111] Richard Thoma, Rechtsstaat−Demokratie−Grundrechte, hg. u. eingeleitet von Horst Dreier, Tübingen, 2008.

[112] Gerhard Anschütz/Richard Thoma (Hg.), Handbuch des Deutschen Staatsrechts, Bd. 1, Tübingen, 1930, Bd. 2 Tübingen, 1932. Nachdruck mit einer Einführung von Walter Pauly, Tübingen, 1998.

[113] Drei Bände, Berlin 1929/30, Nachdruck Kronberg, 1975.

[114] 이에 대한 고전적 연구는 Karl Dietrich Bracher, Die Auflösung der Weimarer Republik. Eine Studie zum Problem des Machtverfalls in der Demokratie, Stuttgart,

1955 (zahlr. weitere Auflagen)에서 시작되었다.

[115] Rudolf Smend, Die Vereinigung der Staatsrechtslehrer und der Richtungsstreit, in: Festschrift Ulrich Scheuner, Berlin, 1973, 575~598; Manfred Friederich, Der Methoden- und Richtungsstreit. Zur Grundlagendiskussion der Weimarer Staatsrechtslehre, in: AöR 102 (1977), 161~209; Klaus Rennert, Die *geisteswissenschaftliche Richtung* in der Staatsrechtslehre der Weimarer Republik: Untersuchungen zu Erich Kaufmann, Günther Holstein und Rudolf Smend, Berlin, 1987; Dian Schefold, Geisteswissenschaften und Staatsrechtslehre zwischen Weimar und Bonn (1998), in: ders., Bewahrung der Demokratie. Ausgewählte Aufsätze, Berlin, 2012, 175~205.

[116] Horst Dreier, Rechtslehre, Staatssoziologie und Demokratietheorie bei Hans Kelsen, Baden-Baden 1986, 2. Aufl. 1990; Stanley L. Paulson/Michael Stolleis (Hg.), Hans Kelsen, Staatsrechtslehrer und Rechtstheoretiker des 20. Jahrhunderts, Tübingen, 2005; Matthias Jestaedt/Oliver Lepsius (Hg.), Hans Kelsen. Verteidigung der Demokratie, Tübingen, 2006.

[117] Allan Janik/Stephen Toulmin, Wittengstein's Vienna, New York, 1973 (dt. München-Wien, 1984, 1987).

[118] 최초의 정보에 대해서는 Manfred Geier, Der Wiener Kreis, Reinbek, 1992 참조.

[119] Erich Kaufmann, Kritik der neukantischen Rechtsphilosophie-eine Betrachtung über die Beziehungen zwischen Philosophie und Rechtswissenschaft (1921), in: ders., Gesammelte Schriften Bd. III, Göttingen, 1960, 176ff., 193 f., 242.

[120] Hermann Klenner, Rechtslehre. Verurteilung der Reinen Rechtslehre, Berlin (und Frankfurt), 1972.

[121] Carl Schmitt, Inhalt und Bedeutung des zweiten Hauptteils der Reichsverfassung, in: Gerhard Anschütz/Richard Thoma (Hg.), Handbuch des Deutschen Staatsrechts Bd. 2, Tübingen, 1932, § 101.

[122] Rudolf Smend, Die Vereinigung der Deutschen Staatsrechtslehrer und der Richtungsstreit, in: Festschrift für Ulrich Scheuner, Berlin, 1973, 575~589.

[123] 포괄적인 증거자료들은 Armin Möhler, Die konservative Revolution 1918~1932. Ein Handbuch, 6. Aufl., bearb. v. Karlheinz Weißmann, Graz, 2005 참조.

[124] Axel–Johannes Korb, Kelsens Kritiker. Ein Beitrag zur Geschichte der Rechts– und Staatstheorie (1911~1934), Tübingen, 2010.

[125] Karl Vossler, Rede zur Reichsgründungsfeier, Januar 1927, in: ders., Politik und Geistesleben, München, 1927, 4 f.

[126] Peter Häberle, Europäische Verfassungslehre, 7. Aufl. Baden–Baden, 2011, 729 ff.

[127] Kurt Sontheimer, Antidemokratisches Denken in der Weimarer Republik. Die politischen Ideen des deutschen Nationalismus zwischen 1918 und 1933, 1962, Studienausgabe München, 1968.

[128] Peter Biomeyer, Der Notstand in den letzten Jahren von Weimar, Berlin, 1999.

[129] Georg Meyer/Gerhard Anschütz, Lehrbuch des Deutschen Staatsrechts, 7. Aufl. 1919, 906.

[130] Gerhard Lingelbach, Robert Graf Hue de Grais (1835~1922). Leben und Werk, Baden–Baden, 1997.

[131] Julius Hatschek, Institutionen des deutschen und preußischen Verwaltungsrechts, Leipzig–Erlangen, 1919 (7./8. Aufl. Leipzig 1931); Fritz Fleiner, Institutionen des deutschen Verwaltungsrechts, 8. Aufl. 1928 (Neudruck Aalen, 1995).

[132] Ivana Mikešić, Sozialrecht als wissenschaftliche Disziplin. Die Anfänge 1918~1933, Tübingen, 2002.

[133] Ernst Forsthoff, Die Verwaltung als Leistungsträger, Stuttgart–Berlin, 1938.

[134] Kurt Ball, Einführung in das Steuerrecht, 2. Aufl. Mannheim, 1922; Ludwig Waldecker, Deutsches Steuerrecht, Breslau, 1924.

[135] Paul Kirchhof, Albert Hensel (1895 bis 1933): Ein Kämpfer für ein rechtsstaatlich geordnetes Steuerrecht, in: Heinrichs u. a. (Hg.), Deutsche Juristen jüdischer Herkunft, München, 1993, 781 ff.

[136] Clemens Zacher, Die Entstehung des Wirtschaftsrechts in Deutschland, Berlin, 2002.

[137] Lorenz von Stein, Die Verwaltungslehre, 7. Theil: Innere Verwaltungslehre, 3. Hauptgebiet, Stuttgart, 1868, 15.

[138] Ralf Walkenhaus, Konservatives Staatsdenken. Eine wissenssoziologische Studie zu Ernst Rudolf Huber, Berlin, 1997.

[139] Helge Pross, Die geistige Enthauptung Deutschlands: Verluste durch Emigration, in: Wolfgang Abendroth (Hg.), Nationalsozialismus und die deutsche Universität, New York–Berlin, 1966, 143~155.

[140] Michael Stolleis, Das Unverstehbare verstehen: Der Holocaust und die Rechtsgeschichte, in: Politisches Denken. Jahrbuch, 2011, 143~156.

[141] Frank–Rutger Hausmann, *Deutsche Geisteswissenschaft* im Zweiten Weltkrieg. Die *Aktion Ritterbusch* (1940–1945), Dresden, 1998.

[142] Lothar Becker, *Schritte auf einer abschüssigen Bahn*. Das Archiv des öffentlichen Rechts (AöR) und die deutsche Staatsrechtswissenschaft im Dritten Reich, Tübingen, 1999.

[143] Ernst Rudolf Huber, Verfassungsrecht des Großdeutschen Reiches, Hamburg, 1939, 54~57.

[144] Hans Wrobel, Otto Palandt zum Gedächtnis 1.5. 1877 bis 3.12. 1951, in: Kritische Justiz, 1982, 1 ff.

[145] Otto Koellreutter, Deutsches Staatsrecht, Stuttgart und Köln, 1953; ders., Staatslehre im Umriß, Göttingen 1955; ders., Grundfragen des Verwaltungsrechts, Köln–Berlin, 1955.

[146] 동시대인이 관찰한 바에 대해서는 Lawrence Preuß, National Socialist Conceptions of International Law, in: American Political Science Review XXIX (1935), 504~609; Eduard Bristler (=John H. Herz), Die Völkerrechtslehre im Nationalsozialismus, Zürich, 1938; Victoria L. Gott, The National Socialist Theory of International Law, in: American Journal of International Law 32 (1938), 704~718.

[147] Friedrich Berber, Deutsche Völkerrechtswissenschaft, in: Deutsche Wissenschaft, Arbeit und Aufgabe, Leipzig, 1939, 62 f.

[148] Carl Schmitt, Frieden oder Pazifismus? Arbeiten zum Völkerrecht und zur internationalen Politik 1924~1978, hg., mit einem Vorwort und mit Anmerkungen versehen von G. Maschke, Berlin, 2005.

[149] Berlin–Wien–Leipzig, 1939, 4. Aufl. 1941.

[150] Mathias Schmoeckel, Die Großraumtheorie. Ein Beitrag zur Geschichte der Völkerrechtswissenschaft im Dritten Reich, insbesondere der Kriegszeit, Berlin, 1994.

[151] Gustav Adolf Walz, Völkerrechtsordnung und Nationalsozialismus. Untersuchungen zur Erneuerung des Völkerrechts, München, 1942.

[152] Ernst Forsthoff, Von den Aufgaben der Verwaltungsrechtswissenschaft, in: Deutsches Recht (1935), 398~400 (398); ders., Das neue Gesicht der Verwaltung und die Verwaltungsrechtswissenschaft, in: Deutsches Recht (1935), 331~333.

[153] Otto Koellreutter, Deutsches Verwaltungsrecht, Berlin, 1936; Theodor Maunz, Verwaltung, Hamburg, 1937.

[154] Hans Frank (Hg.), Deutsches Verwaltungsrecht, München, 1937 (dort Th. Maunz, Das Verwaltungsrecht des nationalsozialistischen Staates, 27~48).

[155] 이 발표문은 현재 분실된 것으로 보인다. 그러나 발표가 행해졌다는 사실은 DJZ 1936, Sp. 1230에서 확인된다.

[156] Ludwig von Köhler, Grundlehren des Deutschen Verwaltungsrechts, Stuttgart–Berlin, 1935; Wilhelm Laforet, Deutsches Verwaltungsrecht, München, 1937.

[157] Arnold Köttgen, Deutsche Verwaltung, Berlin 1935, 2. Aufl. 1937, 3. Aufl. Berlin, 1944; Bodo Dennewitz, Verwaltung und Verwaltungsrecht, Wien, 1944.

[158] Otto Koellreutter, Die Bedeutung der Verwaltungslehre im neuen Staat, in: Reichs– und Preußisches Verwaltungsblatt (1933), 741~743; Theodor Maunz, Neues Rechtsdenken in der Verwaltung, in: Deutsche Verwaltung (1935), 65 ff.; Franz W. Jerusalem, Das Verwaltungsrecht und der neue Staat, in: Festschr. f. Hübner, Jena, 1935, 124 ff.; Edgar Tatarin–Tarnheyden, Grundlagen des Verwaltungsrechts im neuen Staat, in: AöR 63 (1934), 343 ff.

[159] 이에 대해서는 Hans–Christian Jasch, Die Gründung der Internationalen Akademie für Verwaltungswissenschaften im Jahr 1942 in Berlin, in: DÖV (2005), 709~721 참조.

[160] Ernst Forsthoff, Die Verwaltung als Leistungsträger, Stuttgart–Berlin, 1938. 이에 대한 기본적인 내용은 Florian Meinel, Der Jurist in der industriellen Gesellschaft. Ernst Forsthoff und seine Zeit, Berlin, 2011, 154 ff. 참조.

[161] Ernst Rudolf Huber, Vorsorge für das Dasein. Ein Grundbegriff der Staatslehre Hegels und Lorenz von Steins, in: Festschr. f. Ernst Forsthoff, 1972, 139~163.

[162] Ernst Forsthoff, Lehrbuch des Verwaltungsrechts. Erster Band, Allgemeiner Teil,

München–Berlin, 1950.

[163] Ingo von Münch (Hg.), Dokumente des geteilten Deutschland, Bd. I, Stuttgart, 1968.

[164] Michael Stolleis, Besatzungsherrschaft und Wiederaufbau 1945~1949, in: Josef Isensee/Paul Kirchhof (Hg.), Handbuch des Staatsrechts, Bd.I, 3. Aufl. Heidelberg, 2003, § 7.

[165] 전후의 전개 상황에 대한 세부적인 내용은 Dietmar Willoweit, Deutsche Verfassungsgeschichte, 6. Aufl. München, 2009, § § 41–43 참조.

[166] 이렇게 긴 명칭이었던 것에서 개인에 대한 우상화가 끝나자 "Walter Ulbricht"라는 명칭이 그리고 독일 땅에서 두 개의 나라가 병존한다는 "두 국가 이론"이 형성되면서부터 "Deutsche"라는 수식어가 빠졌다.

[167] Michael Stolleis, Feindlich–negative Kräfte in den Kirchen der DDR, in: Zeitschrift für evangelisches Kirchenrecht 56 (2011), 328~347.

[168] Jörn Eckert (Hg.), Die Babelsberger Konferenz vom 2–/3. April 1958, Baden–Baden, 1993.

[169] Joachim Hoeck, Verwaltung, Verwaltungsrecht und Verwaltungsrechtsschutz in der Deutschen Demokratischen Republik, Berlin, 2003.

[170] 민법학자학술대회(롤프 디츠Rolf Dietz가 주도한)는 1951년부터 2년 간격으로, 형법학자학술대회는 1962년부터 개최되었다(마지막으로 개최된 학술대회에 대해서는 Thomas Rönnau–Frank Saliger, Materialien zur Geschichte der Strafrechtslehrertagung 1952~2009, Privatdruck der Bucerius Law School, Hamburg, 2009) 참조.

[171] Walter Jellinek, Kabinettsfrage und Gesetzgebungsnotstand nach dem GG, in: VVDStRL 8 (1950), 19 (Leitsatz 1).

[172] 추가적으로는 《계약체계Vertragssystem》(1957~1969)에서 《경제법Wirtschaftsrecht》으로 이름이 바뀐 잡지 및 《사회주의 재정관리Sozialistische Finanzwirtschaft》 (1969~1989) 잡지를 들 수 있겠다.

[173] Horst Bredekamp, Politische Ikonologie des Grundgesetzes, in: Stolleis (Hg.), Herzkammern der Republik. Die Deutschen und das Bundesverfassungsgericht, München, 2011, 9~35.

[174] 이런 비판은 특히 Werner Weber, Weimarer Verfassung und Bonner Grundgesetz,

Göttingen 1949에서 확인할 수 있다.; 이보다 훨씬 온건한 입장으로는 Hans Peter
Ipsen, Über das Grundgesetz, Hamburg, 1949 (3. Aufl. 1969); Rudolf Laun, Das
Grundgesetz. Westdeutschlands, Hamburg, 1949 참조.

[175] Theodor Maunz, Deutsches Staatsrecht. Ein Studienbuch, München-Berlin, 1951.
제27쇄(1988)부터는 라인홀트 치펠리우스Reinhold Zippelius가 이어서 이 책의 집
필을 맡았다가, 이후에는 토마스 뷔르텐베르거Thomas Würtenberger가 집필을 맡
고 있다.

[176] Konrad Hesse, Grundzüge des Verfassungsrechts der Bundesrepublik Deutschland,
Heidelberg, 1967, 20. Aufl. 1995.

[177] Ekkehart Stein, Staatsrecht, Tübingen, 1968, weitere 13. Auflagen 1971~1993. 2000
년 이후부터는 Götz Frank가 이 책의 집필에 참여하고 있다.

[178] Ingo J. Hueck, Der Staatsgerichtshof zum Schutze der Republik, Tübingen, 1996.

[179] Knapp Uwe Wesel, Die Hüter der Verfassung: Das Bundesverfassungsgericht, seine
Geschichte, seine Leistungen und seine Krisen, Frankfurt, 1996; Jutta Limbach, Im
Namen des Volkes. Macht und Verantwortung der Richter, Stuttgart, 1999;
umfassend (incl. Statistik) Peter Badura/Horst Dreier (Hg.), Festschrift 50 Jahre
Bundesverfassungsgericht, 2 Bde., Tübingen, 2001; mit überwiegend
nichtjuristischen Autoren Michael Stolleis (Hg.), Herzkammern der Republik. Die
Deutschen und das Bundesverfassungsgericht, München, 2011; Christoph Möllers/
Matthias Jestaedt/Christoph Schönberger/Oliver Lepsius, Das entgrenzte Gericht.
Eine kritische Bilanz nach sechzig Jahren Bundesverfassungsgericht, Frankfurt, 2011.

[180] Ingeborg Maus, Zur Aufklärung der Demokratietheorie, Frankfurt, 1992, 235 ff. u. ö.

[181] 모든 중요한 내용은 Klaus Schlaich/Stefan Korioth, Das Bundesverfassungsgericht.
Stellung, Verfahren, Entscheidungen, 8. neubearbeitete Aufl. München, 2010, Rdnr.
48~50 참조.

[182] Schlaich/Korioth (Anm. 181) Rdnr. 347 ff.

[183] Hasso Hofmann, Geschichtlichkeit und Universalitätsanspruch des Rechtsstaats, in:
Der Staat 34 (1995), 1~32.

[184] Eberhard Schmidt-Aßmann, Das Allgemeine Verwaltungsrecht als Ordnungsidee.
Grundlagen und Aufgaben der verwaltungsrechtlichen Systembildung, 2. Aufl.

Berlin/Heidelberg, 2004.

[185] 스위스와 오스트리아의 학자들을 포함해서 2012년에는 회원명부에 도합 714명의 이름이 등록되었다.

[186] Bernhard Schlink, Die Entthronung der Staatsrechtswissenschaft durch die Verfassungsgerichtsbarkeit, in: Der Staat 28 (1989), 161 ff.

[187] Ernst Forsthoff, Begriff und Wesen des sozialen Rechtsstaates, in: VVDStRL 12 (1954), Leitsatz IV.

[188] Hans F. Zacher, Sozialpolitik und Verfassung im ersten Jahrzehnt der Bundesrepublik Deutschland (1961), Berlin, 1980.

[189] 기본법 제3조의 평등 조항과 함께 기본법 제14조 제2항, 제15조, 제20조 제1항, 제28조 제1항; "생활관계의 통일성"은 개정 전 기본법 제72조 제2항 제3호; "공적인 배려", "노동 보호", "일자리 알선" 및 실업보험을 포함하는 사회보장은 기본법 제74조 제7호 및 제12호; 실업보험과 실업구호를 포함해서 사회보장의 부담을 위한 보조금은 개정 전 기본법 제87조 제2항 참조.

[190] BVerfGE 7, 198 ff. 이에 대한 상세한 내용은 Thomas Henne/Arne Riedlinger (Hg.), Das Lüth-Urteil aus (rechts-)historischer Sicht. Die Konflikte um Veit Harlan und die Grundrechtsjudikatur des Bundesverfassungsgerichts, Berlin, 2005.

[191] Elena Barnert, Der eingebildete Dritte. Eine Argumentationsfigur im Zivilrecht, Tübingen, 2008.

[192] Günter Dürig, Der Grundrechtssatz von der Menschenwürde. Entwurf eines praktikablen Wertsystems der Grundrechte aus Art. 1 Abs. 1 in Verbindung mit Art. 19 Abs. II des Grundgesetzes, in: AöR 81 (1956), 117 ff. 이 조항은 Dürig가 Maunz/Dürig/Herzog 기본법 주석서에서 Art. 1 Abs. 1, 2, Abs. 1 und 3 Abs. 1에 대해 논평한 내용들과 연관시켜서 살펴봐야 한다.

[193] Ernst Forsthoff, Die Umbildung des Verfassungsgesetzes, in: Festschr. f. Carl Schmitt zum siebzigsten Geburtstag, 1959, 35 ff. 이에 반대하는 입장으로는 Alexander Hollerbach, Auflösung der rechtsstaatlichen Verfassung? Zu Ernst Forsthoffs Abhandlung Die Umbildung des Verfassungsgesetzes in der Festschrift für Carl Schmitt, in: AöR 85 (1960), 241 ff. 참조.

[194] Carl Schmitt, Die Tyrannei der Werte, 3. korrigierte Aufl. mit einem Nachwort von

Christoph Schönberger, Berlin, 2011.

[195] Schönberger (Anm. 194), 77.

[196] Ed Bates, The Evolution of the European Convention on Human Rights: From its Inception to the Creation of a Permanent Court of Human Rights, Oxford, 2011.

[197] Richard Thoma, Die juristische Bedeutung der grundrechtlichen Sätze, in: Hans Carl Nipperdey (Hg.), Die Grundrechte und Grundpflichten der Reichsverfassung, Erster Band, Berlin, 1929, 9.

[198] Ernst Wolfgang Böckenförde, Grundrechtstheorie und Grundrechtsinterpretation, NJW (1974), 1529.

[199] 기본적으로는 BVerfGE 7, 377 ff. 약국 판결Apothekenurteil 참조.

[200] Carl Schmitt, Die Grundrechte und Grundpflichten des deutschen Volkes, in: Gerhard Anschütz/Richard Thoma (Hg.), Handbuch des Deutschen Staatsrechts, Zweiter Band, Tübingen, 1932, § 101, III 5~7.

[201] Fritz W. Scharpf, Die politischen Kosten des Rechtsstaats. Eine vergleichende Studie der deutschen und amerikanischen Verwaltungskontrollen, Tübingen, 1970.

[202] BVerfGE 33, 303 (330 ff.) −대학 입학정원 제한사건Numerus Clausus I.

[203] 연방 지역을 새로이 편성하는 것만 예외적으로 허용되었다(Art. 29 GG a. F.).

[204] Erhard Denninger (Hg.), Freiheitlich demokratische Grundordnung. Materialien zum Staatsverständnis und zur Verfassungswirklichkeit in der Bundesrepublik, 2 Bde, Frankfurt, 1977. 요약한 내용은 Jürgen Becker, Die wehrhafte Demokratie des Grundgesetzes, in: Handbuch des Staatsrechts, hg. v. J. Isensee/P. Kirchhof, Bd. VII, Heidelberg, 1992, § 167.

[205] BVerfGE 2, in (SRP); 5, 85 ff. −서독공산당KPD 해산 결정.

[206] Alexander von Brünneck, Politische Justiz gegen Kommunisten in der Bundesrepublik Deutschland 1949~1968, Frankfurt, 1978.

[207] die Diskussionsbeiträge von Walter Haller und Siegbert Morscher, in: VVDStRL 37(1979) 참조.

[208] München: Die deutsche Universität im Dritten Reich, 1966; Tübingen: A. Flitner (Hg.), Deutsches Geistesleben und Nationalsozialismus, 1965; Berlin: Nationalsozialismus und Deutsche Universität, 1966; Gießen: in Kritische Justiz

(1968/69). 그 외에 Münster, Frankfurt, Göttingen und Kiel에서 행사들이 잇달아 개
최되었다. Michael Stolleis, Recht im Unrecht. Studien zur Rechtsgeschichte des
Nationalsozialismus, Frankfurt, 1994(mit einem neuen Nachwort 2005), 15 참조.

[209] Mitbestimmungsgesetz vom 4. Mai 1976, BGBl I, 1153. Hierzu BVerfGE 50, 290~381.

[210] 210 BVerfGE 69, 315 (342 ff.) −Brokdorf.

[211] Werner v. Simson/Martin Kriele, Das demokratische Prinzip im Grundgesetz, in: VVDStRL 29 (1971), 3 ff., 46 ff.

[212] Thomas Oppermann/Hans Meyer, Das parlamentarische Regierungssystem, in: VVDStRL 33 (1975), 7 ff.

[213] Wilhelm Bleek/Hans J. Lietzmann (Hg.), Schulen in der deutschen Politikwissenschaft, Opladen, 1999; Wilhelm Bleek, Geschichte der Politikwissenschaft in Deutschland, München, 2001.

[214] 이에 비판적인 입장으로는 Peter Häberle, Retrospektive Staats−(rechts−)lehre oder realistische Gesellschaftslehre?, in: Zeitschrift für Handelsrecht 136 (1972), 425 ff. 참조.

[215] Peter Häberle, Allgemeine Staatslehre, demokratische Verfassungslehre oder Staatsrechtslehre?, in: AöR 98 (1973), 119~134 (und in: ders., Verfassung als öffentlicher Prozess, 2. Aufl. Berlin, 1996, 271 ff. mit Nachbemerkung, 289).

[216] Nachweise bei Christoph Möllers, Der vermisste Leviathan. Staatstheorie in der Bundesrepublik, Frankfurt, 2008.

[217] Hans G. Hockerts, Sozialpolitische Entscheidungen im Nachkriegsdeutschland. Alliierte und deutsche Sozialversicherungspolitik 1945 bis 1957, Stuttgart, 1980; Michael Stolleis, Geschichte des Sozialrechts in Deutschland, Stuttgart, 2003, 260 ff.

[218] Christa Hasenclever, Jugendhilfe und Jugendgesetzgebung seit 1900, Göttingen, 1978.

[219] Manfred G. Schmidt, Der Deutsche Sozialstaat. Geschichte und Gegenwart, München, 2012, 62 ff.

[220] Eberhard Eichenhofer, Geschichte des Sozialstaats in Europa. Von der *sozialen Frage* bis zur Globalisierung, München, 2007.

[221] Georg Hermes, Staatliche Infrastrukturverantwortung, Tübingen, 1998. 연방통상법원BGH이 2013년 1월 25일자의 원칙결정(Az: III ZR 98/12)에서 인터넷 고장에 대해 인터넷 운용자가 이에 책임이 있는 경우에 손해배상을 결정한 것은 향후에 사회 전체가 사용하는 모든 시설에 있어서도 민사법상의 책임을 져야 한다는 취지이다. 그러나 그 이후에 이 시설들도 법 형식과는 무관하게 기본권에 구속된다고 이해되고 있다.

[222] Max Imboden/Klaus Obermayer, Der Plan als verwaltungsrechtliches Institut, in: VVDStRL 18(1960), 113~215.

[223] Reiner Schmidt, Öffentliches Wirtschaftsrecht. Allgemeiner Teil, Berlin-Heidelberg, 1990; ders. (Hg.), Öffentliches Wirtschaftsrecht. Besonderer Teil, 2 Bde., Berlin-Heidelberg, 1995, 1996; ders./Thomas Vollmöller, Kompendium Öffentliches Wirtschaftsrecht, Berlin-Heidelberg, 1998, 2004.

[224] Ivana Mikešić, Sozialrecht als wissenschaftliche Disziplin, Tübingen, 2002.

[225] Michael Kloepfer, Umweltrecht, 3. Aufl. München, 2004; Reiner Schmidt/Wolfgang Kahl, Umweltrecht, 8. Aufl. München 2010; Rudolf Steinberg, Der ökologische Verfassungsstaat, Frankfurt, 1998; Sparwasser/Engel/Vosskuhle, Umweltrecht, 5. Aufl. Heidelberg, 2003.

[226] Rudolf Steinberg/Martin Wickel/Henrik Müller, Fachplanung, 4. Aufl. Baden-Baden, 2012.

[227] Eberhard Schmidt-Aßmann, Wissenschaftsrecht im Ordnungsrahmen des öffentlichen Rechts, in: JZ (1989), 205 ff.

[228] Joachim Scherer, Telekommunikationsrecht und Telekommunikationspolitik, Baden-Baden, 1985.

[229] Hans-Peter Schneider/Christian Theobald, Recht der Energiewirtschaft-Praxishandbuch, 3. Aufl. München, 2011.

[230] Spiros Simitis (Hg.), Bundesdatenschutzgesetz, 7. Aufl. Baden-Baden, 2011. 2,1

[231] Udo Di Fabio, Instrumente des Technikrechts, in: Klaus Vieweg (Hg.), Techniksteuerung und Recht, Köln u.a. 2000, 9~21; Milos Vec, Kurze Geschichte des Technikrechts, in: Martin Schulte/Rainer Schröder (Hg.), Handbuch des Technikrechts, 2. Aufl. Heidelberg, 2011, 455 ff.

[232] 설득력 있는 반대주장으로는 Jürgen von Kruedener, Von der Dienstleistungsgesell-schaft zur Industrial Society, in: Karl Hardach (Hg.), Internationale Studien zur Geschichte von Wirtschaft und Gesellschaft, Frankfurt u. a. 2012, 533~550 참조.

[233] 특히 다음의 결정을 통해 발전되었다. BVerfGE 39 (1975), 1~95. 형성 중인 생명에 대한 국가의 보호의무.

[234] Verwaltungsverfahrensgesetz i. d. F. v. 23.1. 2003 (BGBl I, 102), zuletzt geändert durch Ges. v. 5.5. 2004 (BGBl I, 718) sowie entsprechend für die Bundesländer.

[235] 이에 대해서는 Martin Schulte, Wandel der Handlungsformen der Verwaltung und der Handlungsformenlehre in der Informationsgesellschaft, in: Wolfgang Hoffmann—Riem/Eberhard Schmidt—Aßmann (Hg.), Verwaltungsrecht in der Informations-gesellschaft, Baden—Baden, 2000, 333~348 참조.

[236] Eberhard Schmidt—Aßmann, Das allgemeine Verwaltungsrecht als Ordnungsidee. Grundlagen und Aufgaben der verwaltungsrechtlichen Systembildung, 2. Aufl. Heidelberg, 2004; ders., Verwaltungsrechtliche Dogmatik. Eine Zwischenbilanz zu Entwicklung, Reform und künftigen Aufgaben, Tübingen, 2013.

[237] Wolfgang Hoffmann—Riem/Eberhard Schmidt—Aßmann/Andreas Voßkuhle (Hg.), Grundlagen des Verwaltungsrechts, Bde. I—III, München, 2006~2009; 2. Aufl. 2012/13.

[238] A.a.O. Vorwort zu Bd. I der ersten Aufl. 2006.

[239] Georg Picht, Die deutsche Bildungskatastrophe. Analyse und Dokumentation, Freiburg 1964, 2. Aufl. München, 1965.

[240] 위에서 이미 언급한 "법학의 전망" 학술위원회는 2012년 11월 9일에 기초교과목을 보다 적극적으로 강화할 것을 권고했다. 이는 독일의 법학 교육이 국제적으로 사랑받는 측면뿐만 아니라 대학 교육의 학문적 성격을 유지하는 것에 대한 우려 때문이기도 했다.

[241] 1988년에 나온 제2개정판에서는 이와는 달리 권리 보호가 국민에게 갖는 의미를 강조하면서 행정재판권을 간접적으로 요청하고 있다.

[242] Gesetz über die Bearbeitung der Eingaben der Bürger vom 19. Juni 1975.

[243] Joachim Hoeck, Verwaltung, Verwaltungsrecht und Verwaltungsrechtsschutz in der Deutschen Demokratischen Republik, Berlin, 2003, 217 ff.

[244] Inga Markovits, Die Abwicklung. Ein Tagebuch zum Ende der DDR-Justiz, München, 1993; dies., Gerechtigkeit in Lüritz. Eine ostdeutsche Rechtsgeschichte, München, 2006.

[245] 이는 유럽경제협력기구OEEC(1948), 국제루르행정청(1949), 유럽위원회(1949), 유럽결제동맹(1950), 유럽석탄철광연합(1951~2002) 그리고 관세무역일반협정 GATT(1951), 서유럽연합WEU, 유럽방위공동체(1952~1954) 그리고 유럽경제공동체EWG(1957)를 말한다.

[246] 이에 대해 포괄적으로는 Anna Katharina Mangold, Gemeinschaftsrecht und deutsches Recht. Die Europäisierung der deutschen Rechtsordnung in historisch-empirischer Sicht, Tübingen, 2011 참조.

[247] Hans Peter Ipsen, Europäisches Gemeinschaftsrecht, Tübingen, 1972; Albert Bleckmann, Europarecht, Köln, 1976; Leontin-Jean Constantinesco, Das Recht der Europäischen Gemeinschaften, Baden-Baden, 1977.

[248] 이에 대한 자세한 설명은 BVerfGE 123, 267 참조.

[249] Helmut Quaritsch, Souveränität. Entstehung und Entwicklung des Begriffs in Frankreich und Deutschland vom 13. Jahrhundert bis 1806, Berlin, 1986; ders., Souveränität, in: Historisches Wörterbuch der Philosophie, Bd.9 (1996), 1104~1109; ders., Souveränität, in: Handwörterbuch zur Deutschen Rechtsgeschichte, 4. Bd. 1990, 1714~1725.

[250] Georg Dahm, Völkerrecht, 3 Bde., 1958, 1960, 1961; F. A. Frhr. v. d. Heydte, Lehrbuch des Völkerrechts, 2 Bde., 1958, 1960; Friedrich Berber, Lehrbuch des Völkerrechts, 3 Bde., 1960~1964; Wilhelm Wengler, Völkerrecht, 2 Bde., 1964; Eberhard Menzel, Völkerrecht. Ein Studienbuch, München, 1962.

[251] Karl Strupp/Hans-Jürgen Schlochauer (Hg.), Wörterbuch des Völkerrechts, Berlin, 1960~1962.

[252] 모든 세부 내용은 Klaus Stern, Staatsrecht, Bd. V, München, 2000, 1845 ff.; 포괄적인 설명은 Josef Isensee/Paul Kirchhof (Hg.), Handbuch des Staatsrechts, Bd. VIII, Heidelberg, 1995 그리고 Michael Kilian, in: Handbuch Bd. I, 3. Aufl. 2003, 597 ff. 요약된 내용은 D. Willoweit, Deutsche Verfassungsgeschichte, 6. Aufl. München, 2009, 403 ff. 참조.

253 Art. 143 Abs. 3 GG i. Vb. m. Art. 41 Einigungsvertrag. BVerfGE 84, 90; 94, 12; 112, 1 (23,39); 126, 331 (358 f.), 결론적인 내용은 Europ. Gerichtshof für Menschenrechte (EGMR) v. 30. Juni 2005, NJW (2005), 2907 ff. 추가적인 예시는 Joachim Wieland, Art. 143 GG, in: Grundgesetz Kommentar, hg. v. Horst Dreier, Bd. III, Tübingen, 2008, Rdnr. 25 ff. 참조.

254 Moskauer Vertrag über die abschließende Regelung in Bezug auf Deutschland vom 12. September 1990.

255 Christian Starck/Wilfried Berg/Bodo Pieroth, Der Rechtsstaat und die Aufarbeitung der vorrechtsstaatlichen Vergangenheit, in: VVDStRL 51 (1992), 9 ff.

256 Inga Markovits, Die Abwicklung. Ein Tagebuch zum Ende der DDR–Justiz, München, 1993; Renate Mayntz (Hg.), Aufbruch und Reform von oben, Frankfurt, 1994; Jürgen Kocka/Renate Mayntz (Hg.), Wissenschaft und Wiedervereinigung. Disziplinen und Umbruch, Berlin, 1998.

257 Wolfgang Streeck, Globalisierung: Mythos und Wirklichkeit, in: Hans–Jürgen Aretz/ Christian Lahusen (Hg.), Die Ordnung der Gesellschaft, Festschrift zum 60. Geburtstag von Richard Münch, Frankfurt, 2005, 355~372; Jürgen Schwarze (Hg.), Globalisierung und Entstaatlichung des Rechts, Teilband I, Tübingen, 2008.

258 Nikolaus Kopernicus, De revolutionibus orbium coelestium, Nürnberg, 1543. 추가적으로 Hans Blumenberg, Die Genesis der kopernikanischen Welt, Frankfurt, 1975 (Taschenbuchausgabe in drei Bänden, 1981) 참조.

259 Wolfgang Reinhard, Geschichte der europäischen Expansion, 4 Bde., Stuttgart, 1983, 1985, 1988, 1990; Jörg Fisch, Die europäische Expansion und das Völkerrecht. Die Auseinandersetzungen um den Status der überseeischen Gebiete vom 15. Jahrhundert bis zur Gegenwart, Stuttgart, 1984.

260 Michael Kempe, Fluch der Weltmeere. Piraterie, Völkerrecht und internationale Beziehungen 1500~1900, Frankfurt–New York, 2010.

261 Jürgen Habermas, Die postnationale Konstellation, Frankfurt, 1998; Ulrich Beck, Was ist Globalisierung? Frankfurt, 2007; ders., Weltrisikogesellschaft, Frankfurt, 2008; Otfried Höffe, Demokratie im Zeitalter der Globalisierung, München, 1999; Andrew Hurrel, Die globale internationale Gesellschaft als normative Ordnung, in:

Rainer Forst/Klaus Günther (Hg.), Die Herausbildung normativer Ordnungen. Interdisziplinäre Perspektiven, Frankfurt–New York, 2011, 103~132.

262 Helmut Willke, Atopia. Studien zur atopischen Gesellschaft, Frankfurt, 2001.

263 Schwarze (Anm. 257).

264 Günther Teubner, Globale Bukowina: Zur Emergenz eines transnationalen Rechtspluralismus, in: Rechtshistorisches Journal 15 (1996), 255 ff.; Paul Schiff Berman, Globalization of Jurisdiction, in: University of Pennsylvania Law Review 151 (2002), 311 ff.

265 Norbert Frei/Dietmar Süß (Hg.), Privatisierung. Idee und Praxis seit den 1970er Jahren, Göttingen, 2012.

266 잘 정리된 내용으로는 Martin Eifert, Regulierungsstrategien, in: Wolfgang Hoffmann–Riem/Eberhard Schmidt–Aßmann/Andreas Vosskuhle (Hg.), Grundlagen des Verwaltungsrechts, Bd. I, 2. Aufl. München, 2012, § 19; Gunnar Folke Schuppert, Der Rechtsstaat unter den Bedingungen informaler Staatlichkeit. Beobachtungen und Überlegungen zum Verhältnis formeller und informeller Institutionen, Baden–Baden, 2011; Peter Collin u. a. (Hg.), Selbstregulierung im 19. Jahrhundert. Zwischen Autonomie und staatlichen Steuerungsansprüchen, Frankfurt, 2011 참조.

267 Gunnar Folke Schuppert, Governance und Rechtsetzung. Grundfragen einer modernen Regelungswissenschaft, Baden–Baden, 2011.

268 Udo Di Fabio, Der Verfassungsstaat in der Weltgesellschaft, Tübingen, 2001; Gunnar Folke Schuppert, Staatswissenschaft, 2003, 835 ff.; Mathias Albert/Rudolf Stichweh (Hg.), Weltstaat–Weltstaatlichkeit: Beobachtungen globaler politischer Strukturbildung, Wiesbaden, 2007.

269 Christian Walter, Die Folgen der Globalisierung für die europäische Verfassungsdiskussion, in: DVBl 115 (2000), 1~13; Matthias Ruffert, Die Globalisierung als Herausforderung an das Öffentliche Recht, Stuttgart, 2004; Georg Nolte/Ralf Poscher, Das Verfassungsrecht vor den Herausforderungen der Globalisierung, in: VVDStRL 67 (2008), 129 ff., 160 ff.

270 Gunnar Folke Schuppert, Was ist und wie misst man Wandel von Staatlichkeit? in:

Der Staat 47 (2008), 325~358 mit einem darauf antwortenden Beitrag von Philipp Genschel und Stephan Leibfried, Schuppens Staat. Wie beobachtet man den Wandel einer Formidee?, a.a.O., 359~380.

[271] 이에 대해서는 Thomas Vesting, Die permanente Revolution. Carl Schmitt und das Ende der Epoche der Staatlichkeit, in: Andreas Göbel/Dirk van Laak/Ingeborg Villinger (Hg.), Metamorphosen des Politischen, Berlin, 1995, 191~202 참조.

[272] Uwe Volkmann, Die zwei Begriffe der Demokratie—Von der Übertragbarkeit staatsbezogener Demokratievorstellungen in überstaatliche Räume, in: Klaus Hofmann/Kolja Naumann (Flg.), Europäische Demokratie in guter Verfassung? Baden—Baden, 2010, 14~32.

[273] Andrew Hurrell, Die globale internationale Gesellschaft als normative Ordnung, in: Rainer Forst/Klaus Günther (Hg.), Die Herausbildung normativer Ordnungen. Interdisziplinäre Perspektiven, Frankfurt—New York, 2011, 103~132 und Armin von Bogdandy/Philipp Dann/Matthias Goldmann, Völkerrecht als öffentliches Recht: Konturen eines rechtlichen Rahmens für Global Governance, in: Forst/Günther, a.a.O., 227~263 m. w. Nachw.

[274] 위 각주 261 참조.

[275] Andreas Fischer—Lescano, Globalverfassung: Verfassung der Weltgesellschaft, in: ARSP 88 (2002), 349~379; ders., Die Emergenz der Globalverfassung, in: ZaöRV 63 (2003), 717~760; Martin Schulte, Eine soziologische Theorie des Rechts, Berlin 2011, 184 ff.

참고문헌

P. Badura, Staatsrecht. Systematische Erläuterung des Grundgesetzes, 5. Aufl. München, 2012.

M. Friedrich, Geschichte der deutschen Staatsrechtswissenschaft, Berlin, 1997.

D. Gosewinkel/J. Masing (Hg.), Die Verfassungen in Europa 1789~1949, München, 2006.

W. Hoffmann−Riem/E. Schmidt−Aßmann/A. Vosskuhle (Hg.), Grundlagen des Verwaltungsrechts, 3 Bde., 2. Aufl. 2012/13.

E. R. Huber, Deutsche Verfassungsgeschichte seit 1789, Bd. I−VII, Stuttgart, 1957 ff.

K. G. A.Jeserich/H. Pohl/G.−Chr. v. Unruh (Hg.), Deutsche Verwaltungsgeschichte, Bd. I−V, Stuttgart, 1983~1987.

G. Kleinheyer/J. Schröder (Hg.), Deutsche und europäische Juristen aus neun Jahrhunderten, 5. Aufl. Tübingen, 2008.

A. Kley, Geschichte des öffentlichen Rechts der Schweiz, Zürich/St. Gallen, 2011.

Chr. Link, Herrschaftsordnung und Bürgerliche Freiheit. Grenzen der Staatsgewalt in der älteren deutschen Staatslehre, Wien/Köln/Graz, 1979.

H. Maier, Die ältere deutsche Staats− und Verwaltungslehre, 4. Aufl. München, 2009.

H. Ottmann, Geschichte des politischen Denkens, Bd. I−IV, Stuttgart, 2001~2012.

W. Reinhard, Geschichte der Staatsgewalt. Eine vergleichende Verfassungsgeschichte

Europas von den Anfängen bis zur Gegenwart, München, 1999.

G. Schmidt, Geschichte des Alten Reiches. Staat und Nation in der Frühen Neuzeit 1495~1806, München, 1999.

K. Stern, Das Staatsrecht der Bundesrepublik Deutschland, Bd. V: Die geschichtlichen Grundlagen des deutschen Staatsrechts, München, 1999.

R. v. Stintzing/E. Landsberg, Geschichte der deutschen Rechtswissenschaft. Abt. I. II III. i von Stintzing (Leipzig 1880~98) Abt. III.2 von Landsberg (München~Leipzig 1910). Nachdruck Aalen, 1957.

B. Stollberg−Rilinger, Das Heilige Römische Reich Deutscher Nation. Vom Ende des Mittelalters bis 1806, 4. Aufl. München, 2009.

M. Stolleis, Geschichte des öffentlichen Rechts in Deutschland, 4 Bde., München, 1988 (2. Aufl. 2012), 1992,1999, 2012.

M. Stolleis, Staatsdenker in der FrühenNeuzeit, 3. Aufl. München, 1995.

M. Stolleis (Hg.), Juristen. Ein biographisches Lexikon, 2. Aufl. München, 2001.

M. Stolleis, Geschichte des Sozialrechts in Deutschland, Stuttgart, 2003.

F. Wieacker, Privatrechtsgeschichte der Neuzeit, 2. Aufl. Göttingen, 1967.

D. Willoweit, Deutsche Verfassungsgeschichte. Vom Franenreich bis zur Wiedervereinigung Deutschlands, 7. Aufl. München, 2013.

D. Willoweit, Reich und Staat. Ein kleine deutsche Verfassungsgeschichte, München, 2013.

D. Willoweit/U. Sief (Hg.) Europäische Verfassungsgeschichte, München, 2003.

D. Wyduckel, Ius Publicum. Grundlagen und Entwicklung des Öffentlichen Rechts und der deutschen Staatsrechtswissenschaft, Berlin, 1984.

찾아보기

| 인명 |

독일 공법의 역사

헌법/행정법/국제법의 과거·현재와 미래, 16세기부터 21세기까지

⊙ 2022년 12월 9일 초판 1쇄 발행
⊙ 2023년 12월 7일 초판 2쇄 발행

⊙ 지은이　　　미하엘 슈톨라이스
⊙ 옮긴이　　　이종수
⊙ 펴낸이　　　박혜숙
⊙ 펴낸곳　　　도서출판 푸른역사
　　　　　　　우) 03044 서울시 종로구 자하문로8길 13
　　　　　　　전화: 02) 720-8921(편집부) 02) 720-8920(영업부)
　　　　　　　팩스: 02) 720-9887
　　　　　　　전자우편: 2013history@naver.com
　　　　　　　등록: 1997년 2월 14일 제13-483호

ⓒ 푸른역사, 2023

ISBN　979-11-5612-239-5　93360

이 번역서는 연세대학교 학술연구비의 지원으로 이루어진 것임.